U0007418

超值投資

價值投資贏家的選股策略

Deep Value

Why Activist Investors and Other Contrarians Battle
for Control of Losing Corporations

杜白‧卡萊爾 著
Tobias E. Carlisle

劉道捷 譯

Contents

沉淪者將復興，榮耀者將衰朽

知名財經作家、價值投資者　雷浩斯

即使價值投資已經造就出許多偉大的投資人，人們從以前
到現在仍然不斷地質疑價值投資到底有沒有用？最常聽
到的問題有三：

一、葛拉漢（Benjamin Graham）時代的論點是否持續有
　　用？
二、效率市場是否讓價值投資無效？
三、那些成功的價值投資者是不是運氣好？或者只是統計
　　上剛好出現的偏誤？

這三個問題的答案，在這本《超值投資：價值投資贏家
的選股策略》以一種「價值投資歷史之旅」的方式，在所有章
節中分別直接或間接地說出答案。本書探討了葛拉漢所帶領的
財務量化分析風格，巴菲特的質化分析能力，葛林布雷（Joel
Greenblatt）的神奇公式，投資者會面臨的回歸平均數現象，以

及市場熱門交易和之後帶來的狂風暴雨，和最終章節的應用討論。

投資人的疑問

價值投資為什麼會有用？為什麼一間公司的股價會被低估？而被低估的股價又為什麼會回到它的內在價值？葛拉漢說：「這是我們這一行中的一個神祕問題，我和每個人都會有這種感覺，我們根據經驗，知道市場最後會以某種方式，讓價值升上來。」

葛拉漢這段話必定讓所有價值投資者心有戚戚焉。是的，我們看得出來，我們有「感覺」，我們「感覺」得到，知道什麼時候股價處於被低估的狀態，什麼時候又處於被高估的狀態，這是一種天分，一種血統，一種價值投資者才知道的特殊直覺。

而效率市場的效率是否會讓價值投資無效？首先要定義效率的意思，效率只代表股價反應內在價值的快速性，不代表股價的合理性。效率的本質是相對性的，沒有完全有效率的市場，也沒有完全無效率的市場。股票市場本身會快速反應市場參與者當下的想法，這些想法透過投資獲利和虧損而使參與者

在心理上變得不理性，不客觀，無法做出正確的決策，因而產生了低估和高估的現象。而價值投資者可以感受到這個現象，進而用不同的投資風格去搜尋出相對低效率的市場，然後等待回歸平均數，進而獲利。

成功的投資者是不是運氣好？要區分運氣和技巧的關鍵在於績效的時間長度和技巧的複製性。普遍認為一年之內的獲利或損失與運氣有關，超過長久景氣循環的運氣成分則會平滑掉。原因在於運氣有好有壞，長期下來好運和壞運會互相抵消，而技巧的優越性則會展現出來，技巧的複製性則隨著時代以不同形式持續演化。

葛拉漢投資哲學再進化

雖然這本書談的是價值投資選股，但我可以感受到葛拉漢帶來的巨大影響，葛拉漢不只樹立了個股財務指標分析的基準、建立了價值投資的三大神聖原則：「擁有者思維、安全邊際，市場先生」。

他還將投資者分為積極型和防禦型，而防禦型投資加上效率市場的理論，兩者催生了指數型基金。指數型基金之父約翰‧伯格在著作中說：「葛拉漢說的方法是指數型基金遵循

的方法。」積極型投資者則帶出了稱之為「深度超值」（deep value）、「淨流動資產價值股票」（net net）這些風格，連帶影響了卡拉曼和葛林布雷這些投資大師。

也許有人會認為巴菲特走向質化分析的成長股風格脫離了葛拉漢，但是葛拉漢人生的最後二十年，以總資金25%的投資比例買入了一檔成長股「蓋可保險」（GEICO），讓他賺進兩百倍的利潤，這筆獲利超過了他過去所有的獲利額度。之後巴菲特在1976年買入蓋可保險，這檔股票現在仍在巴菲特的波克夏集團之中。

葛拉漢晚年最後幾個月，仍不斷為一般投資人著想，希望能研發出更適合散戶的量化選股法則，受限於當時的統計技術和壽命天年，這個法則只刊載在財務分析師學報上，而葛林布雷受此影響，開發出「神奇公式」，成為近代量化選股和建構投資組合的重要理論。

除前述外，葛拉漢的影響無所不在，所有價值著作皆不脫離他的思考範疇，包含這本《超值投資》。價值投資的基本原則就是「買入被低估的股票」，但是諷刺的是，就連價值投資者本身也被世人所低估。有很多人都低估了葛拉漢的偉大，低估了巴菲特投資的本事，低估了價值投資者對市場投入的熱情和研究的深入程度。正是這種無所不在的心理層面低估現象，讓市場產生細縫，讓我們在市場上持續獲利，讓價值投資持續

有用。

　　如同葛拉漢引用《詩藝》（*Ars Poetica*）中的格言：「現在沉淪者，來日將復興；現在榮耀者，來日將衰朽」。

前言

價值投資的真諦──找出錯誤定價

> 「這種（合股）公司董事是管理別人的錢，不是管理自己的錢，因此，大家不太能夠期望他們會像私人合夥組織的合夥人一樣，時時戒慎恐懼，照看自己的金錢。」
>
> ──亞當・斯密《國富論》

深度超值看起來就像是企業災難，實際上卻是投資的重大成就。是一種簡單而違反直覺的觀念。在某種情況下，陷入營運危機、業績不振、前景不明的股票，卻有著非比尋常的有利投資前景。這種哲理與市場看法或許大相逕庭，因為許多人相信好生意與好投資是同一回事。很多價值型股票投資人受巴菲特影響，認為價值低估的好企業就是最好的投資標的。雖然這種股票看來非常缺乏吸引力──或許正是因為看來極為沒有吸引力──這些價值嚴重低估的企業卻提供非常有吸引力的報酬率。這種公司經常陷入困境、股價暴跌、盈餘減退、看來像是市場地雷，在最極端的情況下，可能虧損累累，準

備清算，因此股價低落。就像葛拉漢在經典傑作《證券分析》（*Security Analysis*）一書中說的一樣，「如果獲利穩定增加，股價顯然不該這麼低落，反對買進這種股票的原因在於盈餘會下降，或者是至少可能減少，不然就是虧損會持續下去，而且這些資源會消失無蹤，最後，真正價值會低於買進價格。」本書努力調查這種證據，研究在什麼情況下，賠錢股會變成下檔有限、上檔極大、潛力驚人的投資機會。

歸根究柢，超值投資法只是把經過八十多年研究與實踐的驗證，基本上屬於恆久不變的原則，有系統的付諸實施而已，其知識基礎是葛拉漢所著、奠定「價值型投資」學派理論基礎的巨作《證券分析》。葛拉漢憑著天才和經驗，直覺地了解從基本面來看，股票最有吸引力的時候，是處在本身景氣循環最高峰、風險報酬比率最差時；最沒有吸引力的時候，是處在景氣循環谷底，卻代表機會最好的時間點，其他研究專家要在他的大作首次出版後的八十年裡，才根據實際經驗，證明這種看法的真諦。這點對投資人來說具有多重意義，第一，我們納入本書討論的研究顯示，市價對股票真值的折價、也就是價值型投資術語說的「安全邊際」，比盈餘成長率重要，也比衡量企業素質的投入資本報酬率重要。這一點似乎背離巴菲特偏愛「平價優質公司」，不愛「低價平凡公司」的告誡，因為前者會產生永續的高資本報酬率，後者的股價雖然便宜，卻沒有絲

毫經濟上的優勢。

本書要評論為什麼巴菲特——葛拉漢最聰明的學生、一度為葛拉漢工作和他長期友人兼知識上的繼承人——會在朋友和事業夥伴查理・孟格（Charlie Munger）的影響下，發展出背離葛拉漢方針的投資風格。我們也要檢視孟格為什麼會促請巴菲特，尋找能夠創造複合成長、同時慷慨發放現金給股東的優質公司。我們會分析這種企業的典範，設法了解他們這麼「績優」的原因，然後測試這種理論，了解購買符合巴菲特標準的股票，是否能夠長期持續一貫，產生打敗大盤的績效。如果少了巴菲特高超的事業分析天才，這些優質公司是否能夠創造優異的表現？如果是這樣，真正的原因是什麼？我們知道，如果優質公司的股價反映公司的公平價值，報酬率就會落入平平凡凡的處境，要創造優異績效，股價必須折價——折價或安全邊際愈大，報酬率愈高，否則就是這家公司比市場認定的還績優。因此，投資人必須判定兩件事，一是傑出企業是否能夠維持不尋常的獲利能力，二是股價已經預先反映這種能力的程度。這件事很難，因為我們會發現，能夠這樣做的公司少之又少，我們不是很了解企業能夠創造這麼傑出表現的原因。競爭通常會把傑出企業的報酬率打落凡間，甚至打進敗部。看來特別強大的企業在本身景氣循環最高峰時，通常會處在罕見的順境中。

投資人碰到的問題，不只是高成長和罕見獲利能力難以持續而已，通常還會碰到使問題惡化的狀況，就是市場高估這家公司的潛力，把股價推到不符公司潛力的太高水準。即使假設優質公司能夠維持高成長率和獲利能力，股價推到相對過高後，也會削弱公司的長期報酬率。反之亦然，即使市場考慮到，業績顯然差勁的公司會繼續維持低落的成長率或獲利能力，如果市場對這種公司的估價低於公平價值，這種公司還是會創造絕佳的報酬率。這種發現揭露了跟投資有關的明顯真理，就是投資人的報酬並非來自選中贏家，而是來自發現錯誤定價，也就是發現證券價格和真值之間的錯誤價差。創造打敗大盤機會的正是錯誤定價，要找到錯誤定價，正該到災難股、不受歡迎股、受人忽視、忽略、害怕、避之唯恐不及的賠錢股中去尋找。這就是本書的焦點。

如果我們希望找到快速的盈餘成長、以及隨之而來的股價快速上漲，應該要到違反直覺的地方去找。在盈餘受到嚴重擠壓、股價暴跌、價值低估的股票中，應該比較可能找到這種股票，為什麼？原因在於名叫回歸平均數這種普遍而持久的現象，這種現象屢屢見於企業基本表現、證券價格、股市和經濟上，會讓高成長股回歸平淡，會壓低超高的投資報酬率，同時拉抬垂死產業，為瀕臨死亡企業貫注生氣。雖然葛拉漢把低估股票回歸真值的回歸平均數確切機制，稱為「我們經濟中的神

祕因素之一」，有關的個體經濟理論卻十分明白。高成長和高報酬率會吸引新秀加入競爭，壓低利潤率，導致停滯；反之，虧損和差勁的報酬率會促使競爭者退出，為倖存廠商帶來高成長和高獲利期間。

回歸平均數的狀況無所不在，我們卻不能憑著直覺認識清楚，包括價值型投資人在內的投資人一再忽視這種現象，以及隨之而來的報酬率下降。我們可以證明：和大盤相比，嚴重低估股票投資組合通常會創造比較高的報酬率，出現比較少的下跌年度。但是，我們不注重嚴重低估類股所經歷的狀況，卻為了相關新聞報導而分心、而反應過度。我們重視危機的短期影響，念念不忘任何個股似乎都比較可能碰到的資本永遠喪失事實。原因在於連自居價值型投資者的人，都會出現認知偏誤，做出錯誤行為。投資人很容易犯下這種錯誤，因為投資人覺得，排斥價值低估股票的錯誤選擇，是正確無誤的決定，同時覺得買進盈餘少得可憐、股價又下跌股票的正確選擇，是錯誤的決定。研究顯示，我們的直覺沒有受過訓練，會天真的依據一種趨勢做出推斷，不管趨勢是營收、盈餘或現金流量之類的基本面因素，還是股價走勢都一樣。我們推斷獲利減少股票的基本面表現時，會斷定股票的真值一定會變成低於買進價格。對基本狀況和回歸平均數不了解的偏誤，是超值投資法維持報酬率的主要來源。

在本書裡，也要研究股市如何透過控制企業的經營權這種非自願性轉換來約束原來表現不佳的企業經理人，使績效得以提升的方法。其中，高報酬率的事業會吸引競爭者加入，低報酬率的事業會吸引外界經理人加入，外界經理人通常是私募基金公司、市場派投資人和清算專家之類的金融買主，他們會透過併購或股東行動，在企業控制權市場上，爭取控制權，控制未能發揮潛力企業的資源。由上市公司所有權與經營權分開造成的「委託人與代理人衝突」（principal-agent conflict），會導致經營階層把本身的利益放在股東前面，市場派為了解決這種衝突，會對董事會施壓、要求董事會解除表現不佳經理人的職務、停止推動摧毀價值的併購活動、推動資本結構最佳化，或把公司賣掉，從中賺取報酬率。因此，市場派具有誘因，願意刺激、活化原本受到忽視的股票，也是價值低估、表現不佳股票市場的重要參與者。

適合市場派採取行動的條件完備、價值又嚴重低估的股票投資組合，會提供以不成比例勝過大盤的報酬率。市場派利用這種特性，吸進數額龐大的這類股票的少數股權，然後發動改革要求。有什麼平台比廣為人知的委託書之爭和要約收購股票，更能凸顯經營不善和公司真值低估，更能引發自願性的結構改革或更大的同業併購公司呢？市場派的投資可以從套利的角度來了解，市場派投資表現差勁、價值低估、真值不能全力

發揮的股票，藉著改正缺失，或把真值提高到接近全部潛力的水準，從而消除行情折價的幅度，就會賺到真值提高和折價幅度縮小的雙重好處。我們會評估市場派的報酬率，以便判定其中是來自真值改善的幅度，還是來自挑選嚴重低估股票。最後我們會檢視用來分辨吸引市場派常見特性的評估標準，包括價值低估、大筆現金部位和低落的配息比率，這些標準有利於擁有所謂「懶惰的」資產負債表、以及因為資本化不當、造成擁有隱藏或未發揮潛力的公司。市場派會鎖定這些價值低估、滿手現金的公司，希望藉著減少過剩現金和提高配息比率，拉抬這種公司的真值，減少公司的折價幅度。我們會分析這些標準的報酬率，拿來用在市場派的兩項實際行動中。這些評估標準之所以能夠發揮力量，在於能夠辨認會吸引市場派注意的優良標的，如果沒有市場派出面提高公司尚未發揮的潛力，其他矯正力量會對市場行情發揮作用，同時創造絕佳的報酬率。

本書意在檢視學界和業界對真值理論、經營階層對價值的影響、推翻公司派的意圖對股價和價值有什麼衝擊的研究，藉以提供實用的指引。每一章敘述一個跟超值投資特性有關的不同故事，設法說明一項真正違反直覺的真知灼見。透過這些故事，探討一些概念，以便顯示不論嚴重低估股票是否受到市場派注意，都可以為投資人提供強大助力，創造超額報酬。我們要從前套利兼選擇權交易專家卡爾‧伊坎（Carl Icahn）開始

談起，伊坎是投資人，公開宣稱自己是葛拉漢和杜德（David Dodd）的信徒，早早就了解擁有像毒藥一樣美味的地雷股好處多多。他本著葛拉漢的投資哲學，追求他可以控制自己的命運，又能夠提供不成比例報酬率的嚴重低估地雷股。他身為投資人的發展，比任何人都更能反映市場派行動主義的發展。我們要在後面的章節中，透過放大鏡，從葛拉漢、巴菲特，到伊坎和後來的投資人身上，逐步檢視深度超值理論和市場派投資法。

第一章

伊坎的宣言

——從狙擊企業到市場派投資

如果我們擁有的天地夠寬廣、時間夠多，女士，這種羞怯
就不是罪過……

——安德魯·馬佛爾，〈致羞怯的情人〉

Bouleversement〔bool-vair-suh-MAWN〕名詞，徹底推翻、逆
轉、傾覆、動亂、動蕩。

——語源：出自古法文 bouleverser。意為推翻，字首源自
「boule」（拉丁文為 bulla），字尾源自「verser」（拉丁文
為 versare, vertere，翻轉），兩者皆為「推翻」之意。

於 1975年秋季，伊坎在伊坎公司（Icahn & Company）狹小的辦公室裡，跟左右手艾佛瑞‧金斯理（Alfred Kingsley）在一起，仔細討論出一項新的投資策略。這間辦公室設在百老匯（Broadway）二十五號。1987年紐約股市大崩盤後，阿圖洛‧狄莫迪卡（Arturo Di Modica）樹立在華爾街附近、重達七千磅的「牛氣沖天」（Charging Bull）青銅雕像，跟他們的辦公室近在咫尺。1975年時，伊坎公司是折扣經紀商，專營選擇權套利，規模很小，卻很成功。金斯理是華頓商學院的畢業生，同時獲有紐約大學租稅碩士學位，1968年進入伊坎公司，隨即能夠迅速掌握複雜交易，這種能力立刻讓老闆伊坎刮目相看。伊坎曾經問金斯理對套利了解多少，金斯理回答「一無所知」，[1] 卻能夠很快地把一天的大部分時間，用在進行李頓工業公司（Litton Industries）、LTV公司（Ling-Temco-Vought）、與國際電話電報公司（IT&T）等集團企業證券的套利上。套利是在兩個不同的市場上，用不同的價格，同時買賣一種資產的做法，典型的做法是套利員買低賣高，實現兩者之間通常很微小價差構成的無風險利潤。伊坎和金斯理從事的是變通的套利方法，叫作可轉換證券套利，同時交易一檔股票和這檔股票的可轉換證券，因為跟標的股票相比，這種可轉換證券基於流動性或市場心理因素，有時候會出現錯誤定價。李頓、LTV、國際電話電報和其他集團企業都發行種類繁多的普

通股、特別股、選擇權、權證、債券和可轉換公司債，伊坎以選擇權經紀商的身分，利用自己優越的市場知識，從普通股和權證價格、或普通股和可轉換公司債價格間的效率不足，撈取油水。可轉換套利的吸引力在於市場中立，表示伊坎公司的客戶不會承擔市場大跌的風險。

伊坎和金斯理很快就向前邁進，發展到從事封閉型共同基金和標的基金所持有證券之間的套利。封閉型共同基金之所以叫作封閉型，是因為資金發行的股數或受益單位固定，封閉型基金跟開放型基金不同的是，經理人不能為了滿足投資人的需求，發行或買回新股票或受益單位，因此，封閉型基金可能以比資產淨值大幅折價的方式交易，或以高於資產淨值的溢價交易，只是後者比較少見。伊坎和金斯理以基金市價和標的資產價值折價最大的價格，買進封閉型基金股票，然後放空構成這檔基金投資組合的證券，規避市場風險。封閉型基金套利像可轉換債券套利策略一樣，跟市場走向無關，靠著基金股票價格和標的資產價值之間的差距縮小，創造利潤。然而，這樣不是典型的無風險套利。

共同基金股票價格和投資組合標的價值之間可能出現缺口，而且差距可能擴大，這時，買進基金股票、放空標的投資組合的投資人，會承受短期未實現虧損，到市場封閉這種缺口為止。在最糟糕的情況下，如果缺口繼續擴大，投資人無法撐

持這些部位，也就是在無法應付追繳保證金，或接到回補空頭部位的要求時，就可能出現被迫實現虧損的情形。伊坎和金斯理不願意依賴市場把缺口封閉起來，經常把任務攬在自己手裡，他們一旦建立部位後，就聯絡基金經理人，遊說對方解散基金，基金經理人不是默默允許，就是讓伊坎和金斯理出清部位獲利，否則光是經理人解散基金的展望，就會造成缺口全部或部分封閉。這套策略創造了優異的報酬率，但是嚴重折價的封閉型基金天地很小，伊坎和金斯理看出在標的資產價值低估的上市公司中，出現可能範圍和展望更大的天地，這就是1975年時，他們在百老匯二十五號裡所塑造的新投資策略。

　　華爾街經過十年的停滯膨脹、一次石油危機和一次美國經濟衰退後，已經奄奄一息，又遭到大蕭條以來最嚴重的1974年股市崩盤痛擊，陷入暈頭轉向。1973年初，股市從打斷1960年代狂飆歲月的空頭市場中，反彈到空前新高峰，然後遭到無情摜壓，1974年10月打到谷底，這時的股價比1973年的高峰低45%（股市會重複這種令人痛苦的反覆起伏循環，到1982年11月時，會跌到整整十六年前的1966年股價水準）。1973年時已經跌低的股票繼續下跌，跌到趴倒在地。債券在狂飆通貨膨脹的蹂躪下，被婆婆媽媽團稱之為「財產沒入證書」，[2] 到1975年，投資人卻還要再度遭受重擊。即使有人能夠說服他們，說撿便宜貨的時機已經到來，但大部分投資人似

乎都不願意重新進場，認為已經低估的股票隨時可能開始再度下跌，要是他們願意接營業員的電話，他們會說只想「脫離這種鬼市場」。[3]

雖然沒什麼人查覺到，但是一場寧靜革命即將展開。伊坎和金斯理看到很多人沒有看到的東西，看到十年股市震盪已經創造出難得一見的大好良機。經過九年橫向盤整後，猖獗的通膨已經創造了一堆價值低估、帳面價值比真正價值嚴重折價的股票。最近的經驗教導大多數投資人，連嚴重折價的股票都可能跟著市場繼續下跌，但是，伊坎和金斯理處在獨一無二的位置上，可以看出自己不需要仰賴市場鼻息，就能縮小市價和真值之間的缺口。金斯理後來回憶說：[4]

> 我們問自己：「如果我們可以當低估的封閉型共同基金市場派，為什麼不能變成資產低估公司的市場派？」

伊坎和金斯理就像處理封閉型共同基金一樣，試圖控制上市公司的命運，他們對美國企業的影響會至深且遠。

伊坎改造華爾街

　　伊坎從1976年起，從封閉型基金套利客兼清算專家起家，升級為成熟的企業狙擊手，同時在一份發給潛在投資人的投資備忘錄中，提出昇華版的投資策略：[5]

　　我們認為，今天的經濟環境因素以獨一無二的方式結合起來，創造了風險極低的獲利大好良機，過去幾年來，很多美國企業的真值或清算價值大幅提高；然而有趣的是，這種情形完全沒有反映在公司的股票總市值上。因此，我們正面臨一個特別的狀況，如果我們能夠一如下述，正確處理這種狀況，就可能得到龐大利潤。這些擁有豐富資產目標公司的公司派本身持股通常非常少，因此，通常無意接受併購，而是小心翼翼地在公司四周布建「萬里長城」，希望擊退國內外資金的侵略，以便保衛自己的特權。雖然這種長城可以攻破，大部分國內企業和幾乎所有外國企業，都討厭針對目標公司，發動「不友善的」併購企圖。然而，每次控制權之爭開始時，通常都會為股東帶來暴利。目標公司如果受到嚴重威脅，通常會尋求另一家比較友善、通稱「白色騎士」的企業，提出比較高的價格，從而開啟一場競標。目標公司偶爾利用的另一種招術是試圖購買收購方的持股，如果所有行動

都告失敗，目標公司可能建議公司清算。

　　我們認為，可以藉著取得龐大的低估股票部位，再設法用下述方法，控制公司的命運，賺到大錢：（一）設法說服公司派清算公司，或把公司出售給「白色騎士」；（二）發動委託書爭奪戰；（三）提出收購要約；（四）把我們的部位賣給公司。

　　就像伊坎傳記作者馬克‧史蒂文斯（Mark Stevens）所撰寫的「伊坎宣言」宣稱的一樣，這份宣言是他針對企業委託人─代理人兩難的老問題，提出的解決之道，委託人─代理人問題是阿道夫‧柏勒（Adolf Berle）和賈迪納‧米恩斯（Gardiner Means），在1932年的開創性巨作《現代公司與私有財產》（*Modern Corporation and Private Property*）中看出來的問題，[6] 談到委託人難以激勵代理人，將委託人的利益放在代理人本身的利益之前，柏勒和米恩斯的主張提出現代公司庇護代理人（董事會），免於委託人（股東）的監管，結果董事會經營公司時，通常都是為了達成本身的目的，卻殘忍無情地對待太小、太分散、資訊不足、又無法還擊的股東。照柏勒和米恩斯的說法：[7]

　　根據傳統，公司的經營應該以追求所有權人、即股東的

福祉為目的，配發的利潤應該完全歸屬他們。然而，我們現在知道，控制團體可能掌控了權力，可以把利潤轉移到他們自己的口袋。我們再也不能有一絲一毫的肯定，說出公司經營實際上是以股東的利益為主要目的。所有權和控制權的廣泛分散，加上控制權力的強化，引發了一種新的狀況，需要大家決定是否要運用社會和法律壓力，以便確保公司營運主要是為了追求束主的利益，或是否應該把這種壓力，用來追求部分其他人或較廣大團體的利益。

柏勒和米恩斯舉了美國電話電報公司（AT&T）的例子，說AT&T擁有50億美元的資產、45萬4千位員工和56萬7千694名股東，最大的股東持股占公司股權不到1%：[8]

在這種情況下，控制權可能握在董事或名義上的經理人手中，即使從團體的角度來看，他們只擁有一小部分發行在外的股份，卻可以利用委託書機制，成為自我永續戀棧的團體。在每一種這樣的型態中，多數控制、少數控制和公司派控制，所有權和控制權的分離都變得很有效，這樣創造出來的一大群股東，對於這家企業的財富，幾乎都沒有控制權——這些財富曾經對他們或他們的利益相關人（predecessor in interest）有所貢獻。如果公司由公司派控

制，那麼擁有控制性股權團體的東主利益，只占全部所有權中非常小的一部分。

伊坎直指問題核心，把這個問題比喻為財產管理人因為可能失去工作，而拒絕讓業主出售這筆房地產。[9] 他利用宣言，建議股東藉著維護所有權的方法，恢復自己的法律地位，如果公司派不聽他這位股東的規勸，他會透過委託書大戰這種股東投票的方法，把現任公司派趕下台，用新董事換掉舊董事，爭取董事會的控制權。在委託書大戰中，董事候選人會申明為什麼他們更適於經營公司、更善於增進股東價值。如果伊坎在委託書大戰中失利，他可以發動要約收購，或是利用一種名為綠色勒贖（greenmail）的做法，把自己的部位賣還給公司。綠色勒贖是個新名詞，可能是結合勒索（blackmail）和綠背（greenback，意即美元）兩個英文單字而來，做法是目標公司經營階層藉著付出比行情高的溢價給勒索者，買回勒索者手中股票的方式，支付贖金給勒索者。綠色勒贖現在已經是違法的方法，巴菲特在1984年〈董事長寫給股東的一封信〉中，用慣有的多采多姿文字描述這種交易時，說過綠色勒贖「卑鄙齷齪、令人厭惡」：[10]

在這種交易中，兩造藉著剝削未經知會的無辜第三者，

達成個人目的，這種遊戲中有三種玩家，一是勒索者「股東」，這種股東在所買進的股票憑證墨漬未乾之際，就對經理人發出「要錢還是要命」的訊息；二是企業內部人，只要代價由別人支付，他們會不惜一切代價，迅速求和；三是金錢遭到第二種玩家利用，好擺脫第一種玩家的股東。塵埃落定後，動手搶劫的短期股東會針對「自由企業」發表談話，遭搶的公司派會針對「公司的最大利益」發表談話，無辜的股東站在一旁，默默地支付其中的報酬。

　　綠色勒贖變成非法前，伊坎接受過幾次這種贖金，有一次還招徠薩克森工業公司（Saxon Industries）股東的集體訴訟，薩克森工業是設在紐約的紙類分銷商，在這次交易後破產。這場官司指控伊坎未能向市場揭露他要求以綠色勒贖，交換他不發動委託書大戰。薩克森工業宣布付給伊坎每股10.5美元的綠色贖金，讓他以平均每股7.21美元買進的股票獲得可觀利潤時，薩克森工業的股價急劇下跌。根據控告伊坎的訴狀，薩克森突然宣布購買伊坎的股票時，薩克森的股價暴跌到6.5美元。雖然薩克森工業公司之所以會破產，比較直接的原因可以說是董事長史丹利·盧利（Stanley Lurie）會計詐欺造成的結果，但這場官司說明了兩個概念：第一是綠色贖金的不公平，支付給綠色勒贖者的高昂溢價，變成了公司所有其他股東要付

的代價。第二、訟案顯示了市場派發動戰爭的力量，伊坎威脅要發動委託書大戰，把股價從6美元上下，推升到10.5美元，委託書大戰的可能性消失後，股價回跌到威脅爭奪股權前6.5美元的平均價。

如果能夠取得公司的控制權，伊坎就可以決定公司的營運和資本配置決策，但伊坎從交易封閉型基金的經驗中，學到一個寶貴的教訓——光是促請市場，注意這家公司的股價低於標的資產和未能利用的真值，就會吸引其他投資人的注意，他希望藉著把公司價值低估的訊息通知市場，就會促使融資併購公司或策略性併購專家爭取控制權，從而推升他手中持股的價格，然後他可以在市場上把持股倒掉，倒給任何有意併購的人，或是交割給出價併購的人。這種情形是伊坎追求的典型雙贏局面——即使他不能贏得董事會裡的席次，委託書大戰應該也會變成催化劑，向市場上其他可能的併購者發出信號，讓大家知道該公司價值低估、經營失當。

市場派行動主義理論的運作——以塔班爐具公司為例

伊坎的第一個目標是塔班爐具公司（Tappan Stove Company），塔班爐具是昏昏欲睡的電爐和爐子製造商，由創辦人狄克・塔班（Dick Tappan）在1881年創立，將近一個世紀後，董事長仍然是和創辦人同名同姓的創業家族成員。1974年紐

約股市崩盤後，塔班爐具跟著股市一起大跌，後來公司打入取暖和冷卻新市場的行動失利，又碰到原有的住宅營建市場衰退，申報四十年來的第一次虧損之後，更是慘跌不已。金斯理看到這個有吸引力的候選目標時說過：[11]

> 我們承接塔班爐具時，別人全都風靡魔法廚師公司，但是我說，魔法廚師的倍數高不可攀，還能漲到什麼地方去？魔法廚師已經走到本身循環的高峰，塔班卻在底部，正是我偏愛下注的地方。

伊坎接受金斯理的建議，從1977年塔班股價7.5美元時，開始買進這檔股票。他認為，塔班在奇異公司和西屋公司之流巨擘主宰的市場中，是利基廠商，很有吸引力，是巨型公司策略性併購的候選目標。塔班爐具每股淨值大約為20美元，伊坎估計，他的潛在上檔價位目標大約為12.5美元，利潤大約有170%。在後來變成伊坎典型分析的估算中，他認為股票的折價提供了有限的下檔風險，要是他能夠激發夠大的併購風潮，這檔股票還會提供可能相當大的上檔利潤。塔班變成他新策略的第一個理想目標。如果事態發展順利，他會大贏一場，如果不如預期，他也不會有多少損失。

伊坎一直吸納塔班股票到1977年底，然後在1978年一

月初，跟金斯理一起打電話給塔班公司總裁唐納·布雷修斯（Donald Blasius），表明他們有多少實力。伊坎告訴布雷修斯，說自己已經買進1萬到1萬5千股塔班股票，還考慮「額外大筆投資」。布雷修斯對伊坎的提議似乎不以為意，在後來發給董事長狄克·塔班的備忘錄中指出，伊坎「對我們花時間跟他們討論跟公司有關的事宜，似乎很滿意」。伊坎和金斯理為了加強壓力，在2月底買到7萬股的塔班公司股票後，再度致電布雷修斯，讓他知道伊坎對塔班公司可能成為併購標的一事，深感興趣。布雷修斯像處理他們的第一通電話一樣，盡責的發了一份備忘錄給董事長塔班，指出伊坎告訴布雷修斯，說他「在買進低價轉機股上面，賺了很多錢，在若干例子中，轉機提高了股票的價值，但是在另一些例子裡，併購完成後，股價大約上漲一倍」。布雷修斯進一步指出，「他們認為（塔班）很有可能出現這種狀況，為他們的投資增添額外的誘因」。[12]

伊坎繼續建立塔班爐具的持股，增加到幾十萬股，持股相當可觀，部位卻還太小，不需要向美國證管會申報Schedule 13D，Schedule 13D意在讓市場知道，持股超過5％的大股東有意採取若干企業行動，包括收購、清算、或其他改變公司控制權行動的意圖。伊坎希望自己這樣持續買股，可能提醒別人，包括賭收購行動結果的風險套利投資人、其他潛在的策略性併購者、和他們的投資銀行家，注意塔班公司的事態發展。1980

年代裡，擁有一檔股票部位的風險套利客，經常會把跟收購有關的謠言，變成自我實現的預言。伊坎不太幸運，1980年代爆發的收購行動熱潮還沒有開始，也沒有申報Schedule 13D，不能吸引市場注意塔班爐具的股票，以致塔班在隨後的九個月裡走勢不振。

伊坎決定把事情攬到自己手裡，就安排了布雷修斯和集團企業華爾特吉德公司（Walter Kidde & Co.）董事長福瑞德・蘇利文（Fred Sullivan），在1978年5月共進午餐，蘇利文擁有大筆塔班公司的股票，伊坎期待蘇利文可能希望把塔班公司的爐具事業，納入旗下的費伯韋爾（Faberware）事業處。然而，伊坎卻在疏忽之餘，沒有告訴布雷修斯還有別人參加這場午餐會，布雷修斯到了午餐會那天早上，才發現蘇利文會來共進午餐，而且還有意併購塔班公司，布雷修斯因而暴跳如雷。午餐時，布雷修斯清楚表示，塔班公司無意出售，蘇利文驚訝之餘，告訴布雷修斯和伊坎，他不考慮推動敵意併購，因此，併購的事情就此無疾而終。布雷修斯在午餐會後寫的備忘錄中指出：「（蘇利文）了解我們無意出售，因此不會繼續進行。接著我根本還沒有提出建議，他就補充說：『如果有你們不感興趣的人出現，或是你們希望到一座友善的港口去，我們會非常樂意跟你們談談。』」[13] 如果說，布雷修斯聽到蘇利文表示不會進一步推動併購塔班時，心裡如釋重負，那麼伊坎聽到的

就是，如果他能夠找到準備推動敵意併購的買家，塔班公司併購案就如同箭在弦上了。布雷修斯的備忘錄也指出：「（伊坎）一再說，這不是勢在必行的企圖，也不是併購案的開端，只是他們覺得大約8美元的股價低估範圍，具有很好的成長潛力。他也指出，如果他們提出Schedule 13D，我們也不應該擔心，因為這樣不表示企圖發動收購。」[14]

伊坎加強行動，希望替塔班爐具找到買主，卻一事無成。他也繼續買進塔班公司的股票，到1978年11月底，伊坎的持股已經大到必須向證管會申報Schedule 13D，華爾街終於得到塔班公司好戲「正在上演」的消息，於是股價飆升，到了1979年1月，伊坎通知布雷修斯，如果股價再漲個2、3美元，他就會賣股票。他也奚落布雷修斯，說有一位匿名的策略性併購者找上門來，要以每股15到17美元的價格，買下他的持股；他提醒布雷修斯，說蘇利文準備充當「白色騎士」，擔任可能保留現有公司派的友善併購者。伊坎檢討自己的持股時，認為自己的部位已經夠多，足以爭取董事會中特別為他而設的第十個席次，布雷修斯當場拒絕他的請求，布雷修斯在寫給董事會的備忘錄中指出：[15]

我解釋說，我們的董事會席次限於九席，其中只有兩席是公司派的代表，而且席次是去年或前年董事會訂定的。我

也對伊坎大致說明了我認為董事會所代表的力量，以及我確實相信我們擁有一個有效率、獨立、非常能幹、表現優異的董事會組合，因此我個人認為，不需要或無意增加第十席董事。

塔班公司已經完全了解伊坎所構成的威脅，就開始推動發行特別股的計畫，希望阻止任何敵意行為。伊坎和其他股東同時發現這項行動，金斯理說：「我們最先是從寄來的委託書聲明中，得知這項一系列的特別股戰術，我一看到這個消息，就說：『伊坎，如果我們要做什麼事情，最好現在就做。』」[16] 就像金斯理說的一樣，其中的風險是特別股可以用來破壞有敵意的要約收購，如果伊坎不能運用自己的龐大持股，當作出售這家公司的催化劑，他的大部分影響力應該也會消失。

伊坎的因應之道是發動媒體宣傳，以便擊敗發行特別股的企圖，讓塔班公司能夠以完整價值出售。塔班公司董事會面對伊坎的盛怒，幾乎立刻就打退堂鼓，同意撤回特別股的發行。伊坎卻不領情，繼續施壓，在1979年4月發給塔班股東的信裡，爭取董事席次，以及以高出行情相當多的溢價，把公司賣掉：[17]

我寫這封信，目的是要請你們在 1979 年 4 月 23 日的股

東會上，選我出任董事。身為塔班公司的最大股東，我希望看到我們的公司，以接近1978年12月31日淨值20.18美元的價格，接受併購或要約收購。

伊坎引用柏勒和米恩斯的論證，主張公司派靠著過度慷慨的薪酬方案，把自己跟塔班公司差勁的績效隔絕開來，不受影響：[18]

過去五年來，塔班公司在現有公司派領導下，銷售額達到13億美元，卻虧損330萬美元，同期內，塔班公司董事長狄克‧塔班和總裁唐納‧布雷修斯，卻分別接受了總額121萬2千710美元的薪資和獎金。

這封信附了一張圖，比較塔班公司的年度盈餘、以及狄克‧塔班和布雷修斯的年薪，伊坎以圖為證，指出：[19]

如果我個人擁有這種營運成果和龐大淨值的公司，我一定會設法把公司賣掉，我相信同樣的邏輯應該適用在塔班公司上。

伊坎利用股東對公司派的動機可能殘存的疑慮，重提公司

撤回發行特別股的問題，說公司派已經承認，特別股「可能可以有效阻礙未來若干以現金要約收購或其他方式，收購公司的企圖」。伊坎保證，如果他當選董事，進入董事會，他一定會「在未來這種提議萌芽時，就阻撓這種建議」。[20]

身為塔班公司董事，我的第一個行動是建議我們延攬一家（跟我沒有從屬關係的）投資銀行公司，向第三人尋求以接近1978年12月31日公司淨值20.18美元的價格，併購我們的公司。

雖然公司派知會我，說他們不願意讓另一家公司併購塔班公司，但我向你們保證，如果我當選董事，我會通知可能的追求者，董事會中至少有一位董事，不贊同公司派有關塔班公司由另一家公司收購的觀點。我會努力讓股東獲知第三人所發、有意收購我們公司或實際出價的任何跡象。

這封信達成了預期的效果，伊坎贏得了董事席次。出任董事後，他迅速推動出售塔班公司資產的行動，在第一次董事會上，就催促董事會清算在蒙特婁擁有寶貴不動產、營運卻虧損的加拿大子公司塔班葛尼公司（Tappan-Gurney），同時出售在加州安納罕（Anaheim）的工廠。他也敦促董事會出售整個公司，還向融資併購公司和策略性併購業者，推銷塔班公司。

公司派認清伊坎已經獲勝，而且很快就會找到買主，就動了起來，開始尋找自己的白色騎士。塔班和布雷修斯對瑞典家電製造巨擘怡樂智公司（AB Electrolux）毛遂自荐，求售塔班公司。怡樂智出價每股18美元，這種價錢可以為伊坎所擁有的32萬1千500股，賺到270萬美元的利潤，以他平均每股9.6美元的買進價格來算，獲利將近90%。

董事長塔班本人對伊坎的策略極度讚歎之餘，採取出人意表的行動，後來竟然加入伊坎的合夥組織，成為投資人。[21]

> 我們舉行最後一次董事會，這時董事已經批准把公司賣給怡樂智，伊坎參加了這次會議，到了晚上的某一個時候，我說：「伊坎幫了我們一個忙，我們得到高於公司行情價五成的溢價，而且怡樂智會在塔班公司裡進行資本投資……如果你們有任何交易，希望讓我分享利潤……」伊坎就在這時插嘴說：「有，我現在有一樁交易正在進行……」

於是狄克・塔班投資伊坎合夥組織10萬美元，變成了有限合夥人，對這位前董事長來說，後來的發展證明這是絕佳的投資。

塔班公司後來變成伊坎未來所發動突襲的樣板，塔班這個案子以令人震驚的方式，證明伊坎宣言中描繪的理論正確無

誤：取得嚴重低估公司數量大到足以影響公司派的持股；吸引市場注意行情和真值之間的龐大折價；催逼公司派擔任催化劑，推動出售公司、清算或增進價值的其他行動。如果公司派堅持己見，委託書之爭又不能吸引其他競標者的注意，伊坎可以藉著提出要約收購的方法，把公司推到舞台上，爭取到雙贏地位，一方面為這檔股票奠定股價支撐，然後伊坎可以走著瞧，看有沒有其他金融性或策略性買家進場，提出比較高的價錢，為他的持股部位，創造流動性條件。如果沒有其他人競標，伊坎可以讓公司下市，為其他股東提供流動性，而且在證明沒有人願意競標這種死氣沉沉的公司後，他理當可以用便宜的價格，取得這家公司，這樣是投資人控制自己命運的價值型投資法，就像伊坎合夥組織後來的備忘錄中所顯示的一樣，伊坎在塔班和其他早期戰役中的這種戰法很成功（請見表1.1）。[22]

葛拉漢的原始行動主義

什麼東西吸引伊坎看上塔班公司？金斯理看出的東西中，有哪些是別人錯過的？塔班公司申報四十年來的首次虧損後股價慘跌，新事業似乎會繼續虧損，而且塔班在奇異和西屋兩大

表1.1 伊坎合夥組織備忘錄：不友善操作期間股價表現

目標公司	打目標公司主意前三個月股價（美元）	打主意後最高價
華納史瓦西（Warner Swasey）	29	80
國民航空（National Airlines）	15	50
懷聯公司（Wylain）	13	28½
富臨科德（Flintkote）	30	55
菲才照相機（Fairchild Camera）	29	66
塔班（Tappan）	8	18

巨擘的夾擊下，只是市場上微不足道的角色。要了解塔班公司，要了解伊坎和金斯理在伊坎宣言中所說、他們習用的這種具有強力效果的策略，我們必須從偉大的價值型投資大師兼投資哲學家葛拉漢談起。伊坎和金斯理師承葛拉漢，但葛拉漢的投資策略跟他「華爾街教父」綽號所暗示的大不相同，比較傾向腥風血雨，而不是傾向業內派或學術派，葛拉漢慷慨激昂、大力支持利用市場派行動，促成股價嚴重低估公司改革。他在1934年出版的《證券分析》第一版中，用整整一章，探討股東和公司派之間的關係，稱之為「美國最奇怪的金融現象之一」。[23] 他問道：「為什麼不管公司的展望看起來多糟糕，股東都容許公司繼續經營，到資源耗盡為止？」葛拉漢自己回答

了這個問題，寫道：「人盡皆知的是，典型的美國股東遭到圈養，變成了最溫馴、最冷漠的動物。」[24]

　　美國的股東，會做董事會告訴他做的事情，但身為發薪餉的雇主和事業所有權人，結果很多美國大公司、而且可能是大多數美國大企業的有效控制權，都不是由共同掌握多數股權的人掌控，而是由一小撮叫作「公司派」的團體所掌握。

　　他認為價值嚴重低估是一種刺激力量，會鞭策股東「質疑公司繼續經營是否符合他們的利益」，而且「公司派必須採取所有適當的手段，矯正市價和真值之間的明顯差距，包括重新考慮經營政策、抱持坦誠的態度，向股東證明繼續經營下去的決定確實有理」。[25]

　　柏勒和米恩斯著作揭露委託人─代理人問題的兩年後，葛拉漢就出版《證券分析》，他引用柏勒和米恩斯的著作，焦躁不安地說他們認為，「對頭腦清楚的觀察家來說」，所有權和控制權分離，使公司不再是「私人企業」，反倒像極「公營事業」：[26]

　　過去，公司是股東的，追求公司利益就是追求股東利益。但現在持有公司股票或債券的人，並不負責公司的營運

與管理，而是將經營權限交給專業經理人與董事會。經理人與董事會作為公司的實際掌控者，受託管理公司的這群人，現在卻得以追求自身利益為優先，將股東利益拋到腦後。

葛拉漢拒絕接受柏勒和米恩斯的論點——就是把企業視為團體的財產，「不但應該為所有權人服務，也要為整個社會服務」的論點。他懷疑股東刻意「放棄企業經營完全只應該為股東利益服務的權利」。[27]主張美國的股東已經因為缺席，而被迫退位。葛拉漢的看法是「企業純粹只是企業股東的生財器具和財產，職員只是股東雇用的受雇員工，然而，不管董事是怎麼選出來的，其實他們都是受託人，他們的法律義務是只代表企業的所有權人行動」。[28]需要扭轉的只是「重申所有權中固有的控制權」。[29]

《證券分析》一書中，計算企業清算價值這種評估企業展望最淒慘的做法後，緊接著就是探討股東權利的章節，這點絕非巧合。清算價值是償付公司所有負債、公司結束營業後的殘值，葛拉漢簡單地把殘值形容為「股東希望放棄公司時能夠從公司拿回來的資金」。[30]葛拉漢認為，股價低於清算價值，清楚表示公司派追求「錯誤的政策」，應該採取「矯正行動，如果公司派無意自願行動，就該在股東的壓力下有所改變」。[31]

這個問題可以用最簡單的方式歸結如下：是公司派錯了、還是市場錯了？低價只是不理性恐懼的產品，或是在時間還來得及之前，所傳達的嚴厲警告？

1932年，也就是《證券分析》出版前兩年，葛拉漢為《富比世雜誌》寫了一系列的專文，強調一大堆股票在1929年紐約股市大崩盤整整三年後，股價仍然遠低於清算價值。葛拉漢建議，解決之道在於投資人「抱持所有權人的意識」：[32]

> 如果他們知道自己身為企業所有權人的權利，我們應該就不會看到美國國庫公債在現金推升下膨脹、公債所有人瘋狂拋棄唾手可得利息的瘋狂景象。可能是企業買回自己在市場上拋售的股票，最後一個諷刺的地方是：我們看到股東得到的報酬率少得可憐。

葛拉漢是心口如一的人，他的葛拉漢－紐曼（Graham-Newman）投資合夥組織員工，每天都在鑽研一萬頁的《標準普爾報告》（*Standard and Poor's*）或《穆迪公司手冊》（*Moody's Manuals*），尋找「淨流動資產價值股票」（net nets），這些員工中，有一位是年輕的巴菲特，是葛拉漢最初不願意接納的未來之星。1940年代到1960年代裡，有一群投資人，包括湯

瑪斯‧梅隆‧伊凡斯（Thomas Mellon Evans）、路易斯‧伍爾夫森（Louis Wolfson）和李奧波德‧席爾伯斯坦（Leopold Silberstein）都熱心擁抱葛拉漢的哲學，這三位投資人後來變成所謂的「華爾街三隻大白鯊」，[33] 利用委託書大戰和媒體宣傳，推翻根深蒂固的公司派，從而功成名就。伊凡斯是當時的主要推手，他採納葛拉漢的清算價值分析，率先利用現代很多市場派應用的戰術，發動過很多次收購戰役，摧毀1940和1950年代的公司派。他於1910年9月8日生於匹茨堡，十一歲時變成孤兒，在窮苦中成長，雖然他的中名梅隆非常有名——他的外祖母是著名實業大亨、兼哈定、柯立芝和胡佛三位美國總統的財政部長安德魯‧梅隆（Andrew Mellon）的堂姐妹——他卻是從最底層開始闖蕩金融天地。1931年大蕭條最嚴重期間，他從耶魯大學畢業後，在海灣石油公司（Gulf Oil）找到月薪100美元的文員工作，他的朋友晚上都出門尋歡作樂，他卻留在家裡，研讀財務報表，尋找他可以用低於清算價值購買、又有前景的公司。

葛拉漢在《證券分析》一書中，摘要說明了一條計算清算價值的明智捷徑，就是查驗一家公司的營運資金，以之作為大略但通常保守的清算價值的近似值。葛拉漢把這樣計算出來的數值，稱為流動資產淨值（net current asset value, NCAV），伊凡斯運用葛拉漢的技術，計算上市公司的速動資產淨值，這是

葛拉漢流動資產淨值中流動性最高部分的別名,他的朋友嘲笑他沉迷其中的樣子,甚至替他取了一個綽號,叫「淨速」(Net Quick)伊凡斯。[34] 1939年,伊凡斯取得搖搖欲墜的波特公司(H. K. Porter Co.)的控制權,波特公司是工業用火車頭製造商,伊凡斯以10%到15%的價格,購買波特公司的不良債券,然後推動公司改組,把自己的債券轉換為股票,而且以二十八歲的青壯年齡,當上公司總裁。從此以後,「淨速」伊凡斯在當時昏昏欲睡的董事會中,變成「頭髮油光閃亮、做事積極進取」[35] 的恐怖君王,非常像1980年代企業狙擊手的刻板造型。

連葛拉漢最聰明的學生巴菲特,都試過要當清算型投資人,曾經在1960年代初期,草創自己的投資合夥組織時短暫的轉向葛拉漢式的市場派行動主義,取得登普斯特工具製造公司(Dempster Mill Manufacturing Company)的控制權。[36] 他靠著多數股權和董事會席次,推動公司的全面清算,卻功敗垂成。在推動過程中,他提議清算設在內布拉斯加州比翠斯(Beatrice)鎮的工廠時,引發了全鎮的怒火,在鎮民發動得到本地報紙支持的惡意宣傳後,巴菲特最後以公司淨值的價格,賣掉登普斯特持股——公司淨值幾乎就等於公司的全部流動資產價值——包括現金、有價證券和比翠斯的工廠,買主是公司創辦人的孫子和他的投資團體。對巴菲特來說,這筆投資是他

賺取利潤的典型投資作為，然而，沖著他來的敵意卻讓他感到害怕，因而發誓再也不做這種事了。[37]

伊坎像葛拉漢一樣，沒有這種不安心理。伊坎傳記作者史蒂文斯描述他從選擇權折扣經紀商，迅速升級為「所向無敵的狙擊手兼金融戰術家」，說他「結合過人的天分和無堅不摧的個性，利用美國企業體制中的明顯弱點，在攻擊塔班公司之類的企業時，賺到驚人的財富。」1980年代，他的影響力升到最高峰時，控制了數十億美元的資本，勢力伸進公開上市市場中的超大公司，如號稱「美國高速公路上大紅星」的德士古石油公司（Texaco），伊坎曾經出價124億美元，打算併購這家公司；又如世界第一家總市值突破10億美元、當時總市值60億美元的美國鋼鐵公司（U.S. Steel）。其他投資人注意到他的作為，號稱企業狙擊者的小型產業開始欣欣向榮，他們的事蹟在一段短暫的期間裡，會跨越財經新聞版面，進入通俗文化中，最著名的角色是麥克‧道格拉斯（Michael Douglas）在電影《華爾街》中扮演的戈登‧蓋可（Gordon Gecko）、李察‧吉爾在《麻雀變鳳凰》（Pretty Woman）電影中飾演的愛德華‧路易斯（Edward Lewis）、丹尼‧德維托（Danny Devito）在《金錢太保》（Other People's Money）中飾演的「清算大師」拉利‧賈菲德（Larry "The Liquidator" Garfield）時，德維托在這部片子裡，演出過一段令人難忘的場景，就是在黑板上，畫

出葛拉漢的淨流動資產價值公式。他們的影響隨著市場的興衰而起伏，1987年紐約股市大崩盤後，又一次逐漸為社會大眾所遺忘。

2000年代初期網路股泡沫破滅後，新一代的市場派出現，追逐燒錢的資訊科技與通訊公司熱潮。這一次新的市場派投資人像先前的伊凡斯和伊坎一樣，重新透過公共媒體宣傳、收購委託書和要約收購的力量。新的市場派在某些案例中，利用機構投資的手法，成功吸引新的資金，而且還有新手法，包括推動網路宣傳與未上市股票的公開發行計畫。有些人抗拒公開發行與機構化行為，維持企業狙擊先驅自由掠奪的方式和反熱門股的倨傲姿態。或許這是網路興起市場中充斥股市消息與變化的必要反應。在分析師和媒體根本監看不到的地方，公然造假撒謊，如同光天化日下行竊，甚至窮凶惡極地打壓部分股東行徑層出不窮，在這種灰色地帶，市場派和空頭就是警長，如果恐懼驅使他們寫出神似反新聞記者亨特·湯普森（Hunter S. Thompson）那種具有剛左（Gonzo）風格、寫的像庫爾茲先生向證管會申報「消滅所有畜生」小冊子之類的毒辣信函一樣，誰又能責怪他們呢？

伊坎從清算專家進化為企業狙擊手的演變，反映了價值型投資和市場派行為廣大天地中基本哲學的轉變。葛拉漢藉著計算企業對清算價值折價、看出目標的方法，適於當時應用，而

且極為有效，但是到1980年代時，這種機會大致上已經從投資天地中消失。現代市場派為了因應新情勢，採用更寬廣的角度評估價值，同時利用幅度更廣泛的系列工具，以便達成自己的目的。伊坎跟他們站在一起，只是伊坎的力量更大、資金更為充沛，而且，就像他在1980年代時一樣，他會跨越最近一次的市場派行動時代，再度站在2000年代大企業市場派行動的最前線。

第二章

葛拉漢的反直覺投資法則
——華爾街教父論清算、市場派行動主義、
價值型投資與回歸平均數的大祕密

　　主席：「當你發現一種特殊狀況，可以用10元買到價值30元的東西，因而承接一筆部位，可是在很多人認定這樣東西價值30元之前，你都不能實現獲利，這種過程是怎麼形成的？是靠廣告嗎？還是發生了什麼事情？」

　　葛拉漢：「這是我們這一行中的一個神祕問題，我和每個人都有這種感覺，我們根據經驗，知道市場最後會以某種方式，讓價值升上來。」

　　——1955年3月3日，葛拉漢在美國第八十四屆國會參議院銀行與匯率委員會，就影響股票買賣因素舉行的第一次委員會議聽證會中，以《股市研究》為主題發表的證詞。[1]

就在1927年，三十一歲的葛拉漢開始在哥倫比亞大學夜間部，教授「證券分析」課程，討論他發展出來的證券分析新方法。葛拉漢在十三年前大學畢業時，婉拒了在哲學、數學或英語系上攻讀博士的建議，現在卻提出激進的構想，認為股價及其真值是截然不同的數值。他教導學生，若要歸納出一檔股票的是否值得買進，可以針對財務報表和企業展望，進行慎重的基本分析，求得真值估計值，再拿估計值和可以從市場上得知的股價比較。如果股價對真值的折價夠大，能夠提供安全邊際，這檔股票就可以買進，假以時日，股價應該會向真值回歸，這時就應該把股票賣掉。真值超過股價，或提供的安全邊際不夠，這樣的股票就應該避之唯恐不及，這種方法真是簡單之至。1934年，葛拉漢和上過葛拉漢第一年課程的哥倫比亞大學商學所教授杜德合作，把葛拉漢上課時講授的東西，變成《證券分析》一書，大家普遍認為，這本書是價值型投資的基礎文件。

對差一點就在1929年股價崩盤中斷頭的葛拉漢來說，最好的真值估計值是最保守的估計值，最保守的真值估計值是股票的清算價值，這種數值也是最容易計算、不需要什麼分析，只要利用簡單、純粹的量化規則，就可以估計出來的數值。葛拉漢利用這種所謂的「流動資產淨值」計算——深受「速淨」伊凡斯和華爾街其他大白鯊擁護的方法——評估一家公司的營

運資金，得出雖不精確、卻通常保守的清算價值近似值。葛拉漢運用流動資產淨值方法時，目標不是決定公司的正確清算價值，而是形成這種價值的大略概念，以便確定這檔股票的股價，是否低於股東可以從公司中得到的價值：[2]

公司資產負債表並未表達精確的清算價值資訊，卻提供了可能有用的線索或暗示。計算清算價值的第一條規則是：債務是再真實不過的東西，資產的價值卻是值得懷疑的，這點表示，帳上所有真正的負債都必須當成面值數字減掉，然而，歸屬於資產的價值卻會因性質不同，而有變化。

葛拉漢藉著計算公司的流動資產，再減去包括流動負債和長期負債在內的所有債務，其中，無形資產和工廠之類固定資產的長期資產價值，全都不能列入計算。在正常的情況下，經過這樣的計算後，絕大部分公司的流動資產淨值都是負數。然而，有少數股票的流動資產淨值是正數，顯示公司在所有負債之外，擁有由現金、應收帳款和存貨構成的剩餘資金。葛拉漢的設定是，能夠列入他的購股考慮名單的公司，必須擁有淨流動資產剩餘，總市值不能高於流動資產淨值的三分之二。葛拉漢發現，滿足這種標準的公司——有時叫作淨流動資產價值公司，因為總市值是流動資產淨值的淨值——在整個公司實際出

售或清算時，實際股價經常對股東可以收到的估計價值大幅折價。

葛拉漢堅持購買股票的總市值不得超過流動資產淨值的三分之二，顯示葛拉漢價值型投資法中的一個重要因素，就是注重安全邊際。葛拉漢在《智慧型股票投資人》一書中寫道：[3]

在古老的傳奇中，智者最後把人間事的歷史總結成一句話：「這件事一樣也會過去。」面對要把健全投資濃縮為幾個字的類似挑戰，我們提出安全邊際這個座右銘，這是貫穿前面所有投資政策討論——有些討論很明白，有些卻比較不直接——的線頭。

安全邊際是市價對真值估計值的折價，例如，葛拉漢堅持購買股票的總市值不能超過流動資產淨值的三分之二，表示處在收購階段的原型淨流動資產價值股票，安全邊際不低於購買價格的三分之一，而且我們估計的流動資產淨值可以下跌三分之一，還不會導致資本的永久性損害。因此，理論上，即使企業真的處在清算的情況下，幾乎沒有持續存在的真值時，安全邊際仍然可以提供保護，以免投資人遭受無法彌補的重大虧損。股票的流動資產淨值和股價之間的折價接近時，安全邊際也能夠提供股價上漲的機會。股價對真值的折價愈大，安全

邊際愈大，獲得投資報酬率的可能性也愈大。如果第二點聽來像是重複第一點，原因是從另一個角度來考慮時，兩者基本上是相同的概念。根據對真值折價計算的安全邊際愈大，資本遭到永久性損害的風險愈小，獲得報酬率的可能性愈高。較低風險等於較高報酬率的雙重原則，是價值型投資中不辯自明的道理，在正統財務理論中，卻是不可能的事情。

公司股價為什麼會對清算價值折價？1929年紐約股市大崩盤後出現背離，一大堆公司的交易價持續遠低於清算價值，導致葛拉漢在1932年，也就是出版《證券分析》前兩年，為《富比世》雜誌寫了一系列的文章，討論這種現象。在正常的情況下，這種現象很罕見，葛拉漢探討1932年自己在哥倫比亞大學商學研究所委辦的一項研究後，指出紐約證券交易所掛牌上市的六百家產業公司中，大約有二百家公司、就是整整有三分之一公司的股價，低於流動資產淨值，超過五十家公司的股價，低於所持有的現金與有價證券的價值，另有幾十家公司的股價，低於公司銀行存款的價值。葛拉漢指出，這點暗示在「華爾街最高明的評判者眼中」，這些企業「倒閉後的價值比繼續活著還高」（葛拉漢自己這樣強調）。[4] 葛拉漢認為，不分青紅皂白的賣壓會出現，是因為投資人不注意公司的資產，甚至不注意公司的現金部位。價值只跟獲利能力扯上關係，而且「申報的盈餘——可能只是暫時的盈餘，甚至可能是欺騙。」[5]

他質疑投資人賣出股價這麼嚴重低估的股票時，是否知道自己是在以「遠低於殘值的價格」，處理自己的利益。他的結論是，可能知道這一點的許多投資人，都以公司無意清算為由，證明自己以過低的價格賣股票有理，因為如果公司不打算清算，為什麼要討論清算價值？照葛拉漢的說法，答案是股東雖然沒有力量把公司變成賺錢公司，卻有權清算公司。他寫道：「追根究柢，這點根本不是理論上的問題，而是非常實際、非常迫切的問題。」[6] 他問道：「難道三分之一的美國企業真的注定會繼續虧損，到股東權益全部喪失為止嗎？」[7]

無力償債之後的清算當然比較常見，但是對華爾街教士來說，警長插手之前就關門的想法似乎令人厭惡。

葛拉漢寫道，股東不只是忘了閱讀資產負債表，似乎也忘了自己是企業的所有權人，而不只是股價機器中股價的所有權人。現在正是千百萬美國股東質問：「在自己迫切需要資金時，自己的錢是否應該套在沒有生產效益的過剩現金帳上。」葛拉漢寫道：「這不是公司派的問題，而是所有權的問題。」解決之道是變成擁有「覺得自己是所有權人」的意識。[8]

葛拉漢強調，公司股價持續以低於清算價值的價格在市場上交易毫無道理，等於是市場發出信號，指出股價太低，或是

公司應該關門。不管是哪一種情形，股價都太便宜，因而變成吸引大家進行證券分析的目標，以及很有吸引力的買進機會。他把這種股票比喻成附有條件的美元金幣：[9]

> 如果美元金幣不附任何條件，實際上可以用一半的價格買到，大量的報導和大量購買力會凝聚起來，利用這種撿便宜的機會。企業的美元金幣現在大量供應，價格只有一半不到──但是上面附有條件。雖然這種美元金幣屬於股東，股東卻沒有控制權，股東可能必須退後一步，坐看這種美元金幣在營運虧損的拖累下，價值日漸縮減、日漸消失，就是因為這樣，大眾甚至拒絕接受公司所保有現金存量的面值。

然而，葛拉漢容許股價對清算價值折價的現象，因為股票「總是會有獲利趨勢讓人不甚滿意的時候」。[10]

> 如果獲利一直穩定增加，股價顯然不應該這麼低，反對買進這種股票的原因在於盈餘很可能、或至少可能會下降，或是虧損會持續下去，資源會消失無蹤，真值最後會變成低於買進價格。

葛拉漢回答這些異議時說，這種結果在個案中曾經發生

過，但是促使股價上漲的可能發展範圍卻大多了。葛拉漢列出的發展看來就像現代市場派投資人所提出的要求清單，包括下述內容：[11]

一、創造符合公司資產的獲利能力，這種能力可能來自：
　　1. 產業普遍好轉。
　　2. 不論公司派是否更換，公司的營運政策都朝有利的方向轉變，這種轉變包括更有效的方法、新產品、放棄不賺錢的產品線……等等。
二、賣掉或併購，因為若干其他公司可以利用這些資源，創造更高的效益，因此可以付出至少等於清算價值的價格，購買這些資產。
三、全部或部分清算。

　　葛拉漢主張，如果分析師耳聰目明，就會傾向上述有利發展即將出現的股票，不然就是尋找具有吸引力、如當期盈餘與股息之類其他統計特徵，或過去居高不下的平均歷史獲利能力的股票。分析師應該會避開流動資產快速流失，又沒有確定跡象顯示流失會停止的股票。即使如此，他還是寫道：「幾乎毫無疑問的是，股價遠低於清算價值的股票，大致代表整個價值低估的股票組合。」[12]

其他投資人對清算價值股票的展望沒有葛拉漢這麼熱情，鮑波斯特集團公司（Baupost Group）董事長塞斯・柯拉曼（Seth Klarman）在他極受歡迎的大作《安全邊際》（*Margin of Safety*）一書中提醒我們，模仿葛拉漢估計清算價值的近似值時，必須利用不完美的資訊，還需要做好幾個假設：[13]

只要營運資金沒有誇大，營運沒有造成現金快速虛耗，企業仍然可以清算自己的資產，消除所有債務，分配高於股價的收益給投資人。然而，營運持續虧損的話，擁有淨流動資產價值股票的營運資金可能遭到快速侵蝕，因此，投資人在買股前，總是必須考慮公司當期的營運狀況，也應該考慮任何資產負債表外的負債，或實際清算過程中可能發生的或有負債，如工廠關閉或環保法令問題。

傳奇性的投資人、多產作家兼價值型投資業者第三大道管理公司（Third Avenue Management）創辦人馬帝・惠特曼（Marty Whitman）說明了柯拉曼提到的一些困難：[14]

我們計算淨流動資產價值時，比較偏向根據常識計算。例如，你擁有一筆A級辦公大樓的資產，資金來源是有追索權的融資，全部租給信用良好的租戶，這筆資產基於會計目

的，在分類上是金融資產，但是，因為這種大樓可以靠打個電話就賣掉，因此流動性其實比列為流動資產的凱瑪百貨存貨還高。

巴菲特寫過，他認為除非你是清算專家，否則併購淨流動資產價值公司「很愚蠢」，他還把低於清算價值的股票，叫作「菸屁股」：[15]

如果你以夠低的價格買股票，這種公司的運勢通常會有一些小問題，讓你有機會在出脫這檔股票時，賺到豐厚的利潤，但是這家公司的長期表現可能很糟糕。我把這種做法叫作「菸屁股」投資法。你在路上找到的菸屁股都只能再抽一口，還可能沒有太多菸可吸，但是「撿便宜式的買法」會使這口菸全都變成獲利。

除非你是清算專家，否則這種買股方法很愚蠢。第一、原始的「大廉價」畢竟很可能不會變得這麼像是白白相送。艱困企業的一個老問題還沒解決，新的問題就接踵而來，因為廚房裡絕對不會只有一隻蟑螂。第二、你取得的初期優勢很快就會被公司的低落報酬率侵蝕掉。例如，如果你以800萬美元，買下可以用1千萬美元賣掉或清算的公司，而且你立刻展開其中一種行動，你可以實現高報酬率。但是如果

這家公司在十年後，才以1千萬美元賣掉，而且在這段期間裡，每年賺到和配發的利益只占成本的爻爻之數，這筆投資就會變得令人失望。時間是優質公司的朋友，卻是三流公司的敵人。

雖然柯拉曼、惠特曼和巴菲特都語帶保留，有關淨流動資產價值股票績效的研究似乎證明葛拉漢的說法：「幾乎毫無疑問的是，股價遠低於清算價值的股票，大致代表整個價值低估的股票組合。」買進符合葛拉漢所說流動資產淨值近似清算價值標準的股票，是績效極為優異的投資策略。葛拉漢1976年接受專訪時估計，過去三十年，他的葛拉漢－紐曼投資管理公司存在期間，他的淨流動資產價值型策略每年平均創造20%的報酬率：[16]

我們在基金管理上，大量利用這種方法，三十多年來，我們每年從這個來源中，一定賺到了平均大約20%的報酬。然而，1950年代以後，有一陣子因為多頭市場無所不在，符合這種策略的買進機會變得非常稀少。但1973到1974年間股價下跌後，這種買進機會的數量恢復。1976年1月，我們算出《標準普爾股票指引》（*Standard & Poor's Stock Guide*）中，有三百多檔這種股票，大約占所有股票的十分之一。

亨利・歐本海默（Henry Oppenheimer）擔任賓漢頓（Binghamton）紐約州立大學財務學副教授時，曾經研究過葛拉漢的流動資產淨值策略，探討這種策略從1970年12月31日到1983年12月31日之間一共十三年的績效。[17] 假設所有符合投資標準的股票，都是在每年的12月31日購買，持有一年，然後在隔年的12月31日，用符合那一天同樣標準的股票取代。歐本海默的樣本規模為645檔精選的淨流動資產價值股票，樣本最小年度的股票樣本為18檔股票，最大的年度為89檔股票，數量遠低於葛拉漢在1932年研究中找到的股票。歐本海默得到的結論是，這種策略的報酬率幾乎可以說是十分驚人，他發現，這十三年期間，平均報酬率為29.4%，大盤的報酬率卻只有11.5%。為了說明這麼可觀的報酬率，歐本海默寫道，在開始評估日的1970年12月31日，投資100萬美元在流動資產淨值投資組合中，到研究結束日的1983年12月31日，會增為2千549萬7千300美元，相形之下，投資在大盤中，只會增加到372萬9千600美元。

我跟傑福瑞・歐克斯曼（Jeffrey Oxman）和蘇尼爾・莫罕帝（Sunil Mohanty）合作，測試葛拉漢的流動資產淨值策略成果，起始日是歐本海默測試日結束的1983年12月31日，結束日是2008年12月31日。[18] 我們發現，整整二十五年的測試期間，流動資產淨值規則平均創造35.3%的年度報酬率，勝過

22.4%的大盤年度報酬率,也勝過相似的小型股指數投資組合16.9%的年度報酬率。選擇到樣本數最少的年度是1984年,這一年只有13檔股票符合標準,樣本數最多的年度是2002年,有152檔股票符合葛拉漢的規定。這種報酬率十分驚人,而且不是美國所獨有的現象。

在國際主要股市中,針對葛拉漢的流動資產淨值規則所做的其他研究,也發現相同的打敗大盤現象。針對1975年到1988年日本股市所做的研究發現,葛拉漢的標準每年帶來超越大盤大約13%的平均報酬率。[19] 針對1981年至2005年間、倫敦證券交易所掛牌的淨流動資產價值股票所做的類似研究發現,年度平均報酬率超過大盤19.7%。[20] 這份研究報告由英國的索爾福德大學(University of Salford)商學院發表,指出利用葛拉漢的策略所選擇的股票,在超過五年的持有期間裡,大幅超越倫敦證券交易所的主要市場。論文作者利用歐本海默的方法,發現從1981年7月1日起,投資100萬英鎊在流動資產淨值投資組合中,到2005年6月,會增加為4億3千200萬英鎊,年度複合報酬率高達29%。相形之下,100萬英鎊投資在整個英國股市中,到2005年6月底,只會增加到3千400萬鎊。

行為財務學專家兼價值型投資人詹姆斯‧孟帝爾(James Montier)評估1985年至2007年間,在全球所有已開發國家市場,購買淨流動資產價值股票投資組合策略的報酬率,[21] 發現

這種策略平均每年創造35%的驚人報酬率，打敗類似市場投資組合每年17%的報酬率；二十三年間的年度報酬率高達35%，使這種策略晉升為精英策略之流。孟帝爾發現，淨流動資產價值投資組合有若干通性，第一、這個中型投資組合由65檔股票構成，顯示全球淨流動資產價值股票的數量相當少。他也發現這種股票的總市值中位數為2千100萬美元，顯示這個投資組合主要由中小型股構成。當然，並非所有淨流動資產價值股票都是微型股，2002年時，蘋果公司還算是淨流動資產價值股票，那年10月，蘋果經過分割調整後的股價為7美元，總市值才略微超過25億美元，當時蘋果扣除所有負債後，持有每股7.8美元的現金，也是賺錢的公司。十年後的2012年10月，蘋果每股股價高達700美元，接近公司股價的空前高峰，十年內上漲了一百倍。葛拉漢的流動資產淨值策略會產生一些特別優秀的便宜貨，這就是他的策略報酬率絕佳的因素。

　　葛拉漢對安全邊際的直覺很正確，股價對流動資產淨值折價愈大，報酬率愈高。歐本海默評估過這一點，方法是計算每檔股票的買進價格占流動資產淨值的比率，然後把樣本從安全邊際最大到安全邊際最小排序，分為五類。歐本海默的結論很清楚：安全邊際最大、也就是價值低估最嚴重的股票投資組合，績效勝過下一個投資組合，然後依次勝過其他投資組合，最後，安全邊際最小的投資組合創造的報酬率最低。歐本海默

發現，安全邊際的大小、也就是折價程度的高低是重要因素，折價最嚴重的淨流動資產價值股票每年創造的額外報酬率，比折價最不嚴重的淨流動資產價值股票高出10%以上。我們複製歐本海默的方法，發現結果大致相同，只有一點需要提醒，這一點很重要，卻也讓人很困擾。我們的發現大致與歐本海默的結論一致——對流動資產淨值折價愈深的公司，報酬率愈高，然而在流動資產淨值折價最深投資組合中的股票，報酬率卻最低，這種結果可能是個異數，值得特別注意，但是這一點不會改變折價幅度和報酬率正相關的發現。

葛拉漢建議「耳聰目明的分析師」，注意可能吸引市場派目光、或具有吸引人的其他統計特徵，如當期盈餘與股息等特徵的流動資產淨值股票。歐本海默這方面的發現跟葛拉漢的建議牴觸，葛拉漢對盈餘和股息通常有先見之明的直覺似乎錯了，原因可能是這種發現跟直覺牴觸得太嚴重了。歐本海默測試了葛拉漢的建議，把流動資產淨值股票分為兩個投資組合，其中一個只包含前一年有盈餘的公司，另一個包含前一年營運虧損的公司，他發現包含營運虧損公司的投資組合，績效通常勝過包含獲利公司的投資組合。他也發現營運獲利、配發股息的股票創造的報酬率，通常低於獲利卻不配息的股票。這些發現促使歐本海默下結論，他認為，只選擇獲利的股票或配息的獲利股票，會得到比較低的報酬率。我們的測試結果支持歐

本海默的結論，獲利的淨流動資產價值股票，績效遠低於虧損的股票，獲利又配息的公司，報酬率遠低於獲利卻不配息的公司。

葛拉漢指出：「大家反對購買這種股票，原因是盈餘很可能、或有可能下滑，甚至會持續虧損下去，資源會消失無蹤，最後真正價值會低於買進價格。」[22] 就個別公司而言，這種擔心似乎都有一點道理，孟帝爾的研究發現，和一般股票相比，依據流動資產淨值策略選擇的個股，比較可能碰到永久性的資本喪失，孟帝爾發現，流動資產淨值股票中，大約有5%股票在五年裡，跌幅會超過90%，全市場的股票中，只有2%會有類似的跌勢。矛盾的是，在個股中成立的狀況在整體股票中似乎並不成立。淨流動資產價值股票投資組合下跌的年數比大盤少，在孟帝爾測試的二十三年裡，淨流動資產價值股票投資組合下跌的年分只有三年，相形之下，大盤卻出現大約六年的負報酬率。[23] 因此，這種策略不但在整個期間裡創造比較優異的績效，而且虧損的年分也比較少，但是一般淨流動資產價值股票碰到致命慘跌的可能性，比一般正常股票高出兩倍半。這些結果令人深感興趣，也顯示若干違反直覺的現象，或是可以說顯示了若干超值投資的特點，後文會詳細探討這些特點。

我們這一行的神祕問題

1955年，葛拉漢出席美國參議院銀行與匯率委員會，就該委員會針對「影響證券的買賣因素」問題所做的調查作證時，委員會主席問他一個跟價值型投資有關的核心問題——價值低估的股票如何恢復公平價值：[24]

為了說明，我們現在假設你發現一種特殊狀況，可以用10元買到價值30元的東西，你因此承接一筆部位，可是你在很多人都認定這樣東西價值30元之前，你都不能實現獲利，這種過程是怎麼形成的？是靠廣告嗎？還是發生了什麼事情？

葛拉漢的回答是他經典式的答案，卻不可能讓主席滿意。他解釋說：「這是我們這一行中的一個神祕問題，我和每個人都有這種感覺，我們根據經驗，知道市場最後會用某種方式，讓價值升上來。」[25] 主席所提出的這個問題可能是價值型投資人最重要的課題，價值低估的股票如何找到本身的公平價值？柯拉曼在《安全邊際》中寫道：[26]

企業清算通常暗示企業經營失敗；但諷刺的是，清算可

能等於投資成功，原因在於公司清算或解散，是實現標的企業價值的催化劑。因為價值型投資人意圖買進股價對企業標的資產價值大幅折價的證券，清算是投資人實現獲利的方法之一。

清算、併購或其他種種原因是報酬率的催化劑嗎？柯拉曼認為投資人要尋找的東西，是可以滋生報酬率和降低風險的催化劑：[27]

> 價值型投資人總是在尋找催化劑，買進對標的價值折價的資產是價值型投資的一種鮮明特性，透過催化劑，實現部分或全部標的價值，卻是創造利潤的重要手段。此外，催化劑的存在會降低風險，價格和標的價值之間的差距如果可能迅速彌合，因為市場影響或企業不利發展而來的虧損機率就會降低。然而，如果催化劑不存在，標的價值就可能遭到侵蝕；反之，價格和價值的差距可能隨著市場的莫測變化而擴大，因此，持有的證券具有實現價值的催化劑，是投資人投資標的價值折價的證券時，降低投資組合風險、增進安全邊際的重要方法。

要讓這種策略獲利，投資人是不是要像巴菲特說的一樣，

必須變成清算專家呢？葛拉漢說過，這種策略的理論基礎是股東迫使公司關門、從中收回本身資金的最終權利。買進股價低於清算價值的股票要有道理，可能只是因為有一種法律機制存在，可以讓股東收回的現金，超過他們必須投資下去、推動這種程序的資金。然而，對大多數投資人而言，他們的持股都太少，即使他們再有心，也無力啟動這種法律機制。既然如此，不是清算專家或無法啟動這種法律程序的投資人，是否仍然能夠從淨流動資產價值型策略中獲利呢？柯拉曼在《安全邊際》中寫道：「從某個角度來看，清算是透露股市本質的少數介面之一」：[28]

　　股票是必須無數次來回交易的紙張？還是擁有標的企業一部分利益的憑證？清算可以把出售企業資產給出價最高的人得到的實際現金收益，發給這種紙張的所有者，解決這種爭辯。因此，對股市而言，清算是把股市跟現實綁在一起的繫繩，迫使低估或高估的股價符合實際的標的價值。

　　如果沒有柯拉曼說的「跟現實綁在一起的繫繩」，價值低估的股票價格，會回歸標的的實際價值嗎？看來會這樣，事實上，實際情形是大部分淨流動資產價值股票都沒有遭到清算或併購。

葛拉漢和柯拉曼都曾指出，清算分析——包括近似清算價值的流動資產淨值——都是理論上的價值評估練習。清算通常不是實現價值的實際方法，原因是如果公司繼續經營，資產價值會高於公司陷入清算狀態時的價值，因此，大家認為，清算價值是最糟糕的狀況。請回想一下，葛拉漢提過，很多種清算以外的可能發展都會促使股價上漲。歐克斯曼、莫罕帝和我共同研究時，特別注意淨流動資產價值股票後來的發展範圍。我們發現，清算或併購的股票非常少，事實上，在我們1千362檔股票的樣本中，只有九家公司因為清算而下市（占樣本的0.66%），只有五家公司（占樣本的0.37%）因為併購而下市。即便把這些公司剔除，也對我們的報酬率估計幾乎毫無影響，看來這些股票似乎不見得要吸引清算專家的注意，才會上漲，這麼說來，到底是什麼原因，推動淨流動資產價值股票的報酬率？

　　促成市價和真值之間價差縮小的真正機制是什麼，大家到今天，大致上還是跟葛拉漢的時代一樣，覺得神祕，雖然清算像併購一樣，是實現價值的可能催化劑，我們的研究卻顯示，這種情形難得出現，這點表示，最可能的結果是創造的盈餘和資產同樣增加。請注意，這種情形出現在葛拉漢先前認定盈餘趨勢幾乎總是令人不滿意的公司裡——「如果從過去到現在，獲利一直穩定增加，股價顯然不應該這麼低。」[29] 什麼原因促

使盈餘一向低落的股票，自動創造足夠的盈餘，彌合市價對真值的折價呢？葛拉漢認為，可能的原因包括產業景氣改善，以及不論公司派有沒有換人，公司的營運政策都已經改變，但是，其實這種答案不能讓人真正滿意，葛拉漢也知道這一點，這就是為什麼他要把這件事說成是業界神祕問題的原因。不管明顯的原因是什麼，行情和價值之間的折價縮小，都是名叫回歸平均數（mean reversion）的現象，這種現象是超值投資法的基本面要素。

回歸平均數的質化因素

葛拉漢在《證券分析》中警告，把某些質化因素納入價值估計中，卻不了解回歸平均數的影響會在不經意間，把高估價值的分析錯誤引進其中，甚至把比較少見的低估價值分析錯誤納入其中。葛拉漢把證券分析的因素分為量化和質化兩種。量化因素是葛拉漢稱為股票「統計物證」的因素，也就是公司的財務報表、以及跟公司生產和訂單有關的其他資訊。質化因素包括「企業的特性；個別公司在業內的相對位置；公司的實體、地理和營運特性；公司派的特性；還包括跟公司、產業和整體企業展望有關的資訊」。[30] 葛拉漢寫道，我們應該把大部

分的精神，「放在這些數字上」，因為質化因素應該包括「大量混合的純粹意見」，因此，應該以「表面或摘要的方式」處理。[31]

就大家視為質化因素的項目來說，最重要的因素是企業的特性和公司派的素質，但是，這兩樣東西「極為難以明智處理」。[32] 葛拉漢認為，原因在於大部分人根據純粹的推測或自己的偏見，對構成「優良」企業的因素，都有明確不變卻錯誤的看法。[33] 他們對企業特性的評估，經常都是根據企業新近的表現而定：[34]

大家很自然地會認為，對「所處地位不利」、境遇比一般同業差的產業，應該敬而遠之。對於擁有優異記錄的產業，大家當然會有正好相反的假設。但是這種結論經常可能錯得相當離譜，異常的優劣狀況不會永遠延續，整體經濟如此，特定產業也一樣。矯正性力量通常會發動起來，恢復獲利消失產業的盈餘，或是降低資本報酬率過高產業的利潤。

記錄優良的公司可能是有利事業環境中的受益者，因而可能適合「矯正性力量」和停滯期介入。同樣地，受到惡劣狀況煎熬的公司，比較可能享受一段獎勵期。如果分析師假設目前的狀況會延續下去，就是忘記了企業狀況會回歸平均數的

本質，也忘了獲利能力與資本之間的關係。至於公司派的能力要怎麼評估呢？葛拉漢認為，分析師會碰到同樣的難題，因為「跟公司派能力有關的客觀檢測標準很少，而且根本不科學」：[35]

　　在大部分情況下，投資人必須依賴公司派是否當之無愧的名聲。一段期間比較優異的記錄，是公司派很能幹的最有力證據，但是這樣又把我們帶回到量化證據上。

　　股市在評估公司派因素時，有著計算兩次的強力傾向，股價反映傑出公司派創造的大筆盈餘，加上反映另外考慮的「傑出經營階層」龐大加分。

　　葛拉漢說，這種情形是「同樣的把戲計算兩次」，是股價高估常見的原因。葛拉漢最後警告的素質因素跟假設盈餘趨勢的做法有關，他談到當時顯然才剛剛出現、今天卻已經習以為常的情況，就是分析師預測過去的趨勢會延續到未來，不論是盈餘、銷售還是其他基本面指標趨勢都一樣，還會用這種預測作為評估證券的依據。這種過程包含數字，因此使預測看來具有「數學上的健全性」，事實上，卻是「結果不是比較好就是比較差的確定不變預測，而且是如果不是正確、就是錯誤的預測」：[36]

前面所提不利於異常盛衰維持下去的影響因素，同樣會阻止上升或下降趨勢無限期延續下去，到趨勢變得明顯可見時，出現變化的條件很可能已經成熟。

因此，過度重視趨勢會導致高估或低估的錯誤：[37]

這點正確無誤，因為無法確知應該預測未來多久遠的趨勢；因此，雖然評估看來像是數學過程，實際上卻是心理過程，而且相當武斷。

葛拉漢警告說，趨勢只是假設性陳述，跟未來的展望有關，卻以「精確預測」的形式表達。趨勢跟企業本質或公司派能力有關的結論一樣，主要意義是在趨勢和當前企業狀況無法區分時，作為預測工具。所有這些影響因素都會碰到同樣的基本問題，就是不可能判定這些因素反映在特定證券價格上的程度有多少：[38]

在大部分情況下，如果大家居然認識這些因素，這些因素通常都會遭到過度強調，我們看到同樣的影響因素，一再在大市中發揮作用。追根究柢，市場一再地超漲超跌，起因就是價值主要由展望決定，隨之而來的判斷不受任何數學控

制，而且幾乎一定會推進到極端。

　　葛拉漢認為，分析師會用下述方式，處理質化和量化因素：分析師的結論「必須依賴數字和現成的測試方法和標準」，但結論卻可能「遭到從反方向輸入的質化因素徹底破壞」。[39] 質化因素很重要，「但是一心一意重度依賴這些質化因素時，也就是說，光是價格遠高於這些數字這一點就足以作為證明時，其中就會缺少大家認可的分析基礎」。[40] 分析師應該關心的大事是由事實支持的價值，而不是依賴期望支撐的價值。這點是證券分析師和投機客不同的地方，投機客有無成就，取決於猜測未來的能力，分析師卻不是從未來中追求利潤，而是為未來預作防備。葛拉漢寫道，分析師認為「企業的未來是他的結論必須觸碰的風險，而不是作為證明他正確無誤的事證」。[41] 這是有力的陳述，強力說明葛拉漢從1929年紐約股市大崩盤中，學到很多東西，以致於要到葛拉漢的得意門生巴菲特出現後，才能徹底反其道而行。

第三章

從清算專家到作手
——巴菲特超越葛拉漢，成為股神

「這樣就像手指指向月亮一樣，千萬不要誤將手指當成月亮，以免錯過天上所有的光華美景！」

——李小龍，《龍爭虎鬥》

就在 1957 年的某一個星期天早上，巴菲特到愛德華・戴維斯（Edward Davis）醫生夫婦家裡，為自己新創的投資合夥組織，跟這兩位潛在投資人洽談，當時他第一次聽到孟格的名字。當時二十六歲的巴菲特看來像是只有十八歲，照戴維斯的說法，年輕的巴菲特坐在他們家的客廳裡，說明投資這個合夥組織的基本規則，巴菲特在一個多小時裡，描述他的基金管理哲學，也說明他倡議的投資合夥組織中不很尋常的規定——巴菲特對資金有絕對的掌控權，不會把他的投資方式，告訴投資人；投資人會收到他的投資報酬率年報摘要，投資人想撤資的話，只能在每年的 12 月 31 日。巴菲特說明時，戴維斯都坐在角落上，無所事事，巴菲特還覺得戴維斯似乎不理會他，巴菲特高速的獨白說完後，一直非常認真在聽的戴維斯太太轉頭對戴維斯說：「你覺得如何？」[1] 戴維斯回答說：「我們交給他 10 萬美元吧。」巴菲特客氣地回答說：「戴維斯醫生，我很高興得到這筆錢，但你其實並沒有很注意聽我說的話，怎麼會就這樣下決定呢？」戴維斯轉頭對巴菲特說：「噢，你讓我想起孟格。」巴菲特回答說：「我不知道這位孟格是什麼人，但是我真的喜歡他。」戴維斯夫婦投資了巴菲特的投資基金，巴菲特卻要在兩年後，才跟孟格見面，兩人終於見面時，開始形成美國史上最持久、最成功的事業合作夥伴關係。

1956 年 5 月 1 日，巴菲特創立自己的第一個巴菲特合夥組

織時，他的恩師、貴人兼僱主葛拉漢已經決定結束葛拉漢－紐曼公司的營業。葛拉漢決定退休時，巴菲特只是繼續像在葛拉漢－紐曼公司工作時一樣，一頁又一頁翻閱同樣的標準普爾公司和穆迪公司的手冊，尋找符合葛拉漢經典風格的淨流動資產價值股票。雖然巴菲特自認是葛拉漢知識上的繼承人，而且像葛拉漢一樣，經營巴菲特合夥組織，但他早早就表明有意發展自己的風格，也慢慢脫離嚴格應用葛拉漢原則的做法。葛拉漢喜歡分散投資，購買很多小筆的部位，巴菲特偏愛專注自己最高明的想法。葛拉漢曾經勸告過，說花時間研究撿到的菸屁股品質，是徒勞無功的事情，他說：「安全邊際在對清算價值的折價中。」葛拉漢知道不少菸屁股會倒閉，卻也認為這種投資組合可行。巴菲特利用自己在標準普爾和穆迪手冊中吸收數字資料的驚人能力，在淨流動資產價值股票天地裡淘金，找出便宜到幾乎免費的少數個股。巴菲特告訴自己的傳記作者艾莉斯・舒德（Alice Schroeder）：「我會研究極多企業，找到一、兩家便宜到十分可笑、可以投資1萬或1.5萬美元的公司。」[2]葛拉漢不喜歡拜訪公司經營階層，把這種做法叫作「自助法」，[3]還覺得投資人應該是局外人，要對抗公司派，而不是跟他們廝混在一起，巴菲特卻喜歡跟公司派交往，希望自己有機會利用自己的魅力，影響公司做對的事情。然而，他終於跟孟格見面時，並沒有背離葛拉漢的菸屁股投資哲學多遠。

1959年夏天，巴菲特和孟格在某一個炎熱的星期五晚上，在奧瑪哈俱樂部見面，孟格比巴菲特大六歲，對二十八歲的巴菲特了解不多，兩人隨即一見如故、相談甚歡。巴菲特談到葛拉漢和價值型投資，也描述自己經營的投資合夥組織，以及到當時為止的報酬率，說1957年大盤下跌8%，他的報酬率為10%；1958年道瓊三十種工業股價指數上漲38.5%，他的報酬率為40%；1959年，他的報酬率為25.9%，再度打敗上漲19.9%的道瓊指數。[4] 孟格在讚嘆之餘問道：「你認為我在加州可以達成類似的成就嗎？」[5] 巴菲特回答：「可以，我相當確定你可以做到。」[6]

在1959年，巴菲特持有最大的部位是桑伯恩地圖公司（Sanborn Map.），投資金額占他的投資合夥組織資本的三分之一以上。桑伯恩公司發行極為詳細的美國都市電力線、大水管、車道、建築工程、屋頂構造、逃生梯地圖。這些地圖大都由火險公司買去，放在總公司裡，用來經營全國性的承保業務。七十五年來，桑伯恩地圖幾乎等於壟斷市場，年年賺錢，不必費多少力氣去銷售。巴菲特在1961年的投資合夥組織年報中解釋，桑伯恩地圖是葛拉漢喜愛的經典股票，業績隨著保險公司的併購而萎縮，1930年代內，年度獲利為50萬美元，到了1958年，銷售額為250萬美元，年度獲利卻降到10萬美元上下，但是，該公司持有的投資組合價值超過700萬美元，

等於每股持有65美元的資產[7]，當時公司的股價卻只有45美元。巴菲特指出，1938年時，桑伯恩地圖的股價為110美元，投資組合的價值為每股20美元，暗示當時公司每股的價值為90美元。大約二十多年後的1958年時，45美元的股價暗示同樣的地圖事業每股價值為－20美元，投資組合的價值打了六九折，地圖事業免費贈送。

當時桑伯恩地圖發行在外的股份為10萬5千股，巴菲特投資合夥組織買下其中的4萬6千股，足以讓巴菲特當選公司的董事。巴菲特進入董事會之前的八年裡，桑伯恩地圖一共減發股息五次，但是巴菲特冷淡地指出，他「根本找不到跟刪減董事薪酬和委員會費用有關的記錄」。[8] 1959年3月，巴菲特第一次參加董事會會議時，知道了公司股價為什麼這麼便宜的原因。其他董事都是桑伯恩地圖最大顧客保險公司指派的代表，他們合計只象徵性的持有46股桑伯恩地圖股票，只有巴菲特持股的千分之一。巴菲特建議出脫公司的投資組合，把獲益分配給股東，其他董事一致反對，立刻封殺這個構想。後來巴菲特建議公司，買下希望公司以公平價值、出脫手中投資組合證券的所有股東持股，董事會為了避免巴菲特一定會獲勝的委託書大戰，同意巴菲特的建議。一千六百位股東中，有代表公司股權72%的大約半數股東，接受這項建議。巴菲特後來在他的投資合夥組織信件中指出，這種「控制性的狀況」應該相當罕

見，他「賴以為生」的業務是「買進」價值低估的證券，然後在價值低估得到矯正時賣股，同時出脫依據企業行動、而非依賴市場行動獲利的「特殊狀況」投資。[9]

孟格回加州後，巴菲特和他每天在電話上，繼續談話一小時以上。1962年，巴菲特說服他，成立他的第一家投資合夥組織惠勒孟格公司（Wheeler, Munger & Company），公司設在洛杉磯史奇洛（Skid Row）貧民區附近的春天街（Spring Street）上，孟格在一間小小的夾層樓房辦公室裡，靠著承諾嚴謹遵循葛拉漢的投資準則募集資金。雖然他起初嚴格遵守葛拉漢的規定，買進菸屁股，但他的投資哲學和葛拉漢的不同之處，卻很快顯現出來，孟格不像巴菲特那樣，對葛拉漢的所有原則都讚嘆不已，孟格曾經說過：「葛拉漢有盲點，對某些企業值得付出大筆溢價的事實，認識太過不足。」[10] 孟格繼續遵循葛拉漢最基本的教導，例如像私人企業東主一樣評估股票，參考真值買賣股票，但是，他對葛拉漢說的菸屁股沒有興趣，對為便宜而便宜也沒有興趣。孟格認為有些企業「值得多付一點錢入手，以便爭取長期優勢」。[11] 孟格分析投資時，會考慮品質和價格，照他的說法：「關鍵在於從你支付的價格中，得到更多的好品質，就是這麼簡單。」這樣的確很簡單，卻也深具革命性。

孟格努力說服巴菲特，要他擺脫葛拉漢純粹根據量化條

件考慮安全邊際的做法，主張績優企業提供的安全邊際，高於根據清算價值折價買進的價格。根據對清算價值折價交易的股票，事業素質通常都相當差，孟格對劣質企業很有意見，因為他在加州貝克斯菲爾德（Bakersfield）擔任國際收割機公司（International Harvester）經銷商董事時，領悟到整頓搖搖欲墜企業十分慘烈的教訓，管理這家經銷商的工作相當痛苦，讓孟格認清優質與劣質企業之間的重大差異，國際收割機公司會消耗經銷商的資本，經銷商賣出每台新機器前，都必須先價購進來，資金因此綁死在陳列場上，孟格不但喜歡成長時不會吸光資金的企業，還喜歡成長時會吐出現金的企業。他除了思考這種企業有什麼特質外，還請教別人「聽過哪些最績優的公司」？[12] 他在探討這種觀念時，看出了葛拉漢投資方法的局限。他認為葛拉漢太保守，認為「未來的風險會比機會多」，[13] 這點和巴菲特天生的樂觀態度截然不同。他花很多時間，對巴菲特闡釋績優企業的好處，卻發現巴菲特出於對葛拉漢的尊敬，生出抗拒之心，讓巴菲特產生改變的轉捩點是美國運通公司（American Express）。

美國運通危機

　　1963年底，美國運通捲入惡名昭彰的沙拉油詐欺案，案子是美國運通客戶、商品交易商安東尼・戴安吉利斯（Anthony De Angelis）的傑作，戴安吉利斯交易黃豆油，黃豆油儲存在他所設的紐澤西州倉庫的油槽裡。美國運通的主要業務是發行旅行支票和信用卡，還經營規模比較小的倉單發行業務，倉單是證明所有權人的商品妥善儲藏在倉庫裡的文件，美國運通發倉單給戴安吉利斯，證明儲藏在他油槽裡的黃豆油數量，戴安吉利斯可以把倉單轉手賣掉，或是當作貸款的擔保品。到了某一天，戴安吉利斯認為，自己可以騙過檢驗員，誤信他擁有的黃豆油比實際數量還多，因此，他開始用海水取代黃豆油，因為他太善於欺騙檢驗員了，以致於最後他擁有的黃豆油數量超過現有的世界存量。[14] 市場劇烈波動，走勢對他不利時，他的詭計遭到揭發，他無法滿足經紀商追繳保證金的要求，立刻遭斷頭，因為部位實在太大了，導致他的經紀商跟著倒閉。貸款給戴安吉利斯的債主面對詐欺的戴安吉利斯和破產的經紀商，自然會對比較多金的金主提出告訴，結果他們找到了美國運通，因為美國運通實際發行倉單，證明黃豆油確實存在。求償金額高達1億7千500萬美元，是美國運通1964年獲利金額的十倍以上，於是美國運通能否熬過這麼大金額的賠償，並且繼

續生存下去，還是未定之數，股價因此腰斬。

巴菲特的興趣來了，他叫經紀商亨利・布蘭特（Henry Brandt）蒐集跟美國運通有關的閒言閒語。著名的舊金山成長股投資專家菲立普・費雪（Philip A. Fisher）在1958年初版的《非常潛力股》（*Common Stocks and Uncommon Profits*）中，首次提出閒言閒語這個說法。[15] 費雪主張利用閒言閒語法，辨認可能讓投資人以獨到的眼光看出潛在投資標的的品質因素，閒言閒語是從競爭者、顧客或供應商蒐集而來，是和品質有關的因素，可能包括公司派的技能、研究發展或科技的應用、企業的服務能力、顧客的傾向、或行銷的效果。費雪利用以閒言閒語法蒐集來的全部資訊，判定企業的成長能力，以及企業應用科技優勢、完美服務或跟消費者的緊密關係，保衛本身市場的能力。[16] 巴菲特擔心戴安吉利斯詐欺案和美國運通潛在的債務，可能促使其他企業，不再接受美國運通的旅行支票和信用卡，摧毀美國運通的經營。巴菲特要求布蘭特，了解通常接受美國運通公司的餐廳和其他企業，是否仍然繼續接受美國運通的服務。

巴菲特這個要求很不尋常，因為他通常比較關心跟公司資產或負債有關的品質問題，但布蘭特接下任務，用他慣有的精力，完成任務，他詢問銀行、餐廳、旅館、美國運通信用卡用戶，然後用一英尺高的資料，回報巴菲特。[17] 巴菲特也到奧

瑪哈的好幾家餐廳去，親眼確認餐廳繼續接受美國運通的信用卡。巴菲特從評估閒言閒語中得到的結論是：美國運通受到財務打擊的影響，一時間顯得搖搖欲墜，但絕佳的基本面不會遭到摧毀。美國運通是一家「絕佳績優企業，只是得了可以切除的局部性癌症」，一定可以繼續生存。[18] 於是巴菲特把投資合夥組織大約40%的資金，投入美國運通股票，以1千300萬美元的成本，取得美國運通超過5%的股權，這是他的投資合夥組織歷來最大筆的投資。1965年，美國運通以6千萬美元的代價，跟貸款金主和解，暴跌到跌破35美元的股價快速衝到49美元。[19]

巴菲特投資美國運通的方式，跟葛拉漢純粹量化的方法大相逕庭，葛拉漢明白警告不要考慮企業的本質，巴菲特卻把這一點列入評估。但是，巴菲特並未完全放棄葛拉漢，他的投資組合中的另外三分之一部位，由德州海灣生產公司（Texas Gulf Producing）和純粹石油（Pure Oil）兩檔菸屁股構成，他會持有這兩檔股票，原因完全是葛拉漢信徒所說的統計上的低估。巴菲特說，量化方法是他的「基本原則」，[20] 但是他承認這種方法有其限制。到1966年，這種量化便宜貨少之又少，又要隔很長一段時間才能找到，就算找到，通常也都是非常小型的股票。巴菲特和他的資金一樣，已經成長到超越葛拉漢的限制，他投資美國運通揭露了葛拉漢純統計策略的另一個局限

性，美國運通的價值在資產負債表上看不出來，要在業務上才看得出來；美國運通可以清算的實體資產所值無幾，跟消費者的關係卻極具價值，因此，活著比倒閉更有價值是非常明確的事情。巴菲特認為跟消費者的關係是勝過菸屁股的優勢，跟消費者的關係會繼續複合成長，菸屁股卻只有抽最後一口的價值，因此，跟消費者的緊密關係代表更好的投資，卻不符合葛拉漢的嚴格指導原則。到 1967 年，巴菲特的腦海裡，已經把這個問題解決，足以在他的投資合夥組織信函中討論：[21]

> 以投資為目的，評估證券和企業時，總是涉及各種質化和量化因素，在其中一個極端上，完全傾向品質因素的分析師會說：「買對了公司（具有適當的前景、與生俱來的產業狀況和經營階層等等），獲利自然不請自來。」另一方面，量化方法的發言人會說：「買對了價格，公司（和股票）會自行其是。」
>
> ⋯⋯
>
> 有趣的是，雖然我自認是量化派學生（我寫這封信時，沒有人從下課休息中回來，我可能是唯一留在班上的人）。但多年來，我真正絕佳的構想一直都強烈傾向質化派，我在質化這一側，一直都擁有「機率很高的洞察力」，這是促成收銀機叮噹作響的原因。然而，洞察力就是這樣，通常相當

罕見，量化派當然不需要洞察力，數字應該會像球棒一樣，敲擊你的腦袋。因此，真正賺到大錢的人，通常都是做對了質化決定的投資人，但是，至少我認為，真正穩穩賺到錢的人顯然通常都是做出量化決定的人。

孟格的邏輯力量似乎產生了結果，到1969年，巴菲特接受《富比世》雜誌專訪時，描述自己是「15%的費雪、85%的葛拉漢」。[22] 巴菲特現在認為，《非常潛力股》「在認真投資人歷來最佳讀物排行榜上，排名僅次於《智慧型股票投資人》和1940年版的《證券分析》」。[23] 巴菲特說：「孟格推動我，走往不只遵循葛拉漢的教誨而只買便宜貨的方向，這是他對我的真正影響，要我脫離葛拉漢限制性的觀點，需要很大的力量，這股力量就是孟格的心智力量。」[24] 巴菲特在哲學上躍進後，會在1972年，藉著併購時思糖果公司（See's Candies），走完進化為價值型投資人過程中的最後一步。

時思糖果

巴菲特接到時思糖果求售的電話時，立即的反應是「打電話給孟格」。[25] 孟格掌握跟時思糖果有關的各式各樣閒言閒

語，跟巴菲特談話時又熱情洋溢地說：「時思糖果在加州的名聲極高，其他廠商難以望其項背……我們可以用合理的價格把它買下來，別人如果不在各方面花大錢，根本不可能跟這個品牌競爭。」[26] 巴菲特研究一下財務數字後，同意自己願意以某一個價格，買下時思糖果公司。[27] 但結果時思糖果開出很高的價格，哈利‧時思（Harry See）創立的這間只擁有800萬美元資產的糖果公司，開出3千萬美元的價碼。比實質資產多出來的2千200萬美元，是要用來購買時思糖果的品牌、商標、商譽、和1971年稅後純益略低於200萬美元的事業。巴菲特感覺猶豫不決，他畢竟只有15%的費雪，時思開出的價錢又極為高昂。孟格堅稱時思糖果值得出錢買下，於是巴菲特出了一個會讓葛拉漢臉紅的還價：2千500萬美元，等於是願意付出本益比十二‧五倍、股價淨值比四倍的價格。時思起初不願意降價，但是巴菲特和孟格已經出到「（他們）願意出的最高價位極限」。[28] 再高一點，巴菲特就會打退堂鼓，時思最後讓步，巴菲特和孟格就在1972年1月31日，以2千500萬美元的價格，買下時思糖果。巧妙的是，併購案是透過藍籌印花公司（Blue Chip Stamps）進行，藍籌印花是波克夏公司擁有部分股權的子公司，由孟格負責經營。

　　巴菲特對時思糖果估值的看法，以及付出這種顯然極高價格的意願，關鍵在於看出時思糖果跟消費者關係的價值。照巴

菲特的說法，時思糖果的巧克力品質特別高，巧克力愛好者對這種巧克力的偏愛，甚至超過貴上兩、三倍的產品。[29] 此外，巴菲特表示，時思糖果在公司自營店的顧客服務，「在每一方面都像產品一樣好」，而且是「好到像盒子上的標誌一樣好的商標」。[30] 加總起來，這些品質創造了一種無懈可擊的消費者關係，讓時思糖果可以把砂糖、可可豆和牛奶等原料商品，改造成特別優質的產品，隨著時思糖果成為加州傳統的一部分，這種消費者關係只會繼續成長。

　　葛拉漢可能評估這家公司掌握的有形資產數量，作為以較低價格、例如可能以對淨值折價、以便提供安全邊際的價格，購買這家公司的原因，巴菲特卻有著另一種「高度機率式的洞察力」，可以看出時思糖果有能力根據少少的投資資金，創造偏高的報酬率，讓有形資產的價值比淨值高出很多（溢價）。時思糖果運用小資本，創造高報酬率，使公司可以快速成長，同時大筆發放現金，這些地方正是孟格評估企業時，拿來當作優質企業標竿的素質。但是時思糖果的價值有多少？1971年時，時思糖果賺到略低於500萬美元的稅前純益，等於為800萬美元的有形資產，創造了高達60%的超高水準報酬率。為了比較，我們假設重貼現率為10到12%，1972年1月時，十年期美國公債利率為5.95%，時思糖果的價值是所投資資本的五到六倍，也就是介於4千萬美元到4千800萬美元之間，這點

說明了巴菲特所言不虛，他仍然有85%是葛拉漢的信徒，2千500萬美元的併購價格只是時思糖果真值的一半到三分之二。然而，即使巴菲特付了全數價格，時思糖果仍然會是絕佳的投資。

巴菲特在2007年寫給股東的信裡，描述時思糖果是「夢幻企業的典型」。[31] 那一年裡，時思糖果的股本只有4千萬美元，卻為波克夏公司賺了8千200萬美元，創造了高達195%的資本報酬率。盈餘從1971年的500萬美元，成長十六倍以上，增加到8千200萬美元，時思糖果少少的資本投資僅需成長五倍，就可以創造這種盈餘成長率。時思糖果從1972年到2007年之間，創造了13億5千萬美元的盈餘，這筆錢扣掉時思糖果內生成長所需的3千2百萬美元，就是時思糖果為波克夏公司帶來的報酬。相形之下，巴菲特估計，一般企業應該需要額外投資4億美元的營運資本和固定資產，才能創造同樣的盈餘成長幅度，而且價值一定低於時思糖果達成這種目標後的價值。結果，巴菲特和孟格可以把時思糖果超額盈餘的大部分，移用在購買其他優質企業上，波克夏公司也因此變成了財力雄厚的投資鉅子。

1989年，巴菲特把他從葛拉漢、孟格、費雪和時思糖果學到的投資教訓，濃縮成簡單的一句話，「以公平價格購買優質公司，遠勝過以絕佳價格購買普通公司」。[32] 這句話後來變

成大家一再重複的名言。葛拉漢建立了價值型投資的哲學；從數字的觀念來說，真值和價格不同，而且安全邊際很重要。他也確立了一些跟評估真值方法有關的理念，而且他的教訓涵蓋範圍極為廣大，無所不包，以致於未來的價值型投資人在這個領域中，幾乎毫無用武之地。因此，在葛拉漢課堂上唯一拿到甲上成績的學生，後來在葛拉漢訂的框架中，揉合費雪和葛拉漢的哲學，從中開創新局，確實是再順當不過的事情了。巴菲特從葛拉漢的方法中走出來，並不等於排斥葛拉漢的哲學，而是開展葛拉漢的哲學，促成巴菲特這樣做的原因，包括他必須投資的資金金額愈來愈大，以及孟格堅持葛拉漢的看法具有局限性，忽視了企業品質之類的相關事實。巴菲特經常承認，孟格影響他「以公平價格購買優質公司」的投資過程，1989年時，巴菲特說：「孟格很早就了解這種事，我卻是學習速度緩慢的人，但是現在，我們要買進公司或股票時，都會尋找擁有第一流經營階層的第一流企業。」[33]

如何經營糖果店：企業價值評估新思維

　　巴菲特從時思糖果公司領會到的新思維是：企業的真值是所創造投入資本報酬率的函數──投入資本報酬率愈高，企業的真值愈大。這是不尋常的觀念，1934年，葛拉漢出版《證券分析》之後不久，約翰·威廉斯（John Burr Williams）就在1938年，出版他的經典傑作《投資價值理論》（*Theory of Investment Value*），描述「淨現值」的古典理論。[34] 威廉斯在書中探討偉大經濟學家約瑟夫·熊彼得（Joseph Schumpeter）──最為人所知的是以「創造性破壞」說明資本主義[35]──提出的主題時，論點緊密反映葛拉漢的世界觀：證券價格及其真值是不同的東西，威廉斯的創見是真值可以用未來現金流量的現值計算出來。巴菲特在1992年波克夏公司的董事長致股東函中，描述威廉斯理論用在企業、股票和債券上的意義：[36]

　　多年前，威廉斯在傑作《投資價值理論》中，訂出評估價值的公式，我們把這個公式摘要如下：股票、債券或企業今天的價值，取決於資產剩餘生命期間經過適當利率折現後、預期會產生的現金流入量和流出量。請注意，股票與債券的公式相同，即使如此，兩者之間還是有一個難以處理

的重大差別：債券具有明確規定未來現金流量的息票和到期日，在股票上，投資分析師必須自行估計未來的「息票」。此外，公司派的素質如何，不容易影響債券的息票，主要是在公司派極為無能或不誠實，以致於停發債息時，才會產生影響。相形之下，公司派的能力卻可能嚴重影響股票的「息票」，投資人應該購買的是折現後現金流量最便宜的投資標的，而不論企業是否成長、盈餘波動是否劇烈、本益比或股價淨值比是高是低。此外，雖然價值公式通常顯示股票比債券便宜，但是並非一定如此，計算顯示債券投資比較有吸引力時，應該購買債券。

威廉斯的真值折現現金流量理論是現代財務學的基礎，變成多種估價模型的知識基礎，巴菲特把威廉斯的折現現金流量理論，沿用到企業的適當價值成長。照巴菲特的說法，衡量企業價值的傳統指標，如淨值、盈餘與成長，運用起來都有問題，他在1983年〈董事長致股東的一封信〉中強調，企業真值是「真正重要的衡量指標」。

淨值作為記帳方法的好處是容易計算，不涉及計算企業真值時主觀（卻重要）的判斷。然而，我們必須了解，淨值和企業真值兩個名詞的意義大不相同，淨值是會計上的觀

念，記錄資本提撥和保留盈餘累積投入的金額，企業真值是經濟上的觀念，估計折現為現值的未來現金產出。淨值告訴你過去投入過什麼；企業真值估計可以從中拿出多少資金。

威廉斯的淨現值理論中，最重要的盈餘只有在跟投資資本相比時才有用。雖然巴菲特顯然重視威廉斯的理論，卻可以證明即使兩家企業盈餘相同，如果盈餘是靠不同金額的投資資金所創造，兩家企業的真值仍然可能大不相同。最令人驚訝的是，巴菲特說，成長本身不見得是好事，實際上反而可能摧毀價值。只有賺到的投入資本報酬率高於市場要求的企業，才會成長，投入資本報酬率降到低於這種門檻的企業，等於是把1美元的盈餘金額，變成折價為零點幾美元的企業價值。

巴菲特評估企業的方法是主觀的過程，介於藝術和不精確的科學之間，然而我們可以從中抽出一些大略的方針。評估企業時有量化和質化兩項考慮，彼此可以互相依據。巴菲特的真知灼見中運用的理論性量化評估方法相當簡單：[37]

證明股票投資有理的經濟論證是：加總起來，高於被動投資報酬率、也就是高於固定收益證券利息的額外收益，會來自配合股本投資時同時運用的管理與企業技巧。此外，這種論證顯示因為和被動投資相比，股本投資部位會伴隨著比

較大的風險，因此，「應當得到」比較高的報酬率。從股本而來「增加價值」的獎金似乎顯得自然而確定。

　　所有其他條件相同時，投資資本的報酬率愈高，企業的價值愈高。例如，如果我們假設所有盈餘都配發出去，而且我們不管稅負的影響，永久提供20%投入資本報酬率的「優質」企業，價值是賺取5%投入資本報酬率的「劣質」企業的四倍。如果長期應稅政府公債殖利率為10%，那麼賺取20%股本報酬率的優質企業，價值不會超過兩倍（20%÷10%），投入資本報酬率不到5%的「劣質企業」價值不會超過〇‧五倍（5%÷10%）。對於優質和劣質企業來說，真值「不會超過」計算出來的價值，這種量化價值是天花板，我們必須根據這種價值打折，以便計入每家企業維持投入資本報酬率的程度，以及和政府公債相比的風險高低。

　　如果應稅長期公債的殖利率出現變化，企業的真值也會變化。如果公債的殖利率下降到5%，劣質企業的價值頂多上升到等於投入資本的一倍（5%÷5%），優質企業的價值最多會上升到投資資本的四倍（20%÷5%）。另一方面，如果公債殖利率升到20%，劣質企業的價值會下降到不超過投入資本的四分之一（5%÷20%），優質企業的價值會下降到不超過投入資本的一倍（20%÷20%）。1999年，巴菲特寫道：「投資人需

要從任何型態的投資中得到的報酬率，跟從政府公債中可以賺到的無風險報酬率直接相關。」[38]

　　基本主張是：今天投資人為明天收到的1美元收益，應該付出多少錢，只能先看無風險利率而定。

　　因此，無風險利率每變動一個基點，也就是每變動0.01%，國內每一種投資的價值都會變化，大家在債券上可以輕易地看到這種情形，債券價值通常只受利率影響。然而，在股票、房地產、農地或任何其他資產上，非常重要的其他變數幾乎總是會發揮作用，表示利率變化的影響通常不明顯。但是，效果就像看不見的重力拉扯一樣，總是存在。

　　雖然我們起初做的假設很簡單，就是所有的盈餘都配發出去，實際上，盈餘再投資的比例和以股息配發出去的比例，對估價會有極大的影響。為了進行這種練習，我們不管稅負的影響，假設長期公債殖利率為10%，每1美元的盈餘都再投資在資本報酬率20%的優質企業上，這樣投資在企業上的資金立刻會得到2美元的報酬率（20%÷10%），成績非常好。相形之下，劣質企業的股東獲得5%的資本報酬率，如果把獲得的每1美元盈餘投資在這家企業中，每1美元的企業價值會變成0.5美元（5%÷10%），吃掉所投資1美元價值的一半。優質企業

股東從投資的資本中，可以賺到20％的報酬，自然希望這家企業再投資、再成長，因為這種成長有利可圖；劣質企業股東把資本投資下去，只能賺到5％的報酬率，因此，希望所有的盈餘都配發出來，因為「成長」會摧毀價值。下面的情形形成殘酷的諷刺，就是大部分賺到很高投入資本報酬率的優質企業，如果不把這麼高的報酬率降下來，就不能吸收太多的增資，大部分劣質企業賺到的投入資本報酬率很低，卻必須把所有的盈餘拿來再投資，目的只是為了追上通貨膨脹。只能賺到低於一般標準報酬率的劣質企業會摧毀資本，到清算為止，這種企業愈快清算，能夠挽救的價值愈多，優質企業維持高資本報酬率的時間愈久，企業的價值會愈高。這麼說來，應該怎麼分辨一流企業和普通企業呢？兩者不同之處不只是偶發的高資本報酬率而已，而是經歷連續的景氣循環、始終能夠永續維持的高資本報酬率，因為就像葛拉漢指出的一樣，連普通企業都會在事業循環的某一段期間裡，賺到很高的資本報酬率。企業要創造永續維持的高報酬率，必須仰賴擁有由長期競爭優勢所保護的優質經濟特性，或是像巴菲特說的一樣，必須擁有由「萬無一失護城河」保護的經濟城堡。[39]

一流企業

企業的真值高低，取決於企業維持高資本報酬率和對抗回

歸平均數趨勢的能力，企業如果希望本身的價值超過資本，必須具有能夠創造高於必要報酬率的經濟特性，而且能夠在景氣循環的過程中，保護這種超高的報酬率。對大部分企業來說，高資本報酬率不可能永續維持，原因很簡單，就是高報酬率會吸引競爭者，競爭會侵蝕高報酬率（進而侵蝕真值）使企業的報酬率回歸平均數，這就是護城河對城堡這麼重要的原因：[40]

> 真正傑出的企業必須擁有持久的「護城河」，保護本身絕佳的資本報酬率，資本主義的動力保證競爭者會一再攻擊賺取高報酬率的企業「城堡」。因此，企業是低成本廠商（如蓋可保險公司、好市多公司），或擁有強大的世界性品牌（如可口可樂、吉列、美國運通），對企業的永續經營很重要。企業史上充滿擁有「羅馬煙花筒」的企業，事實證明他們的護城河是幻覺，很快就被人穿越過去。

巴菲特為了說明護城河投資哲學的根本原因，在他以波克夏公司董事長身分發給股東的信裡，用了很多篇幅，探討競爭優勢的生理學。競爭優勢是否存在，是企業在事業上能否抗拒回歸平均數壓力、繼續賺取超高報酬率的關鍵。大部分企業會對競爭壓力投降，這就是為什麼巴菲特會命令旗下企業的經理人，「無休無止地專注拓寬護城河的機會」。[41] 他也追求「經

濟企業」這種能夠抗拒回歸平均數的特別狀況，還用一些讓人有點困擾的話，說明「經濟企業」和一般「企業」有什麼不同：[42]

經濟企業的根基是產品或服務：（一）有人需要或希望獲得；（二）顧客認為沒有近似的替代品；（三）不受物價管制影響。三種狀況都存在的話，表現出來的情形是企業能夠積極制定本身產品或服務的價格，從而賺取很高的資本報酬率。此外，這種企業可以忍受不當的經營管理，無能的經理人可能壓低這種企業的獲利能力，卻不可能造成致命的損害。

相形之下，「一般企業」在成本低落或產品或服務供應緊俏時，可以賺到超高的利潤，但供應緊俏通常不會持久，企業在優秀經營階層的管理下，維持低成本廠商地位的時間或許會持久些，但是即使如此，仍然可能要面對無休無止的競爭性攻擊。而且一般企業和經濟企業不同的是，可能因為經營階層的經營無方而倒閉。

因此，所謂的經濟企業是一種特殊企業，具備罕見又天然的經濟特性，因而能夠在景氣循環期間，自然賺取高投入資本報酬率，而且無視競爭者的侵入，能夠繼續維持高報酬率。競

爭會造成競爭優勢薄弱或缺乏的企業回歸平均數時，經濟企業和一流企業卻能夠力抗回歸平凡的壓力。

在整個景氣循環期間，大部分企業賺到的報酬率都不會高過本身所要求的水準，他們在賺錢巔峰的歲月裡，看來會像優質企業，賺到超過需要的報酬率，但是在景氣低迷時，他們會變成像劣質企業一樣，賺到的盈餘會低於正常水準。雖然理論上的估價可能顯示，在整個景氣循環期間獲利不超過必要報酬率的正常企業中，保留盈餘或配息的決定對真值沒有任何影響，這種決定卻是極為重要又經常違反直覺的決定。在巔峰歲月裡，再投資會顯得最有吸引力，在低迷的歲月裡，卻會顯得很愚蠢，但是相反的做法通常很有道理，因為景氣不振會緊跟著巔峰的歲月而來，反之亦然。因為景氣循環步向低迷，艱難歲月的資本再投資有機會賺到低於正常水準的報酬率，因此，握在股東手裡的價值通常比較多。因為景氣循環步向高峰，艱難歲月的資本再投資有機會賺到超過正常水準的報酬率，但是因為盈餘處在低迷期間，這種再投資經常幾乎無法自行產生多少資本增值。在另一個殘酷的諷刺裡，企業會發現，他們最不需要資本時，來自保留盈餘和外界投資人的資本卻很多，在他們最需要資本時，資本的供應卻很稀少。因此，公司派在整個景氣循環裡，都可以預期巔峰和低迷歲月都會回歸平均數，然後透過小心謹慎的資本管理，凸顯自己的能力，這就是巴菲特

堅持一流企業要配屬一流經營階層的原因。

一流經營階層

高明的經理人會藉著投入資本報酬率最大化，創造企業真值最大化，這點表示，要在景氣循環期間，管理分子（報酬率）和分母（投資資本）。實務上，這點表示盡可能的發放最多的報酬率和閒置資本，使企業動用的資本投資最小化，這樣會降低資本投資分母，提高資本投資的報酬比率。這樣也表示，要避免可能造成盈餘成長遞增、卻提供低於市場所設定投入資本報酬率門檻的投資。大部分經理人透過他們的僱用合約、獎金和認股權，得到實質的誘因，不能創造投入資本報酬率最大化，只能創造分子、即盈餘的最大化。巴菲特為了說明這種怪異的現象，在1985年時，曾經要求波克夏公司的股東，想像一個金額10萬美元、年息8%，由受託人管理的儲蓄帳戶，但受託人可以決定從每年的現金利息中分到多少比例的獎金。[43] 沒有配發的利息就變成保留盈餘，加在儲蓄帳戶中複利成長，受託人訂出年度盈餘25%的配發比率。根據這些假設，十年結束後，這個儲蓄帳戶應該有17萬9千84美元的存款。此外，根據這種管理方法，年度盈餘大約應該會增加70%，從8千美元，增為1萬3千515美元。最後儲蓄帳戶配發的現金利息應該會對應增加，規律地從第一年的2千美元，增為第十年

結束時的3千378美元。巴菲特挖苦說：「每年你的經理人的公關公司為他替你準備年報時，所有圖表中的線條都會衝向天際」[44]，但是如果你能「坐在安樂椅上自行操作，得到同樣的成果」，這種成長顯然就不是什麼重大的管理成就。[45]

你只要把放在儲蓄帳戶的錢增加四倍，你的獲利就會增加四倍，你根本不會預期這樣的成就會獲得讚美，但是退休基金卻定期稱讚他們的執行長，說在他們經營期間，將小小的公司盈餘增加了四倍——卻沒有人檢視這種成果是否完全靠多年保留盈餘和複利創造的。如果這家小小的公司在這段期間，持續創造優異的資本報酬率，或是所運用的資本在這位執行長經營期間只增加了一倍，那麼這位執行長就很值得讚美。但是如果資本報酬率普普通通，運用的資本又跟著盈餘一起成長，就不應該讚美。

在巴菲特的定義中，一流經營階層應該了解所管理企業的經濟要素，並且管理分母的資本投資，追求投入資本報酬率與真值最大化。然而，巴菲特承認經營階層的成就會受到限制：[46]

好騎師騎好馬會有好表現，騎駑馬不會有好表現。
⋯⋯⋯

同理，具備良好經濟特性的企業會創造不凡成就，但是在流沙上奔跑的話，卻永遠無法前進半步。

　　我說過很多次，聲譽卓著的經營階層處理以差勁經濟特性聞名的企業時，安然不動的是這家企業的名聲。

　　我們現在可以看出巴菲特心目中優質公司的完整輪廓，優質公司由一流經營階層領導，經營一流的企業。一流企業因為具備良好的經濟特性，能夠對抗競爭，因此能夠永續賺到很高的投入資本報酬率。這種企業是特殊的企業，具有不尋常的經濟特性，能夠自然對抗競爭，賺取高於正常水準的資本報酬率。一流經營階層會藉著管理企業投入的投資金額，繼續擴大企業的護城河，維持和提高本來已經居高不下的投入資本報酬率。這些狀況出現時，企業的真值會趨向最優化。這些狀況就是巴菲特心目中優質公司的要素，優質公司的原型——想一想時思糖果公司的例子——都是靠著最低幅度的再投資成長、高速度的真值複合成長、同時配發大部分的盈餘給股東，創造持續成長。如果這家公司繼續賺到高於所要求水準的報酬率，同時維持競爭優勢，投資人如果長期緊抱優質公司，一定會得到獎勵，或者像巴菲特說笑的一樣：「當我們擁有由傑出經理人經營的傑出企業股份時，我們最愛的持有期間是永遠。」[47] 這樣投資可以複合成長，卻不必繳納資本利得稅，這是優質公司

看來這麼有投資吸引力的主要原因。

　　巴菲特這樣躍進後，就把葛拉漢拋在身後，葛拉漢曾經警告大家，不要依賴質化因素，巴菲特卻大力擁抱這種因素。不只是這樣，他還擁抱葛拉漢明白警告過的兩種特殊因素——企業的本質和經營階層的能力。葛拉漢認為，罕見的優異資本報酬率或不尋常的能幹經理人，不可能跟享有有利事業環境的股票畫分開來，葛拉漢警告說：「矯正性力量通常會發動起來，恢復獲利消失產業的盈餘，或是降低投入資本報酬率過高產業的利潤。」[48] 巴菲特承認葛拉漢的警告，卻相信有一些賺到很高投入資本報酬率的企業，因為具備特別的經濟特性，因此，能夠對抗葛拉漢說的矯正性力量。在這種績優的企業裡，能幹的經營階層只會發光、發熱，但是在管理企業資本、維持競爭力方面，能幹的經營階層卻不可或缺。與此有關的故事後文待續。

第四章

併購乘數

——以絕佳價格買進普通公司

我們的統計螢幕探索的標的,全都是容易辨認、又受到強勁資產負債表和龐大資產價值進一步保護的價值低估類股。此外,因為這種公司處境不佳,公司流動性結構符合我們的測試標準,因此經常是併購行動的目標。

——葛林布雷

〈散戶打敗大盤絕招〉(*How The Small Investor Beats The Market*)

葛林布雷曾在2002年推動過一場實驗，目的是要看看能否教導電腦像巴菲特一樣投資。葛林布雷是著名的價值型投資人，也是哥倫比亞大學商學所副教授，長久以來，一直鑽研、撰寫和價值型投資策略有關的問題。他十九歲念華頓商學院時，在《富比世》雜誌上，看到一篇有關葛拉漢的文章，篇名叫〈葛拉漢的最後遺願與證言〉（Ben Graham's Last Will and Testament）。[1] 這篇文章描述葛拉漢在1976年去世前幾個月，接受《財務分析師學報》（Financial Analysts Journal）專訪的內容，葛拉漢在文中說道，他「不再贊成利用複雜的證券分析技巧，尋找優異價值型投資機會。要找到這種機會，只需要一些技巧和簡單的原則就夠了」。[2] 最重要的是，投資人要「買符合若干簡單的價值低估標準的類股，不管股票屬於什麼產業，同時幾乎不必注意個別公司」。[3] 葛拉漢建議投資人利用他的流動資產淨值，替代清算價值，因為他認為流動資產淨值是「系統性投資萬無一失的方法」，也是「始終可靠、始終令人滿意的方法」。[4] 葛林布雷對這篇文章興趣盎然，決定拿葛拉漢為股價低於清算價值的股票所訂的統計標準，進行一番測試。

葛林布雷會同華頓商學院的同學理奇・皮濟納（Rich Pzena）和布魯斯・紐柏格（Bruce Newberg），埋頭研究標準普爾公司出版的一堆舊選股指南，用筆記錄報酬率。葛林布雷希望測

試這種策略在極端市況期間的表現，因此選擇1972年4月開始到1978年4月的期間，這段期間包括1974年底市場近乎腰斬的淒慘暴跌，後來股價暴漲一倍的強力回升。他們評估每家公司、用筆追蹤報酬率時，把幅度限制在總市值超過300萬美元、名稱以A或B開頭的公司。這份樣本大約包括750家公司，大約代表列在標準普爾公司股價指數大約15%的股票。經過幾個月辛苦測試葛拉漢的四大選股標準後，葛林布雷、皮濟納和紐柏格得到了結果，發現根據葛拉漢公式中每一項標準選擇的投資組合，年度報酬率勝過大盤的幅度都超過10%，其中一個投資組合在整個期間的平均報酬率更達到42.2%（相形之下，整個期間裡，大盤的年度報酬率只有1.3%）。葛林布雷綜合這些結果，寫出一篇名叫〈散戶打敗大盤絕招〉的文章，刊在1981年的《投資組合管理學報》（*Journal of Portfolio Management*）上。[5]

葛林布雷等人在文中問道：「為什麼這樣行得通？」葛林布雷的回答可能預示他後來對巴菲特策略的研究，「我們在股價低於清算價值的股票中，無法發現任何相關的『神奇』素質」。[6]

簡單地說，我們藉著限制自己，只投資根據股票估價基本面觀念篩選、顯得嚴重低估的股票，找到的定價效率不

足、價值低估的證券，超過我們應該找到的比率。換句話說，股市中可能有許多價值低估、股價卻不低於清算價值的股票。

葛林布雷測試葛拉漢的流動資產淨值標準二十多年後，還在高譚資本公司（Gotham Capital）擔任投資組合共同經理人，在創造50%年度報酬率的輝煌經歷後，[7] 把注意力轉向巴菲特。照他1981年的推測，如果市場上有更多價值低估、股價卻不低於清算價值的股票，有誰比巴菲特更擅於找到這種股票？

葛林布雷建議測試巴菲特以公平價格買進優質公司的策略，但是這種測試比測試葛拉漢的統計標準難多了，巴菲特的策略和葛拉漢的策略不同，不是運用演算法選擇投資組合，看來像是要仰仗巴菲特神奇的企業分析能力。巴菲特的策略要怎麼編寫成算式？沒有巴菲特那種看穿企業質化因素的眼光，知道一流經營階層和一流企業代表持久的護城河和優異經濟特性的人，如何能夠有系統地促使這些量化因素發揮作用？葛林布雷研讀巴菲特在波克夏公司年報中寫的〈董事長致股東的一封信〉，把巴菲特的策略分解為優質公司和公平價格兩部分，從中找出一個可以量化的定義。

巴菲特為優質公司所做的分類，看來似乎特別難以量化，葛林布雷怎麼能夠簡單地看出一家擁有一流經營階層的一流企

業呢？巴菲特在1977年〈董事長致股東的一封信〉中，提出了指引：[8]

> 　　除了特例外（例如，股本負債率不尋常、或重要資產以不實際的價值掛在資產負債表中的公司），我們相信，股本報酬率是衡量經營階層經濟表現比較適當的指標。

　　葛林布雷把巴菲特的股本報酬率指標重新解釋為資本報酬率，並把資本報酬率解釋為稅前營運獲利（息前稅前獲利，EBIT）跟企業所運用有形資本的比率（有形資本包括淨營運資金與固定資產淨額），葛林布雷提出下述定義：[9]

$$資本報酬率 = \frac{息前稅前獲利}{淨營運資金＋固定資產淨額}$$

　　用息前稅前獲利取代稅前營運獲利，使資本報酬率可以在不同的資本結構之間比較，這點很重要，因為公司特殊的負債與股本組合會影響繳納的利息、稅率以及揭露的盈餘（葛林布雷做了一個簡化的假設，即維修資本支出等於折舊和攤提，因此，可以從營業利潤計算中排除），息前稅前獲利讓他可以在同一基準上做比較。至於有形資本，葛林布雷則用淨營運資金和固定資產淨額代表，而不稱之為總資產，以便判定每家公

司推動業務實際需要的資本金額。因此，葛林布雷的淨營運資金比率不會處罰持有太多現金（超出支付應收帳款與存貨所需現金）的公司。固定資產淨額──折舊後公司固定資產的成本──納入有形資本的計算，是因為公司也必須支付房地產、廠房和設備的購買。從這種計算中得到的比率很容易解釋：企業愈優秀、經營階層愈努力運用公司的有形資本，營業利潤占公司有形資本的比率愈高。換句話說，資本報酬率愈高，公司愈優秀。

為了判定公平價格，葛林布雷利用盈餘殖利率作為基準，而且為盈餘殖利率提出了下述定義：

$$盈餘殖利率 = \frac{息前稅前獲利}{企業價值}$$

葛林布雷說的盈餘殖利率，類似廣為人知的本益比的倒數，但是，其中有兩個重大的差異，第一，葛林布雷用企業價值取代總市值（本益比中的本），總市值是併購者要完全併購一家公司時必須支付的成本，由全部總市值構成，包括任何特別股、併購者必須償還的債務、任何少數股東利益，而且要經過併購者可以重新運用的過剩現金調整，對併購者來說，企業價值比總市值更能呈現實際所付出價格的全貌。第二，葛林布雷用息前稅前獲利，而不用盈餘，原因和他在資本報酬率中採

用這個比率的道理相同：盈餘會受到公司資本結構的影響，息前稅前獲利是不可知的數字，這樣我們就可以在相同的基礎上，比較不同的公司。盈餘殖利率像計算資本報酬率所得到的比率一樣，很容易解釋，營業利潤和企業價值的比值愈高，盈餘殖利率愈高，價值也愈高。

2005年，葛林布雷把巴菲特的以公平價格購買優質公司的策略量化和編寫為算式後，請求一位有編寫電腦程式經驗的華頓商學院年輕畢業生，測試這種策略。這時這位年輕人不必像他們在1970年代時那樣，動手做繁重的測試工作，而是命令電腦承擔重責大任，在回溯到1988年的股價和基本面資料的歷史資料庫中，剔除若干金融股和公用事業股，檢視3千500檔最大型的股票。電腦程式在每一年裡，都根據盈餘殖利率，為樣本中的每一檔股票標出排名，也根據資本報酬率，為每一檔股票標出另一種排名。然後把每一檔股票的兩種排名相加，產生每一檔股票的綜合排名。電腦程式再從樣本中找出每一年綜合排名最高的30檔股票，建立一個權數相同的投資組合，讓這個理論性投資組合中的所有股票資本都相同，然後追蹤這個投資組合在隨後一年裡的表現。程式每年在資料庫中篩選和重複這種做法，完成所有程序後，葛林布雷檢視結果。我們現在借用葛拉漢的話來說，他發現結果「令人相當滿意」。[10]

經過從1988年到2004年超過十七年的測試後，30檔盈餘

殖利率和資本報酬率綜合排名最高的股票，每年會創造30.8%的報酬率。葛林布雷寫道，為了說明這一點，以1萬1千美元，投資在年度報酬率30.8%的標的上，十七年後，會變成遠超過100萬美元。同期內，大盤的年度報酬率只有12.4%，同樣的1萬1千美元投資下去，只會變成7萬9千美元。葛林布雷還發現，他的投資組合創造這種報酬率之際，承受的風險還遠比大盤低。葛林布雷由3千500檔股票構成的樣本中，最小的股票總市值只有5千萬美元。如果把樣本降為2千500檔最大的股票，那麼最小的股票總市值會提高到2億美元——這個神奇公式的平均年度報酬率會降到23.7%，仍然十分可觀，幾乎是大盤報酬率的兩倍。如果把樣本數降為一千大股票，最小的公司總市值會超過10億美元，這時神奇公式仍然可以創造22.9%平均年度報酬率。葛林布雷把巴菲特「以公平價格購買優質公司」的投資策略改編，變成簡化、量化版後，進行了三種電腦模擬，三次模擬都顯示，這種策略會在較小的風險下，大幅打敗大盤。葛林布雷對這種結果極為刮目相看，並把這種簡單的標準稱為「神奇公式」，2006年時，還出版了一本名叫《打敗大盤的獲利公式》（*Little Book That Beats The Market*）的書。[11] 葛林布雷創造機械化的巴菲特後，跟事業夥伴羅伯·高德斯坦（Robert Goldstein）合作，創立高譚資產管理公司（Gotham Asset Management），在各種不同的投資工具上有系

統地運用這神奇公式。

　　很多投資人接觸神奇公式後，似乎都懷疑怎麼可以依賴這麼簡單的標準，可靠地選擇平均可以大幅度打敗大盤的股票。批評集中在兩點反對意見上，第一，批評者宣稱，神奇公式不會像測試期間一樣發揮作用，因為這個公式是資料採礦的成果，資料採礦是重複檢視一套資料，以便發掘只湊巧存在的關係，因此，在這套資料之外，不可能繼續存在。批評者暗示葛林布雷測試過很多不同的個別因素和成套因素，一直到找到能夠打敗大盤的因素為止，然後回溯編出似是而非、符合這些因素的解釋，得到的結果就是神奇公式。第二種批評說，神奇公式的確可以選出看來能夠打敗大盤的股票，但是，投資人不能用這種公式打敗大盤，因為這種公式選出的股票太小、太沒有流動性。我在好奇之餘，和2010年從芝加哥大學布斯商學所財務學程博士班畢業的威斯・葛瑞（Wes Gray），為我們合寫的書《量化價值》（*Quantitative Value*），一起分析葛林布雷的神奇公式。[12] 我們根據學術上的極高標準，測試這個神奇公式，亦即我們經過小型股因素的調整後，檢視了葛林布雷測試期間以外的歷史資料，我們的發現讓我們驚異，也揭露了跟價值型投資有關的深層真理，這種真理是大家爭相模仿巴菲特時忘掉的道理。

神奇公式的分析

我們針對神奇公式，進行獨立研究後，發現這個公式的確像葛林布雷宣稱的一樣，績效大幅勝過大盤，只是幅度不同。我們也發現，報酬率集中在總市值比較小的股票上，但這種股票卻不會太小、小到讓超大型投資機構以外的投資人無法投資。我們檢視神奇公式從1964年到2011年間的績效，這段期間包括葛林布雷研究期間的之前和之後，而且根據我們的定義，我們剔除了比較小型的股票，也就是剔除了沒有納入標準普爾500種股價指數（S&P 500）成分股的所有股票，為了說明起見，2014年1月時，S&P 500指數中，最小的公司總市值為34億美元，總市值中位數為165億美元，平均總市值為350億美元。這些公司規模都非常大。我們也為其餘股票進行總市值加權，使投資組合類似根據總市值加權的S&P 500指數，從而為偏向小型股的偏誤進行調整。我們發現，即使在這麼嚴苛的條件下，葛林布雷的神奇公式的整個樣本，績效都勝過S&P 500指數總報酬率（這個指數像神奇公式一樣，包括股息），創造出13.9%的平均年度報酬率，高於同期內大盤10.5%的平均年度報酬率。圖4.1所示，是總市值加權神奇公式和S&P 500指數總報酬率的績效對數圖。

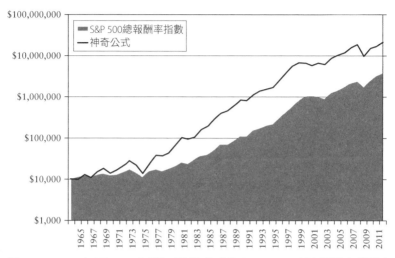

圖4.1　1964年至2011年間，神奇公式和S&P 500（總報酬率指數）績效對數圖

　　神奇公式創造的年度績效高出3.3%，承擔的風險大致相同（我們用標準差的學術定義代表標準差，神奇公式的標準差為16.5%，大盤為15.2%。）。每年3.3%，也就是330個基點，看來可能不是很大的優勢，但是經過整個期間的複合計算，卻表示神奇公式賺到的報酬是大盤報酬率的將近六倍。期初投資1萬美元在神奇公式中，會成長為1千220萬美元，同樣的金額投資在大盤中，只能成長為210萬美元。整個期間裡，神奇公式的表現也相當可靠，在85%的移動平均五年期間和97%的移動平均十年期間裡，都打敗大盤。我們斷定，這種

情形雖然沒有葛林布雷所說相等權重指數的績效那麼驚人，但是，在我們測試的超大型股中，總市值加權神奇公式在整個期間裡，的確持續大幅超越S&P 500指數，而且承擔的風險大致相當。簡單地說，我們借用葛拉漢的說法，說我們同意葛林布雷所說神奇公式「令人相當滿意」的評斷。

有人針對神奇公式運用在美國以外地區的報酬率，進行進一步的研究，也發現打敗大盤的類似成果。2006年，孟帝爾採用1993年至2005年間的資料，測試神奇公式在歐洲、英國和日本的報酬率。[13] 他把選股範圍，局限於包含大型股的金融時報一百種股價指數（FTSE）和摩根士丹利資本國際指數（MSCI）中的成分股，為股票賦予相等權重，這種做法有提升報酬率的效果，但他用等權重版本的指數和股票的報酬率相比，進行調整。孟帝爾發現，神奇公式在不含英國的歐洲，績效勝過大盤8.8%，在英國勝過7.3%，在日本勝過10.8%，而且承擔的風險全都低於相關市場。孟帝爾斷定：「結果的確支持《打敗大盤的獲利公式》中提出的觀念，《打敗大盤的獲利公式》策略在所有區域，績效都大幅超越大盤，而且風險較低！」[14] 這種樣本外的證據令人信服的地方，在於神奇公式持續一貫地打敗大盤，風險相當或較低。不論我們用總市值、不同地區或不同期間，測試規模不同的股票，神奇公式都勝過大盤。但是神奇公式的報酬率到底從何而來？神奇公式真的模仿

巴菲特以公平價格購買優質公司的策略嗎？真的是尋找擁有一流經營階層的一流企業嗎？還是另有其他原因在發揮作用？我們急於知道，就把神奇公式分為資本報酬率和盈餘殖利率兩大要件，各自接受整個資料期間的獨立測試，結果至少可以說讓人有點意外。

從1974年到2011年間，神奇公式在美國創造了13.94%的複合年度成長率，打敗大盤10.46%的平均年度成長率。[15] 然而，如果只談盈餘殖利率，每年的獲利卻高達15.95%，資本報酬率則只有10.37%。你的理解正確，只有盈餘殖利率擊敗神奇公式，資本報酬率指標的表現不如大盤，拖累了神奇公式的報酬率。圖4.2所示，是市場加權神奇公式、盈餘殖利率、資本報酬率、S&P 500總報酬率指數的個別績效對數圖。

資本報酬率對神奇公式是否有其他貢獻，降低了神奇公式的風險，改善了這個公式的一貫性？表4.1說明其中的結果，整個期間裡，神奇公式報酬率標準差為16.93%，盈餘殖利率標準差為17.28%，資本報酬率標準差為17.04%。雖然神奇公式的標準差似乎略低於盈餘殖利率或資本報酬率，但是如果我們把統計只局限於下檔標準差，只衡量投資組合偏離到平均報酬率下方的程度，我們就會發現神奇公式的下檔標準差略高於盈餘殖利率或資本報酬率。神奇公式的下行偏差為12.02%，高於11.88%的盈餘殖利率下行偏差，也高於資本報酬率的

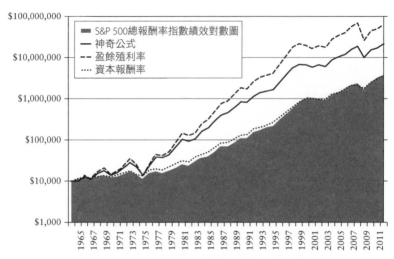

圖4.2　1974至2011年間，市場加權神奇公式、盈餘殖利率、資本報酬率、S&P 500總報酬率指數績效對數圖

11.35%的下行偏差，這樣表示，盈餘殖利率較高的標準差向上檔傾斜。整個測試期間裡，盈餘殖利率經過波動性調整的報酬率最高，賺到0.64的夏普比率，神奇公式的夏普比率為0.55，資本報酬率的夏普比率為0.35；盈餘殖利率的索提諾比率為0.96，神奇公式的索提諾比率為0.80，資本報酬率的索提諾比率為0.56。盈餘殖利率在每一種報酬率或波動性指標上，都打敗神奇公式，這點表示，資本報酬率無法減少波動性，也無法改善神奇公式的一貫性。雖然在五年移動平均期間，因為盈餘殖利率是神奇公式的兩大要件之一，因此，兩者的報酬

率一如預期，具有密切的關係，但是盈餘殖利率在15.1%的期間裡，還是擊敗神奇公式，在十年移動平均期間裡，大約有11.3%的期間，打敗神奇公式。資本報酬率對神奇公式有什麼貢獻？令人震驚的是，這個比率似乎促使報酬率略為降低、還提高了波動性。

表4.1　1974年至2011年間，（市場加權）神奇公式、盈餘殖利率、資本報酬率與S&P 500（總報酬率）指數績效統計

	神奇公式	盈餘殖利率	資本報酬率	S&P 500 總報酬率指數
年均複合成長率（%）	13.94	15.95	10.37	10.46
標準差（%）	16.93	17.28	17.04	15.84
下行偏差（%）	12.02	11.88	11.35	11.16
夏普比率	0.55	0.64	0.35	0.37
索提諾比率（可接受最低報酬率為5%）	0.80	0.96	0.56	0.56
移動平均五年績效超越比率（%）	—	15.11	84.38	80.10
移動平均十年績效超越比率（%）	—	11.28	89.91	96.44
相關性	—	0.927	0.806	0.872

孟帝爾研究神奇公式及其兩大要件在歐洲（不含英國）、英國和日本的績效時，也發現如表4.2所示的類似發現。[16] 盈餘殖利率在日本除外的每一個市場中，都勝過神奇公式，在歐洲創下22.2%的年度複合報酬率（神奇公式的報酬率為22%），在英國創下22.6%的年度複合報酬率（神奇公式為17%），在日本，盈餘殖利率創造14.5%的平均年度報酬率（神奇公式為18.1%），但是，和神奇公式相比，盈餘殖利率創下這麼高報酬率的同時，卻大幅降低了波動性。和神奇公式相比，盈餘殖利率在英國創造了非常龐大的利得，在歐洲，資本報酬率的貢獻很少，盈餘殖利率略微勝過神奇公式，但波動性卻因此略微提高。在日本，資本報酬率指標改善了報酬率，卻提高了波動性。孟帝爾斷定，盈餘殖利率本身「非常有力」，證明了他相信的下述價值型投資信念：「以非常低的價格購買差勁的公司也是十分可行的策略，前提當然是這種公司不會破產。」[17]

　　證據再度令人相信神奇公式的績效勝過大盤，卻不是因為能夠鎖定價格公平的優質公司，優質公司在這裡的定義是賺取高資本報酬率的企業，但是這種公司會導致報酬率降低。資料顯示，比較好的選擇是以絕佳價格購買普通公司，其中原因透露跟價值型投資有關的兩樣事實，第一，葛林布雷的盈餘殖利率是看出價值低估股票非常好的指標；第二，回歸平均數是非常有力的現象。我們先檢視為什麼盈餘殖利率能夠表現出這麼

表4.2　1993年至金2005年間，美國、歐洲、英國、日本（等權重）
神奇公式、盈餘殖利率、資本報酬率與大盤績效統計摘要

	神奇公式	盈餘殖利率	大盤報酬率
年均複合成長率			
美國（％）	17.1	19.7	13.5
歐洲（不含英國）（％）	22.0	22.2	13.3
英國（％）	17.0	22.6	9.7
日本（％）	18.1	14.5	7.3
標準差（和大盤相比）			
美國	0.92	0.66	—
歐洲（不含英國）	0.95	1.12	—
英國	0.91	0.78	—
日本	0.87	0.70	—

強大的力量，然後回頭為希望模仿巴菲特的價值型投資人，檢
視回歸平均數的現象。

企業乘數

　　葛林布雷的盈餘殖利率通稱企業乘數，偶爾也叫作併購
者乘數，是具有高度預測性的相對價值指標。事實上，業界和

學術界的多項研究都發現，這個指標在看出價值低估的股票方面，功效勝過所有「股價對某種基本面因素」的比率，包括股價淨值比、本益比、股價營運現金流量比或股價自由現金流量比等等比率。看出價值低估股票常見的指標是股價淨值比，股價淨值比在學術研究中廣泛應用，主因是受深具影響力的兩位財務經濟學家肯恩‧法瑪（Ken Fama）和尤金‧傅蘭奇（Eugene French）的資產定價研究影響。1992年，法瑪和傅蘭奇找出兩種表現通常超越大盤、能夠抗拒傳統資產定價模型、發揮作用的異常類股，就是小型股和低股價淨值比兩種類股，這兩種異常類股促使法瑪和傅蘭奇，提出一項新的資產定價模型，模型明確納入規模和股價淨值比兩個因素，這就是所謂的「三因子模型」。法瑪和傅蘭奇認為，不管運用哪一種「股價對某種基本面因素」比率，都沒有差別，只要偏重股價淨值比就夠了：[18]

股價只是預期未來股息經過（大致上的）預期股票報酬率折現的現值。比較高的報酬率表示比較低的股價。我們總是強調，不同的股價價值比率，只是用一個基本面因素，評量股價，得出跟預期報酬率有關的股價橫斷面資訊的不同方法。這樣做時，一種基本面因素（淨值、盈餘或現金流量）的功效大致上會跟另一種因素一樣好用，不同比率產生的平

均報酬率範圍相近，用統計的術語來說，是相近到無法區分。我們喜歡（股價淨值比），是因為長期而言，當做分子的淨值比盈餘或現金流量還穩定，這點在壓低價值股投資組合的周轉率方面很重要。

然而，所有會計變數都有問題，淨值也不例外，因此，用其他比率補強股價淨值比，原則上會改善跟預期報酬率有關的資訊。我們定期測試這種主張，到目前為止還不是太成功。

紐約大學史登商學所財務學教授艾思華斯・達莫達蘭（Aswath Damodaran）發現，股票分析師最常用的相對估價比率是企業乘數、本益比和股價銷售比。[19] 其他研究專家基於企業乘數在業界很常用，因而挑戰法瑪和傅蘭奇所說投資人可能留在不可知狀態中、或是股價淨值比是最好指標的立場。2009年，聖母大學史密斯講座財務學教授提姆・羅夫蘭（Tim Loughran）和康爾大學財務學訪問助理教授傑伊・韋爾曼（Jay W. Wellman）清楚指出利用股價淨值比的嚴重缺陷，主張企業乘數基於幾個重要的原因，因此是比較好的指標。[20] 主要的原因是在羅夫蘭和韋爾曼研究的1963年到2008年間，企業乘數更能找出價值低估的股票，而且更能找出他們發現股價淨值比不合格的價值低估大型股。請注意，羅夫蘭和韋爾曼

為企業乘數所下的定義，跟葛林布雷略有不同，採用的是，息前稅前折舊前獲利（EBITDA），葛林布雷卻採用息前稅前獲利（EBIT）：

$$企業乘數 = \frac{息前稅前折舊前獲利}{企業價值}$$

我們從後文中可以看出來，我們採用息前稅前獲利、還是採用息前稅前折舊前獲利，其實不會有什麼差別。股價淨值比的主要問題是通常會找到非常小型的微型股，以及會受益於所謂「元月效應」的股票（元月效應指因為12月可能出現稅務虧損賣壓，因而造成元月股價普遍上漲的現象）。羅夫蘭和韋爾曼發現，對於占股市總市值大約94%的大型股來說，一旦這種股票經過元月效應調整後，就不能用股價淨值比來找出價值低估的股票，因此，羅夫蘭和韋爾曼斷定，就世界最大的股市（美國股市）幾乎全部的總市值而言，在1963年以後有史以來最重要的市場期間裡，股價淨值比無法找出價值低估的股票。此外，股價淨值比可能無法找到總市值最小6%的價值低估股票，因為內外盤價差異很大，可能造成微型股交易價格的錯誤定價。羅夫蘭和韋爾曼也指出，很多投資經理人受到股權集中的規定限制，或是受到禁止買進股價低於5美元、具有「投機性」低價股的規定限制，不能購買非常小型的股票。因此，實

際上，股價淨值比同樣無法找出最小型的價值低估股票。羅夫蘭和韋爾曼主張，股價淨值比做不到的地方，就是企業乘數可以大力發揮之處。

就占總市值大約94%的最大型股票而言，1963年至2008年間，企業乘數非常擅於找出其中的價值低估股票，甚至在研究人員為最大型股，進行可能造成報酬率提高的元月效應調整、又剔除低價股後，這種力量仍然持續存在。羅夫蘭和韋爾曼發現，企業乘數也比股價淨值比，更能找出英國和日本的價值低估股票。要找出價值低估的股票時，企業乘數是比較好的指標，企業乘數不受「模糊不清的人造資料」、也就是資本額屬於最小6%的股票和元月效應影響，可以在整體美國股票中，找出價值低估的股票。

我們自己的研究證實企業乘數在挑選價值低估的股票時，比任何其他價格對價值的比率都更持續一貫。請注意，把這些比率說成是價格對價值比率，並非完全正確，就像巴菲特說的一樣：[21]

不論適當與否，大家都普遍運用「價值型投資」這個名詞。價值型投資通常暗示買進的股票具有低股價淨值比、低本益比或高股利率等特質。不幸的是，即使把這些特質結合起來運用，對於判定投資人操作時，是否真正根據為自己的

投資爭取價值的原則，買到物有所值的東西，還根本無法判定。同樣地，包括高股價淨值比、高本益比、低落股利率在內的相反性質，都不會跟「價值型」買股互相矛盾。

比較誠實的描述是「股價對某種基本面因素」的比率，但是，這種說法複雜難懂，會混淆而不是澄清這個比率的意義。要像了解本益比一樣了解這些比率，必須依靠直覺——低股價價值比跟價值股有關、高股價價值比跟熱門股或成長股有關，即使這樣描述這些比率並不完全正確，也只好如此。巴菲特的解釋無可爭辯，但是和某個基本面指標相比，股價相對低落的情形，比較可能跟價值低估的股票有關，比較不可能跟類似情況中的高價股有關，卻也是正確無誤的道理。借用巴菲特愛說的另一句話來描述，我們推動這個研究時，對模模糊糊的正確比較有興趣，對完全錯誤比較沒有興趣。就像聖經《傳道書》中說的一樣，快跑的未必能贏，力戰的未必得勝；但是就像戴蒙‧魯尼恩（Damon Runyon）告訴我們的一樣，這就是下注之道。

我們研究時，檢視了1964年到2011年間的資料，測試了好幾個流行的股價價值比率的績效（請參閱表4.3與表4.4）：

■ 兩種企業乘數的變化，一種運用息前稅前獲利，一種

運用息前稅前折舊前獲利。

■ 本益比。

■ 股價淨值比。

■ 企業價值自由現金流量比（自由現金流量的定義是折
　舊與攤提減去營運資金變化，再減去資本支出）

■ 企業價值毛利比（毛利的定義是營收減去售出貨品成
　本）

■ 股價預估盈餘比，預估盈餘的定義是會計年度當年機構
　經紀商估計系統（Institutional Brokers' Estimate System）
　的每股盈餘共識預估值（只有1982年至2010年間的資
　料）

　　我們就像前面說的一樣，根據學術上的極高標準，進行研
究，只檢視總市值大於紐約證券交易所第四十百分位分界點的
公司——為了說明起見，2011年12月31日時，最小的公司總
市值為14億美元——我們還根據總市值，為投資組合中的股
票加權。我們根據每一種股價價值比率（股價價值比率低落的
股票等於價值股，股價價值比率居高的股票等於熱門股），為
排名最低和最高的兩類股票，建立十分位的投資組合，亦即每
個投資組合由所屬股票範圍的10%構成。除了股價預估盈餘比
之外，所有其他比率都採用過去十二個月的資料。投資組合每

年會在當年（t年）的6月30日，利用從當年減一年（t-1）的12月31日起的落後基本面資料，重新調整平衡一次。

我們發現，企業乘數的兩種指標最擅於找出價值低估的股票，整個期間裡，息前稅前獲利找出的投資組合創造了14.6%的複合年度報酬率，息前稅前折舊前獲利找出的投資組合創造了13.7%的複合年度報酬率（相形之下，同期內，S&P 500總報酬率指數的報酬率為9.5%）。華爾街最愛的指標股價預估盈餘比的績效遙遙落後，是所有股價價值比率中最差的指標，創造的複合年度報酬率只有8.6%，績效甚至不如大盤。

根據股價價值比率排名，比較熱門股（股價最高估的十分位股票）投資組合，和價值股（股價最低估十分位的股票）投資組合時，價值溢價是投資組合報酬率不同的主因。價值溢價愈大，特定股價價值比率找出價值低估和高估股票的能力愈高，和只衡量價值低估股票績效的指標相比，是比較健全有力的測試標準。兩種企業乘數的表現都很突出，其中息前稅前獲利指標創造了比率最大、高達7.5%的價值溢價，息前稅前折舊前獲利創造了6.2%的價值溢價。在其他的歷史性股價價值比率中，企業價值對自由現金流量比產生的價差最小，顯示把股票分為價值低估股票和價值高估股票，是最糟糕的做法。

表4.3　所有歷史性股價價值比率在1964年至2011年間，所創造的複合年度成長率

	企業乘數					
	息前稅前折舊前獲利指標	息前稅前獲利指標	本益比	企業價值對自由現金流量比	企業價值毛利比	股價淨值比
S&P 500 總報酬率指數	9.5%					
價值股	13.7%	14.6%	12.4%	11.7%	13.5%	13.1%
熱門股	7.6%	7.1%	7.8%	9.1%	7.4%	8.6%
價值溢價	6.2%	7.5%	4.7%	2.6%	6.1%	4.5%

表4.4　1964年至2011年間，每種歷史性股價價值比率價值股十分位的相對波動性、以及經過波動性調整的報酬率

	企業乘數					
	息前稅前折舊前獲利指標	息前稅前獲利指標	本益比	企業價值對自由現金流量比	企業價值毛利比	股價淨值比
和S&P 500總報酬率指數相比的標準差	1.14	1.13	1.16	1.08	1.21	1.14
和S&P 500總報酬率指數相比的下行標準差	1.08	1.06	1.14	1.03	1.21	1.04
夏普比率	0.53	0.58	0.46	0.44	0.50	0.50
索提諾比率（可接受最低報酬率＝5%）	0.82	0.89	0.68	0.68	0.73	0.80

即使經過波動性調整，息前稅前獲利和息前稅前折舊前獲利兩種企業乘數指標仍然表現優異，和大盤相比，兩種指標的波動性都略微稍高，卻主要是上行波動，這點導致企業乘數的兩種指標具有最佳的波動率調整回報。實證上，企業乘數、尤其是葛林布雷的息前稅前獲利指標，是最擅於找出價值低估股票的指標。

為什麼企業乘數這麼擅於找出價值低估的股票？第一，和總市值相比，企業乘數的分母——企業價值可以為大家所支付的價格，提供更完整的樣貌，企業價值比較接近股票的真正成本，因為企業價值除了涵蓋總市值外，也涵蓋和公司資產負債表內容有關的其他資訊，包括負債、現金、特別股（和若干少數股東利益的變化，以及淨應付帳款對應收帳款比率）。這些事情的全貌對企業併購者很重要，畢竟，價值型投資人也是用這種方式，思考每一檔股票。理論上，企業價值可以視為併購一家公司的價格，併購之後，併購者要承受包括債務在內的公司負債，但是得到公司現金和約當現金的使用權，其中包括債務這一點很重要。光是總市值可能造成誤導，羅夫蘭和韋爾曼引用達莫達蘭的話，以通用汽車公司為例，指出2005年時，通用汽車的總市值為170億美元，債務卻高達2千870億美元，總市值大大低報了通用汽車的真正成本，但是企業價值可以掌握通用的驚人債務，因此，能夠更完整的估計債務對

通用汽車報酬率的衝擊（2009年6月，通用汽車聲請破產保護時，龐大債務的風險從理論變成現實。）根據淨值來看，表面上經常顯得價值低估的股票，會被人認為已經估出全部價值，另外，把公司的債務負擔列入計算時，會被人認為價值高估。其他研究專家證實企業價值優於總市值，公司負擔不同的債務時尤其如此。[22] 企業價值能夠輕易比較不同資本結構的公司，是這個指標這麼有效的原因。

企業乘數中所採用的盈餘指標是營業利潤，不論營業利潤的定義是息前稅前獲利還是息前稅前折舊前獲利，都比淨收益包含更多的資訊，因此，應該為公司的收益，提供更完整的樣貌。息前稅前獲利或息前稅前折舊前獲利都不受營業外收入或虧損影響，淨收益卻會受營業外虧損影響，在整個營運週期中，營業外虧損很重要，卻會混淆特定年分的樣貌。羅夫蘭和韋爾曼認為，息前稅前獲利或息前稅前折舊前獲利這種營業收入，是比較透明、比較不容易做假的短期獲利指標，也使同業和跨業公司之間的比較成為可行。批評者指出，息前稅前獲利和息前稅前折舊前獲利是會計上的獲利指標，不能取代現金流量，現金流量才是真正可以派上用場的指標，因此，凡是從企業乘數分析角度進行的價值評估，把公司的營運現金流量多多少少列入考慮，還是很有道理，把會計上的獲利轉化成創造現金的程度也有很多人考慮，同樣有道理。

企業乘數像謹慎的價值型投資人一樣，偏愛抱著現金的公司，討厭背負高水準無法償還債務的公司。在實務上，這種傾向可能是兩刃劍，企業乘數的螢幕上，會包含很多小型的「現金盒」，我們把持有的淨現金和總市值相比偏高的公司叫作現金盒，這種情形的原因通常是公司已經把主業賣掉，或是像我們已經退化的盲腸一樣，是已經流失業務的殘存部分。這種股票的上檔通常有限。換個角度來看，這種股票讓人愉快的地方是幾乎沒有下檔風險，這種情形使這類股票，遠比股價淨值比偏愛的高槓桿公司優異，後者通常要用多少已經折價的權益，償還巨額的長期負債。企業乘數和學術界偏愛的股價淨值比相比，或和任何其他常見的股價價值比率相比，是相對價值比較完整的指標。企業乘數包括債務與權益，包含比較清楚的營業利潤指標，可以掌握不同期別的現金變化。利用企業乘數建構的投資組合實證報酬率，證明了其中的道理。為什麼簡單的企業乘數，表現勝過神奇公式、企業乘數和資本報酬率三種指標合併應用所創造的報酬率呢？我們要怎麼把等於以絕佳價格購買普通公司的深度超值策略背後的理論，跟巴菲特以公平價格購買優質公司策略背後的理論調和在一起呢？

回歸平均數與投入資本報酬率

麥可‧莫布新（Michael J. Mauboussin）針對投入資本報

酬率的性質，以及投資人應該如何把這種估計納入估值中的方式，進行過廣泛的研究。莫布新是瑞士信貸銀行全球金融策略部門首腦，從1993年起，在哥倫比亞大學商學院擔任財務學兼任副教授，出版過四本探討價值型投資和行為財務學的著作。2012年，他出版了一本傑作，書名叫《實力、運氣與成功》（*The Success Equation*），[23] 探討從投入資本報酬率乃至回歸平均數等等的趨勢。他的發現很有啟發性，支持葛拉漢所說：雖然有些公司確實可以用超越機會的主導力量，持續創造居高或偏低的投入資本報酬率，但大部分公司還是有著回歸平均數的強烈傾向。莫布新在確實能夠創造持續高報酬率的公司身上，卻無法預先看出持續高報酬率背後的因素。換句話說，這些因素不能預測哪些企業將來會維持高資本報酬率，而不像一般企業那樣回歸平均數。請記住葛拉漢警告過，不要以優異的記錄為基礎形成「優良企業」觀念的說法。[24]

優良或差勁到異常程度的狀況，不會永遠延續下去，一般企業如此，特定產業也是這樣，矯正性力量通常會發揮作用，促使已經消失的利潤恢復，或是把和資本相比到達過高程度的獲利拉低下來。

莫布新指出，回歸平均數的力量強大，影響投入資本報

酬率和許多數據系列。資本所回歸的平均數就是資金的成本。個體經濟學理論指出，偏高的投入資本報酬率會吸引競爭，競爭會逐漸拉低資金成本的報酬率，到產業的參與者大致不能再賺到合乎經濟的利潤為止。莫布新利用2000年到2010年間一千家非金融公司為例，說明回歸平均數的現象，圖4.3清楚顯示，趨向完全不合乎經濟利潤的趨勢，會走到投入資本報酬率等於資金成本的地步。

莫布新認為，我們「應該小心謹慎，不要過度解釋這種結果，因為回歸平均數在任何系統中都明顯可見，同時具有很高的隨機性，我們可以藉著承認數據含有很多雜音的方式，解釋回歸平均數系列的大部分內容。」他指出，長期而言，凡是結合技巧與運氣的系統，都會展現回歸平均數的現象：[25]

> 基本觀念是傑出的績效需要結合強大的技巧和好運，相形之下，異常的績效反映軟弱的技巧和惡運，即使後來技巧能夠維持很久，參與者之間的運氣還是會拉平，把成績拉到更接近平均水準，因此，長期而言，不是整個樣本的標準差萎縮，而是運氣扮演的角色下降。

要區別技巧和幸運的貢獻並不容易，樣本數自然很重要，因為技巧只會在數量龐大的觀察中顯現出來，例如，統計學家

吉姆‧艾伯特（Jim Albert）估計，棒球員整個球季的平均打擊率是技巧和運氣各占一半的結合，相形之下，一百個打數的平均打擊率中，有80%屬於運氣成分。

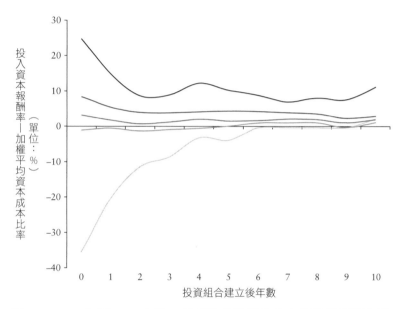

圖4.3　2000年至2010年間，根據五分位區分的中位數投入資本報酬率變化

即使如此，莫布新還是發現，從2000年到2010年間，有些企業的投入資本報酬率還是一貫不變，這裡一貫不變的意義是一家公司在評估期間，維持本身投入資本報酬率的可能性。

莫布新發現，有少數公司的確創造了持續不變、高到不能純粹歸功於運氣因素的高投入資本報酬率，但是他無法找出基本原因。事後看出若干公司在評估期間、維持或高或低的資本報酬率是一回事，事前看出這一點，卻是大不相同的另一回事，問題在於我們不知道有哪些因素，可以預測企業將來會維持居高的投入資本報酬率。

莫布新評估了三種可能性——歷史成長率、企業所屬產業的經濟特性、以及事業模式，卻看不出能夠協助我們預測持續高資本報酬率的因素。他發現歷史成長率和延續性之間，有一些相關性，卻指出，「跟成長有關的壞消息是這一點極難預測，對喜歡建立模型的專家來說，更是如此」。[26]

有一些證據證明銷售的延續性，但是盈餘成長延續性的證據卻付之闕如，就像若干研究專家最近總結的一樣——「總之，證據顯示，投資人想找到下一個明星成長股，成功機率大致和預測丟錢幣的結果一樣。」

他也指出，整個評估期間裡，在維持高投入資本報酬率的產業中，有兩種產業所占的比率過高，一是製藥生技業，一是軟體業，他評論道：在大致有利的一種產業中，占據優異的戰略地位，跟維持居高不下的報酬率息息相關。這一點事前當然

難以判定，葛拉漢的抱怨說的正是如此：[27]

　　大家自然會假設，處境不如一般企業的公司處在「不利的地位」上，因此，應該避之唯恐不及，反之，對於擁有優異記錄的公司，大家當然會有相反的假設。但是，這種結論經常可能相當不正確。

　　最後，莫布新認為，企業採用的事業模式，跟報酬率能否長期維持息息相關，這點可能是莫布新所考慮最有用又有趣的變數了。他把策略專家麥克‧波特（Michael Porter）說的兩大競爭優勢來源──差異化和低成本生產，比喻為投入資本報酬率的兩大要素──稅後營業利潤率和投資資本周轉率（稅後營業利潤率等於稅後營業利潤除以銷售額，投資資本周轉率等於銷售額除以投資資本，投入資本報酬率是稅後營業利潤率和投資資本周轉率的結果）。莫布新發現，擁有消費者優勢的差異化企業──透過高稅後營業利潤率、而不是利用高投資資本周轉率創造高報酬率的企業──在評估期間創造永續高資本報酬率的比率，超過應有的水準，他舉出的這種企業的例子是「從賣出的每單位珠寶中創造龐大利潤（高利潤率）、而不是賣出大量珠寶（低周轉率）的成功珠寶店」。另一個例子是時思糖果公司，時思糖果把砂糖、可可豆和牛奶等商品原料，

投入生產，變成以溢價賣出的品牌消費產品，賺取高利潤率。
2000年到2010年期間，另一種可能的事業模式——擁有生產
優勢，卻靠高投資資本周轉率賺取稅後營業利潤率的低成本企
業——在持續賺取高資本報酬率的企業中，所占比率卻低於應
有水準。他舉出的這種事業模式的例子是「經典的折扣零售
商，這種零售商從賣出的每單位產品中，賺不到多少錢（低利
潤率），卻享有龐大的存貨速度（高周轉率）」。[28]

　　莫布新對持續高資本報酬率來源的研究很徹底，卻沒有得
到多少成果，不能幫助我們預測哪些企業將來會賺到持續不斷
的高資本報酬率，我們只知道，有些公司會創造持續不斷的或
高或低的投入資本報酬率，大部分企業卻會展現出回歸平均數
的強烈傾向。優異的產業和消費者優勢會對這種延續性有利，
卻不是蓋棺論定，莫布新引用波特的話指出：[29]

　　　　從持續發生的事實中，不可能推斷績效持續的原因，
　　延續性的起因可能是固定的資源、一致的產業結構、財務異
　　常、物價管制或其他很多長期延續的因素……總之，不能從
　　只記錄延續性是否發生的分析中，推斷出跟延續性有關原因
　　的可靠結論。

　　回歸平均數很普遍，回歸平均數會影響財務成果和股價是

簡單的道理。一般說來，高於正常水準的資本報酬率會回歸平均數，只有特例能夠避免回歸平均數，區分泛泛之輩和特例的因素事前不可能看得出來。我們沒有巴菲特那種事業分析的天才，看待以非常高的投入資本報酬率或非常高的成長率、證明居高不下的真值確有道理的模型時，應該小心翼翼。這種模型很有誘惑力，會讓我們把熱門股放在價值股的架構中，問題就像葛拉漢所說的一樣，要評估成長的價值太難：[30]

> 我認為，所謂的成長股投資人或一般證券分析師，不知道應該為成長股付出多少錢，不知道要買多少股，才能獲得希望得到的報酬率，也不知道這些股票的價格會怎麼變動，但是這些都是基本問題，這就是我覺得不能運用成長股哲學，得到相當可靠成果的原因。

真值模型如果不納入投入資本報酬率會回歸平均數的觀念，會有系統地得出過度樂觀的估值，這一點在少數例子中確有道理，在絕大多數例子中卻沒有道理。莫布新提出重要的結論，指出投資人的目標是找到定價錯誤的證券，或是「股價隱含的期望不能精確反映基本面展望的情況」。[31]

如果股價已經反映基本面，基本面表現優異的公司可能

賺到市場報酬率。選中贏家不會讓你大賺，發掘定價錯誤證券才會讓你大賺。無法分辨基本面和期望是投資業中常見的事情。

不論是事業還是投資，都是成果取決於技巧和運氣揉合為一的系統，因此，我們預期兩者長期都會展現回歸平均數現象。價值型投資人要預期證券價格會回歸平均數，但是如果我們追求巴菲特所說的「優質公司」，我們會忽略或低估回歸平均數對事業的影響。就像窖藏的名貴葡萄酒變成醋一樣，表面上績優的股票也會讓人失望。期望財務成果會回歸平均數，是區分深度超值股和巴菲特所說「優質公司」方法的重點，這種策略的核心是賭這家企業不會回歸平凡，反而會繼續賺取優異的資本報酬率。就像葛拉漢的理論和莫布新的研究所說的一樣，不回歸平均數的公司很罕見，最常見的情形是：競爭和其他矯正性力量會影響高度獲利的企業，把這家公司的報酬率推向平均數，比較好的賭注是違反直覺的方法，就是在預期會出現回歸平均數現象的情況下，選擇深度超值的股票，巴菲特投資美國運通公司是這種做法的範例，巴菲特投資時思糖果公司反倒不是這種例子。下一章我們要評估跟運氣、技巧和回歸平均數之間關係有關的一個傳奇故事，也要深入研究證券的回歸平均數現象。

第五章

規律市場
——回歸平均數與命運之輪

即使我們承認分析會讓投機客獲得數學上的優勢，這種優勢也不能確保投機客一定會獲利，他的冒險行為仍然很危險，在任何個案中仍然可能虧損，操作結束後，仍然很難判定分析師的貢獻有益還是有害。因此，後者的投機部位頂多只能說是不確定，又多少缺乏專業上的尊嚴，這種情形就像分析師和命運女神合奏鋼琴投機二重奏，負責主導的都是喜怒無常的命運女神。

——葛拉漢，《證券分析》

古羅馬人認為，塞爾維烏斯·圖利烏斯（Servius Tullius）和命運女神合奏時，特別幸運。[1] 圖利烏斯生而為奴，卻登基為古羅馬的第六任國王，從公元前578年開始統治羅馬，到公元前535年為止，時間長達四十四年。羅馬人把幸運歸諸於神恩，認為圖利烏斯是最幸運的國王。他媽媽在擔任灶神維斯塔貞女（Vestal Virgin），負責照顧王室家裡的聖火，某一天晚上，她像平常一樣，把牲禮祭品從王室供桌上拿下來，投進火裡，火焰熄滅時，爐床上赫然出現一支陰莖，他媽媽驚駭之餘，跑去找王室女總管譚納奎爾（Tanaquil），告訴她發生了什麼事情，譚納奎爾相信這個異象是守護王室家庭的灶神或火神顯靈，就要圖利烏斯的媽媽穿上新娘禮服，把她關回那間屋裡，因此，圖利烏斯以王室家神之子的身分出生時，好運就開始了。

羅馬尼亞歷史學家布魯塔克（Plutarch）寫道，古羅馬的所有國王中，圖利烏斯是天生最不適合當國王、也最不想當國王的人。他會登基為王，完全是仰賴命運女神的恩典。他還是小孩時，頭部會像閃電一樣發亮，大家認為這是他從火中出生的象徵，也是預示他將來會登基為王的好預兆。老王死前突然任命圖利烏斯為王時，譚納奎爾從宮中窗形壁龕門的窗口，高聲宣布他登基為王。他想退位，但是譚納奎爾藉著要他發誓會留任的方式，阻止他退位，因此，布魯塔克說，圖利烏斯意外

繼位、還違背自主意志留任的王位，來自命運女神的恩賜。圖利烏斯感恩圖報，興建了羅馬最早的一些命運女神廟和神殿，也建立了羅馬人的命運女神教派。據說命運女神為了回報他的誠心，曾經從譚納奎爾宣布他登基的宮殿窗口，造訪他的寢宮。圖利烏斯確實是得到神祇恩寵的人。

布魯塔克說，圖利烏斯知道「幸運屬於重要時刻，或者應該說，人間事中，幸運無所不在」，因為他是靠著幸運，才從奴隸晉升為國王。[2] 在羅馬神話中，命運女神是機運的化身，負責轉動主宰人類命運的命運之輪，命運之輪分為「我將統治」、「我正在統治」、「我曾經統治過」、「我現在沒有王國可以統治」四個階段。[3] 而且命運女神不斷轉動命運之輪，把人類從一個階段轉到下一個階段。照莎士比亞的說法，命運女神「瘋狂轉動的輪子代表的教訓是，她一直變動不居、性情不定、又變化多端」。[4] 大家也認為，命運女神喜怒無常又殘酷無情，因為她不在意她的所做所為是否符合價值。塞尼加（Seneca）在《阿加曼農》（*Agamemnon*）一劇中警告說：[5]

噢，命運女神以嘲弄之手，賜與至高恩澤之王位，卻在危險、可疑的狀態下，決定至尊地位。王者永難安心、永不確定；憂心忡忡摧殘君王，風暴不斷生成，困擾君王靈魂。

……

命運女神高高抬舉後，必定打落深淵。謙卑之家甘於平凡，長享悅歡，和風吹襲海岸，小船畏懼大洋，只宜近岸操槳。

圖利烏斯應該注意塞尼加的警告，他的故事結局是命運女神最後殘酷地拋棄他，他女兒圖利雅和女婿傲慢塔昆（Tarquin the Arrogant）利用一幫暴徒，在街頭謀害他，然後圖利雅駕著自己的馬車，前往元老院，歡呼塔昆為新王，她駕車沿著圖利烏斯遭到殺害的街道回家，碰到遭暴徒殺害後臥在凶案現場的父親屍體時，駕著馬車衝向屍體，用車輪輾過去。命運女神把圖利烏斯從奴隸抬舉為國王，卻又拋棄他，讓他象徵性地在她的輪子下，遭到摧殘。命運女神的確是殘酷的女神。

命運女神和她的命運之輪很適於當作超值投資的基調，命運女神是運氣的化身，影響在股市中無所不在，會把我們觀察到的結果，從我們期望的結果旁推開，混淆技巧的存在或不存在。我們可以在企業的財務成果和投資策略的表現上，看出運氣的影響，運氣代表機運、隨機性和分散性，影響卻只有短期效果。在比較長的期間裡，運氣的角色會減弱，技巧的影響會變得比較明顯，早期的好運會被一般技巧取代，領頭羊會回到羊群中；一般技巧會取代早期的惡運，落後的羊會趕上羊群。因此，命運女神的命運之輪會轉動，我正在統治變成我曾經統

治過，我現在沒有王國可以統治會變成我將統治，這就是回歸平均數的意義。

葛拉漢在《證券分析》上，寫下「正在沉淪的很多股票會恢復榮耀，正在享受尊榮的很多股票會向下沉淪」，在他的皇皇巨作中，把命運之輪也會為證券轉動，壓低已經上漲證券、拉抬已經下跌證券價格的觀念，推到至高無上的地位。這句話出自賀拉斯（Horace）《詩藝》（Ars Poetica）一書，附和傳奇智者把凡人歷史濃縮為「這件事也會過去」的說法。這就是回歸平均數，是法蘭西斯・高爾頓（Francis Galton）爵士在1886年發表的〈遺傳身高回歸中庸〉論文中創造的說法。[6] 高爾頓在論文中主張，特別高或特別矮雙親的子女通常比較接近雙親的平均身高。他還在研究中觀察到，雙親比較高的小孩通常會比平均身高還高，卻沒有雙親那麼高，雙親比較矮的小孩通常會比平均身高矮，卻不會比雙親還矮。他把小孩身高和雙親身高之間的關係，稱之為「回歸中庸」，現在這種現象叫作回歸平均數。

在統計學裡，這個名詞通常用來描述跟高爾頓所看出現象大不相同的東西，在統計學中，回歸平均數指的是一種過程，是最初的取樣錯誤，因為重複或比較大的樣本、顯示出比較接近期望值的價值而縮小的過程。例如，在公平的錢幣拋擲遊戲中，我們預期正反面出現的可能性相同，因此，我們看到正面

的機率是50%，如果我們拋擲公平的錢幣十次，我們預期會看到五次正面、五次反面，但是在十次拋擲中，我們也可能看到八次正面，也就是有80%的機率可能看到正面。大數法則指出，如果我們進行相同的實驗很多次，平均結果應該趨近期望值，也就是近50%，實驗的次數愈多，會變得愈接近。因此，如果我們再拋擲錢幣一百次，全部一百一十次的拋擲中，出現正面的次數會比較接近50%，完全是因為多一百次拋擲的結果最可能是出現五十次的正面。如果我們把第二次實驗得到的五十次正面，加上第一次實驗得到的八次正面，整個系列得到的正面比例就會從8÷10得到的80%，降為58÷110所得到的52.7%。如果我們再拋擲錢幣一千次，我們預期會看到五百次正面、五百次反面，整個系列看到正面的比率會從58÷110，降為558÷1110次，也就是降為50.2%。大數法則指出，如果我們繼續投擲錢幣，我們看到正面的比率就會趨近50%。

值得注意的是，正面的機率並非一正、一反的均衡現象，大數法則所指的情況是後來的正面和反面比率符合基本機率（50%正面、50%反面），而且絕對誤差（八次正面）的比率會隨著測試的次數增加而縮小。一系列正面後會出現一連串反面的想法叫作「賭徒謬誤」（gambler's fallacy），是誤以為機率在隨機過程的獨立試驗中，可能發生相反的結果。換句話說，這種想法是以為在一連串的正面後，理當出現一次反面。

拋擲錢幣是隨機過程的獨立試驗，出現正面或反面的可能性，跟先前出現的結果完全無關，如果拋擲的錢幣是公平錢幣，即使一連出現過八次正面，下次出現正面的機率還是50%。

小心喜怒無常的女神

回歸平均數在金融領域中無所不在，卻跟拋擲錢幣那種純粹統計上的回歸平均數不同，市場上的回歸平均數跟賭徒謬誤很相似——個別或所有證券的價格波動之後，跟著出現的通常都是反向的價格波動，起初的價格波動愈極端，後來的反向調整愈厲害。在企業的財務成果、證券行情、投資經理人的績效上，都可以看到這種現象。其中的原因很多，最明顯的原因是這種試驗不是獨立測試，我們自己的決定受到先前的買賣影響。英國經濟學家凱因斯在1936年出版的《就業、利息與貨幣的一般理論》（The Gneral Theory of Employment）中表示：「既有投資獲利的日常波動顯然具有短暫又不重要的性質，整體而言，對市場的影響通常卻太高、甚至高到荒謬的程度。」[7]著名經濟學家韋納・戴邦特（Werner De Bondt）和理察・泰勒（Richard Thaler）深入研究市場行為和個別決策後，得出的理論是：對無意義價格波動的反應過度，創造了回歸平均數的

條件。戴邦特和泰勒的猜測是：投資人對市場價格的短期隨機波動反應過度，這種過度反應造成股價暫時背離真值，久而久之，股價後來會對著真值的平均數回歸。如果情況確實如此，那麼股價上下波動最厲害的股票，就是反向大幅波動的候選目標。1985年，戴邦特和泰勒針對這種想法，進行測試，[8] 他們利用1926年到1982年間的資料，建立兩個投資組合，一個投資組合由35檔最極端（漲幅最大）的贏家股構成，另一個投資組合由最極端（跌幅最大）的輸家股構成，然後衡量這些股票在中選日期前三年的表現，再追蹤這些股票中選後三年的績效。從戴邦特和泰勒論文中取材的圖5.1所示，就是輸家投資組合（前三年跌幅最大）和贏家投資組合（前三年漲幅最大）的表現。

圖5.1顯示輸家投資組合的綜合績效勝過贏家投資組合，顯示股價向一方大幅波動後，通常會向相反方向大幅波動。戴邦特和泰勒主張股票會回頭走，原因是投資人對備受矚目的新聞事件反應過度，對相關股票的短期展望過度樂觀或悲觀，隨著新聞事件的影響在記憶中淡出，後來股價會向真值回歸。

戴邦特和泰勒在1987年發表的第二項研究中，從新的角度重新探討上述研究。[9] 他們假設自己在第一次研究中觀察到的股價回歸平均數現象，可能是投資人過度重視短期造成的，這種沉迷在最近的過去、未能瞻望短期以外未來的行為，會造

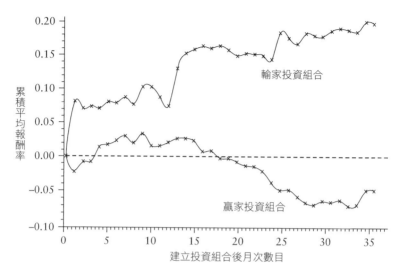

圖5.1　1933年至1928年間，35檔股票構成的贏家投資組合和輸家投資組合後來三年的績效

成投資人沒有把回歸平均數列入考慮，因而錯誤計算未來的盈餘。矛盾的是，如果盈餘也回歸平均數，那麼極端的股價上漲和下跌不但可能預示股價會回歸平均數，也預示盈餘也一樣會回歸平均數（矛盾的是，因為在正常的情況下，我們應該預期盈餘會帶動股價，而不是股價帶動盈餘）。換句話說，股價大跌後的股票，會變成後來盈餘成長的候選目標，股價大漲後的股票將來的盈餘可能萎縮。

　　戴邦特和泰勒利用1966年到1983年間的資料，重複進行

原始的試驗，根據選擇股票日前三年期間的股價，選出極端贏家與輸家，建立投資組合，然後追蹤每個投資組合中股票前三年和後四年的盈餘表現，將每檔股票中選日的盈餘指標訂為100，圖5.2利用取材自戴邦特和泰勒研究報告中的資料，顯示贏家投資組合和輸家投資組合中平均每股盈餘的變化。

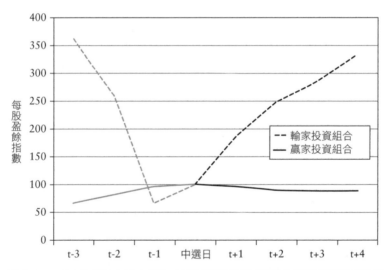

圖5.2　1966年至1983年間，贏家與輸家投資組合平均每股盈餘的變化

　　令人驚異又符合戴邦特和泰勒預期的是，輸家投資組合中股票在中選日後的盈餘成長率，比贏家投資組合中的股票快，

輸家投資組合中的股票過去三年的盈餘下降72%，中選後的四年裡，變成飛速成長234.5%。相形之下，贏家投資組合中的股票在過去三年裡，盈餘快速成長50%，中選後的四年裡，卻下降12.3%。就像戴邦特和泰勒構思的理論一樣，股價跌幅最大股票構成的輸家投資組合，盈餘表現遠遠勝過由股價漲幅最大股票構成的贏家投資組合。在中選日之後的四年裡，輸家投資組合的股價表現也贏得勝利，累積漲幅高出大盤24.6%，同期內，贏家投資組合中的股票報酬率比大盤少11.7%。

戴邦特和泰勒在第二篇研究報告中指出，他們在第一篇報告中觀察到的贏家－輸家效應，可能是高估－低估效應，因為輸家公司的股價淨值比通常比較低，贏家公司的股價淨值比通常比較高。為了精確檢視這一點，他們對資料進行了另一次的檢視，為投資組合分類時，不是根據股價漲跌多少，而是高估或低估多少來分類，他們根據市場股價淨值比，為股票排名，再把最便宜的50檔股票訂為價值低估股投資組合，把最貴的50檔股票，訂為價值高估股投資組合。圖5.3所示，是低估與高估投資組合在中選日前三年和後四年的平均每股盈餘變化

圖5.3顯示，價值低估股投資組合在中選日後，盈餘成長率勝過價值高估股投資組合。價值低估的投資組合中的股票在中選日前三年中，盈餘減少30%，在中選日的後四年裡，盈餘成長24.4%。相形之下，價值高估股投資組合中的股票在中

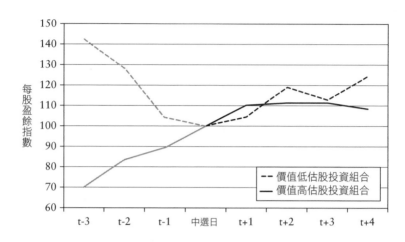

圖5.3　1926年至1983年間，價值低估與價值高估股投資組合平均
　　　　每股盈餘的變化

選日前的三年中，盈餘成長43%，在中選日後的四年裡，盈餘
繼續成長，只是成長速度放慢許多，累積成長率只有少少的
8.2%。價值高估股投資組合中的股票和贏家投資組合中的股
票一樣，無法實現創造高盈餘成長率的承諾──中選日前三年
的盈餘成長率隱含此一承諾，價值低估股的投資組合卻提供了
高於預期的盈餘表現。成長率的差異也反映在每一個投資組合
中，價值低估股投資組合在中選日後的四年裡，提供的累積平
均報酬率，比大盤報酬率高出40.7%；價值高估股投資組合股
票在同樣的四年裡，提供的累積平均報酬率卻比大盤報酬率少

1.3%，這種結果十分驚人。

　　戴邦特和泰勒的發現使凡俗之見用全新的方式，重新思考，而且用多種方式，展示股票回歸平均數的有力證據。大幅漲跌不會長久延續，股價極度下跌後通常會大漲，極度上漲後通常會大跌。股價大跌後，盈餘通常會大幅增加，股價大漲後，盈餘成長率通常會放慢，甚至會下降。如果我們根據股價淨值比，為股票排名，價值低估、股價淨值比低落的價值股，盈餘成長速度會高於價值高估、以及股價淨值比偏高的價值股，而且前者股價上漲的速度也會比較快。看來如果我們希望找到盈餘快速成長、股價跟著上漲的股票，我們應該到違反直覺的地方去找，價格偏高、盈餘成長率居高不下、股價快速上漲的股票會讓我們失望，要找這種股票，反而可以在忍受盈餘嚴重壓縮、行情暴跌的股票中找到。這種現象不是只在個別企業和證券上出現而已，我們接下來就會看到，戴邦特和泰勒意外地發現會擴大到股市和經濟的表現上。

價值低估的市場

　　巴菲特寫過一篇特別的文章，刊在1999年底發行的《財星雜誌》上，文章叫作〈巴菲特先生論股票〉，[10] 說這篇文章

很特別，是因為巴菲特喜歡聚焦構成市場的公司，非常難得地會針對行情水準發表看法。1987年，巴菲特發表過典型的市場評論，表示「我們投資時，認為自己是企業分析師，而不是市場分析師，不是總體經濟分析師，甚至不是證券分析師」。[11] 1999年這篇文章刊出時，離網路泡沫升到最高峰，大約還有五個月的時間，他在文中辛苦解釋自己只注意「範圍非常有限」的市場：[12]

> 在波克夏公司裡，我們幾乎完全只注意個別公司的價值估計，只注意範圍非常有限的整體市場估值。即使如此，評估大盤還是和市場下週、下個月或下一年的走向無關，我們從來不這樣想，事實上，市場的行為方式偶爾會在很長的一段時間裡，跟價值無關。不過價值遲早都會變得很重要。

為了證明自己的論點，巴菲特比較了兩個相鄰的十七年期間，一是1964年到1981年，一是1981年到1998年。談到1964年到1981年間時，巴菲特寫道，美國的國民生產毛額（GNP）增加了將近四倍，成長了373%，相形之下，市場幾乎沒有動。1964年12月31日，道瓊三十種工業股價指數收盤為874.12點，十七年後的1981年12月31日，道瓊工業股價指數收盤為875點。在隨後的1981到1998年的十七年間，國民

生產毛額只成長171%，道瓊指數卻從1981年12月31日的875點，上漲到1998年12月31日的9183.43點，增加了十倍。

巴菲特把股市顯然表現出不尋常行為的原因，歸諸於兩種重要變數之間的關係，這兩種變數就是利率和估值。巴菲特寫道：「利率對金融估值的影響，就像重力對物質的作用一樣，利率愈高，往下拉的力量愈大。」[13]

這是因為投資人從各種投資所需要賺到的報酬率，都直接跟他們可以從政府公債所能賺到的無風險報酬率有關。因此，如果政府的利率上升，所有其他投資標的的價格都必須向下調整，到彼此的期望報酬率一致的水準為止。反之，如果政府利率降低，所有其他投資標的的價格就會抬高。基本的命題有如下述：投資人今天為明天會收到的1美元應該付出多少錢，只能先看無風險利率的多少而定。

從1964年到1981年間，長期政府公債利率從1964年底的略高於4.2%，上升到1981年下半年的13.65%，利率上升超過三倍壓抑股市價值的程度，到了美國企業基本面驚人的成長變成一文不值的程度。在第二個十七年期間，利率從1981年的13.65%，降為1988年的5.09%，股價指數就上漲十倍以上。

很多專業投資人、經濟學家和財經記者認為，以國民生

產毛額（GNP）或國內生產毛額（GDP）成長率衡量的經濟，是推動股市上漲的動力，成長速度愈快，投資氣候愈有利，因此，投資人期望的漲幅應該愈大。凡俗之見指出，強勁的經濟成長等於強勁的報酬率，疲弱的成長會帶來低落的報酬率，經濟衰退會導致市場崩盤。對大部分人來說，這種說法極為明顯，甚至已經到了老生常談的程度：股市的表現取決於基本經濟的表現，但如果事實是這樣，為什麼巴菲特舉出的第一個十七年期間，股市企業的基本面表現極為優異，股市的表現卻極為差勁呢？為什麼在第二個十七年期間，企業基本面成長放慢，股市卻出現爆炸性成長？從1964年到1988年間，市場和經濟的走向怎麼出現這麼大的差異？

　　證據是在市場和國家的水準上，決定投資報酬率的因素是估值，而不是經濟成長。倫敦商學院（London Business School）的艾爾洛伊・丁森（Elroy Dimson）、保羅・馬希（Paul Marsh）和麥可・史唐頓（Mike Staunton）所做的研究顯示，追逐成長的經濟好比追逐高估的股票，會產生同樣令人失望的結果。[14] 丁森、馬希與史唐頓針對十七國股市，進行回溯到1900年起的研究，發現投資報酬率和每人國內生產毛額成長率之間，存在負相關的關係；換句話說，比較高的經濟成長會導致比較低的股市報酬率。他們在第二項測試中，把各個經濟體的五年經濟成長率分為五分位，也就是說，分成五等分，

經濟成長率最高的五分位經濟體的股市在隨後的一年裡，創造了平均6%的報酬率，成長率最低五分位的經濟體在隨後的一年裡，卻創造了12%的報酬率，是高成長經濟體的兩倍。丁森、馬希與史唐頓在第三項測試中，無法在某一年經濟成長率和隔年投資報酬率之間，找到統計上的關係，在每一個國家裡，報酬率不是跟短期經濟成長無關，就是呈現負相關，也就是高成長率預示低報酬率，反之亦然。

　　或許這種現象局限於已開發國家及其股市，因為和新興市場國家相比，先進國家的成長已經穩定下來。可能如此，但實際上並非如此。另一項研究擴大丁森、馬希與史唐頓的研究顯示，針對新興市場進行研究，結果發現，在假設新興市場的成長率處在最高階段的情況下，會發現同樣的關係。最大獨立私人銀行之一的瑞士隆奧銀行（Lombard Odier）投資長保羅・馬森（Paul Marson）檢視1976年至2005年間開發中國家報酬率的動力來源，卻找不到經濟成長和股市報酬率之間的相關性。[15]《經濟學人雜誌》在「梧桐樹」（Buttonwood）專欄中、評論馬森的研究時，點出中國是這種現象的經典例子；指出1993年至2009年間，中國的平均名目經濟成長率為15.6%，同期內，股市的複合報酬率為–3.3%。梧桐樹專欄拿中國的表現跟「枯燥乏味的英國」相比，指出英國的平均名目經濟成長率只有4.9%，但市場年度報酬率卻達到6.1%，比繁榮發展的中國高

出九個百分點以上。美國財務作家兼金融理論家威廉·伯恩斯坦（William J. Bernstein）在自己的「效率前線」（Efficient Frontier）網站上表示：「你不用看回歸分析看到變成鬥雞眼，也可以說服自己；不少軼事已經清楚說明了這件事。」[16]

20世紀裡，英國從世界最強的經濟與軍事大國，變成雜草叢生的戶外主題公園，卻仍然在1900年到2000年間，展現了世界上少見的最高股票報酬率。另一方面，過去二十五年來，馬來西亞、韓國、泰國、當然還有中國，都同時創造了世界最高的經濟成長率和最低的股票報酬率。

就像戴邦特和泰勒的價值高估贏家投資組合的報酬率，低於價值低估的輸家投資組合一樣，高成長國家的報酬率也低於低成長國家。為什麼高成長似乎會壓低股市報酬率、低成長似乎會創造股市的高報酬率？原因不是成長會摧殘報酬率，而是市場已經認清高成長國家的潛力，把他們的股價喊到太高的水準，在高成長期間，市場參與者變得過度樂觀，抬高了股價、拉低了長期報酬率，而且在經濟低迷期間，變得過度悲觀，把股價賣下來，創造了長期高報酬率的條件。照傑伊·利特（Jay Ritter）的說法，經濟衰退對股市的影響「部分是起源於比較高的規避風險心理……但是也起源於不理性的

反應過度」。[17] 戴邦特和泰勒對這一點應該會覺得自傲，利特補充說，這種「不理性」會創造波動性，「也會在很多年的長期間，創造回歸平均數的現象」。[18] 葛拉漢應該也會同意這一點。

股票回歸平均數的暗示違反直覺。股價大幅上漲、過去盈餘成長率長期居高不下的股票，將來的盈餘成長率通常會變慢，表現會不如大盤。股價大幅下跌、過去盈餘長期下降的股票，盈餘成長通常會加快，表現會勝過大盤。價值低估、盈餘長期下降的股票，盈餘成長速度會勝過價值高估、盈餘快速增加的股票，這就是回歸平均數，而且就像葛拉漢最先看出來時一樣，就是這種現象，促使價值投資策略打敗大盤。葛拉漢解釋這一點如何應用在股票上的說法，經過巴菲特用下述文字說明後，變得清楚明白、十分容易了解：[19]

短期內，市場是投票機器，反映只需要金錢、不需要智慧或情感穩定的選民登記測試，但是長期間市場會變成稱重機器。

對命運之輪視而不見

《愚人船》是塞巴斯蒂安·布蘭特（Sebastian Brant）於 1494年出版的作品，是刻畫一艘載滿貪腐、愚蠢或健忘船客的船舶，駛往《愚人樂園》，船客卻似乎不知道航向的故事集。阿爾布雷希特·杜勒（Albrecht Durer）為各種蠢才所做的每一種愚蠢行為，創作了一幅木刻，圖5.4所示，是其中的一幅木刻，刻畫書中人戴著驢耳式的頭飾，爬著命運女神用手操縱的命運之輪，人在命運之輪上往上爬時會變成驢子，到了最高點，驢子會望向太陽；驢子向下爬時，又會變回人類。[20] 這幅木刻似乎是批評我們對人生中的運氣和隨機性的角色一無所知，對「我正在統治」階段一定會結束也一無所知。我們在我正在統治的階段裡，不但沒有為「我現在沒有王國可以統治」的階段做準備，反而還望向太陽，想像我們會繼續上升或是永遠停留在頂峰上。

我們像杜勒木刻中在最高點望向太陽的驢子一樣，通常不知道回歸平均數的後果。2002年諾貝爾經濟學獎得主行為心理學家丹尼爾·卡尼曼（Daniel Kahneman）在自傳中，寫過他第一次觀察到這種不知情的情形時，是他事業生涯中「讓他最滿意的頓悟經驗」。[21] 卡尼曼當時正在對一群以色列空軍飛行教官演講，試著說明要促進學習，讚美比處罰還有效，聽眾

圖5.4　布蘭特《愚人船》中杜勒的《命運之輪》木刻

中最有經驗的教官打斷他的話，一開口先承認正面強化在比較大的團體中可能有效，卻否認這樣做對飛行學員有效，他說：「我在許多狀況下，讚美飛行學員明確執行某些飛行特技，他們再試一次時，表現通常都比較差。另一方面，我經常痛罵學員們差勁的執行，下次他們的表現通常會比較好。因此，請別告訴我們強化有效、處罰沒有效，因為情況正好相反。」卡尼曼說，這時他才了解這個世界上的一項重要真相：因為我們通常都在別人表現好時獎勵別人，在別人表現不好時處罰別人，而且因為事情會回歸平均數，因此在統計上，人情之常是我們因為獎勵別人而受到懲罰，因為處罰別人而受到獎勵。他立刻安排了一項展示，讓每位學員對著他桌子後面的目標，投擲兩枚硬幣，但不對學員發出任何臧否。他們測量硬幣落點和目標的距離後，可以發現第一次投擲成績最好的人第二次投擲時，成績大都退步，反之亦然。卡尼曼知道，這種展示應該無法解除「終生暴露在反常狀況中的影響」，卻讓他走上後來獲得諾貝爾經濟學獎令譽的研究道路，這點證明我們對股價回歸平均數的態度，是由相同的反常狀況引導。

1994年，行為財務學專家約瑟夫‧賴康尼秀（Joseph La-konishok）、安德烈‧許雷弗（Andrei Shleifer）和羅伯‧衛希尼（Robert Vishny）推動一項指標性的研究，探索價值型投資策略打敗大盤的原因，斷定原因是價值型策略和其他投資人遵

循的「天真」策略反其道而行，其他投資人像杜勒木刻中爬在命運之輪鏈的驢子一樣，不能完全了解回歸平均數的含意。[22]這種天真策略中，可能包括根據過去的盈餘成長率推論到太遙遠的未來、假設某種股價走勢、對利多或利空消息反應過度、不管價格高低，簡單地把良好投資跟經營良好的公司畫上等號。有些投資人對於過去表現優異的股票過度熱情，用超買的方式推高股價，因此，這些所謂的熱門股會變成股價高估。同樣地，投資人對表現不佳的股票反應過度，超賣這種股票，使這種股票變成價值低估的股票。就像戴邦特和泰勒所證明的一樣，「天真推斷」式的投資策略會找到表現不如大盤的股票。價值型投資人會建立和這種天真推斷投資策略相反的部位，加碼投資歷史與預期成長率不佳的價值股，減碼或直接放空歷史與預期表現優異的熱門股。

賴康尼秀等人運用1968年到1990年的資料，測試簡單的反向價值型投資策略──反對投資高期望值的股票（熱門股）、主張投資期望值不佳的股票（價值股）──是否能夠創造優異的報酬率。我們檢視1980年到2013年間全球股票的報酬率，可以複製和延伸賴康尼秀等人的研究。[23] 我們檢視了下列二十三個已開發國家股市的報酬率：澳洲、奧地利、比利時、加拿大、丹麥、芬蘭、法國、德國、希臘、香港、愛爾蘭、義大利、日本、荷蘭、紐西蘭、挪威、葡萄牙、新加坡、

西班牙、瑞典、瑞士、英國和美國。我們根據總市值，剔除每一個國家總市值較小的一半股票，以便剔除微型股。獲選的股票再根據股價淨值比、股價現金流量比和本益比分類，分類完後，再分為五個五分位投資組合（每個投資組合包含五分之一的股票檔數）。然後我們追蹤每一個五分位投資組合在中選日期後五年內、以美元計價的年化績效。圖5.5所示，就是依據每一種股價比率所建立每一個五分位投資組合的五年年化平均報酬率。

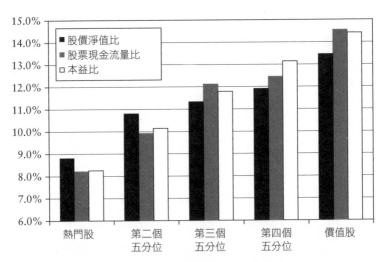

圖5.5　1980年至2013年間，依據所有股價比率所建立全球股市投資組合五年年化平均報酬率

圖5.5顯示，不管我們選擇哪一種股價比率檢視，整個三十三年的評估期間，包含股價對基本面指標比率最低股票的五分位投資組合（即圖中最右方的價值股投資組合），表現都超過包含股價對基本面指標比率最高股票的五分位投資組合（即圖中最左方的熱門股五分位投資組合）。這些五分位投資組合的績效排名，也完全符合投資組合的排序，也就是價值型五分位投資組合的績效，勝過第二便宜的五分位（第二個五分位）投資組合，如此依序勝過下一個投資組合，到表現最不好的熱門股五分位投資組合為止。我們把所有獲選股票進一步分為大型股（總市值較大的三分之一股票）和小型股（總市值較小的三分之二股票）兩種投資組合時，也發現同樣的證據。圖5.6所示，就是分為小型股和大型股兩種投資組合、按照股價淨值比排序的投資組合五年年化平均報酬率。

　　圖5.6顯示，價值型五分位的表現勝過熱門股五分位的現象，不只限於小型股而已，大型價值股的表現也勝過大型熱門股。價值股五分位勝過熱門股五分位的差距叫作「價值溢價」，表5.1所示，即為總市值超過50%分界線的所有股票和大小型兩種次類別股票的報酬率，以及包括價值溢價在內的其他績效統計資料。

　　表5.1中有很多資訊，因此，我們現在要來檢視其中的意義。這張表顯示，第一欄中熱門股五分位賺到的報酬率最低，

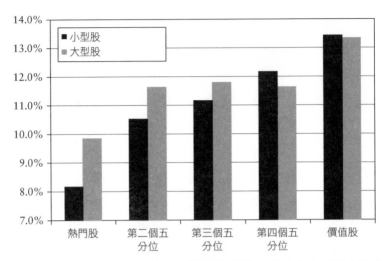

圖5.6 1980年至2013年間，依據股價淨值比所建立全球股市五分
位投資組合五年年化平均報酬率

同時夏普比率最差，價值股五分位賺到的報酬率最高，同時夏
普比率最好。這些五分位的績效排名幾乎也倒著排，從熱門
股五分位排到價值股五分位（第五欄勝過第四欄，如此依序排
名）。價值股不只在年度報酬率上打敗熱門股，在經過風險調
整的報酬率排名中也如此。

表5.1 1980年至2013年間，依據總市值／股價淨值比價值五分位股票總市值所建立投資組合五年年化平均績效統計

		熱門股				價值股	價值溢價
		1	2	3	4	5	(5-1)
所有股票	年度報酬率	8.80%	10.82%	11.32%	11.89%	13.48%	4.68%
	標準差	19.03%	18.24%	17.45%	16.08%	16.44%	
	夏普比率	0.21	0.33	0.37	0.43	0.52	
大型股	年度報酬率	9.85%	11.62%	11.78%	11.65%	13.36%	3.51%
	標準差	19.77%	18.90%	17.27%	16.12%	16.45%	
	夏普比率	0.25	0.36	0.40	0.42	0.52	
小型股	年度報酬率	8.23%	10.46%	11.22%	12.14%	13.41%	5.18%
	標準差	19.21%	18.61%	17.88%	16.67%	16.96%	
	夏普比率	0.17	0.30	0.35	0.43	0.50	

上表所列是整個期間的平均報酬率，不保證在比較短的期間裡，價值溢價為正值，價值溢價會斷續出現，價值股的表現有時候會不如熱門股。我們在圖5.7裡，根據五年移動平均線，檢視大小型股的價值溢價（或折價）。

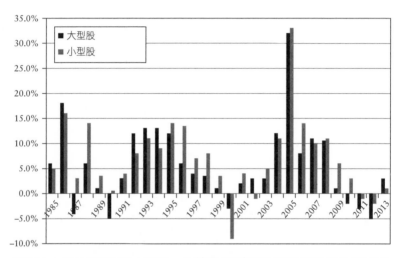

圖5.7　1985年至2013年間，依據股價淨值比所建立五分位投資組合移動平均五年年化價值溢價（折價）

　　圖5.7顯示，價值溢價會因期間的不同而有異，偶爾會變成負值，在這種期間裡，熱門股的績效會勝過價值股，價值股長期績效最不如熱門股的期間，是2010年到2013年的最近期間，在這段有資料可循的短期內，這種績效較差的差距特別

大。這點可能和2000年到2005年期間差距極大的較佳績效有關，這段期間裡，價值股創造出勝過熱門股幅度最大的持續溢價。然而，這段期間績效較佳，或許也可以歸功於1990年代末期網路股泡沫前價值股的績效較差，看來價值溢價也會回歸平均數。如果是這樣，我們在最近這段短暫的績效較差期間後，可能再度看到價值股五分位投資組合創造的長期較佳績效。

這項更新賴康尼秀等人的研究顯示，價值股除了短期績效較差外，都能創造持續一貫的價值溢價，長期打敗大盤和熱門股。然而，個中原因為何，卻是引發若干爭議的來源。行為財務經濟學家如戴邦特、泰勒、賴康尼秀、許雷弗和衛希尼都認為，價值股會有這種表現，是因為跟反應過度和天真推斷反其道而行。深具影響力的效率市場經濟學家法瑪和傅蘭奇認為，價值型策略報酬率優異，另一種解釋是這種股票的基本面風險較高，兩人宣稱，價值型策略似乎是為了補償這種額外的風險，才會表現較佳績效。有人用同樣的說法，批評戴邦特和泰勒的反應過度研究，價值股因為基本面的風險較高，有時候表現不如熱門股，尤其是在賴康尼秀等人所說世道「不佳」、如極端的下跌市場或經濟衰退時，更是如此。賴康尼秀等人發現，雖然價值型策略在好時光裡創造不成比例的優異績效，在景氣不好期間的表現，也同樣令人讚嘆。事實上，在比較長的

期間裡，價值型策略的表現幾乎總是勝過熱門股策略，而且在世道不好時尤其如此。賴康尼秀等人找不到任何風險指標，可以解釋價值型策略平均報酬率這麼大的原因。然而，他們可以找到證據，證明投資人似乎是根據過去的績效，做出推論，即使未來不能保證這種推論一定正確，仍然如此。

賴康尼秀等人把天真推論的本質，說成是投資人把對未來成長的期望跟過去的成長綁在一起，才會對熱門股過度樂觀，也因為同樣的原因，才會過度悲觀看待價值股。為了測試這種主張正確與否，比較銷售額、盈餘和營業收入等基本面指標的實際成長率，跟相同指標的過去和預期成長率相比。他們根據每一檔股票的股價比率，計算長期成長率，如果市場賦予一檔證券高於基本面的相對高價，就是暗示期望這些基本面指標將來會有高成長率。換句話說，以本益比為例，本益比愈高，市場預期的盈餘成長率愈快。我們可以用戈登的不變成長模型、也就是決定發放固定成長率股息的股票、到底具有多少真值的模型，證明這一點。[24] 公式如下：

$$P = \frac{D_1}{r - g}$$

其中

P 為目前股價；

D_1 為下一年股息價值；

r 為折現率；

g 為預期股息恆久固定成長率。

　　如果我們應用戈登模型，保持股息（D_1）和折現率（r）固定不變，那麼高價（P）就是暗示高成長率（g）。如果我們把股價換為股息、銷售額、現金流量或營業利益，同樣的直覺一樣適用。

　　賴康尼秀等人拿股價所暗示的成長率，和股票中選日以後出現的實際成長率比較時，發現了一種支持戴邦特和泰勒的研究、也支持葛拉漢的直覺、又引人注目的結果，就是價值股的基本面因素成長速度比熱門股快。為熱門股付出的高價，暗示市場預期熱門股會創造很高的成長率。然而，成長率卻違背投資人的期望，無法持續不輟。證據相當清楚地顯示，熱門股的成長率會降到價值股的成長率水準，甚至下降過度，降到低於價值股的成長率。換句話說，成長股的基本面像戴邦特和泰勒說的一樣，會回歸平均數。然而，市場卻不預期會發生這種回歸平均數的現象，反而把預測跟過去的成長率聯想在一起，樂觀的把熱門股股價，推升到遠高於價值股的水準。因為投資人有這種期望，熱門股的成長注定會讓投資人失望，不受歡迎的價值股注定會提供驚喜。

賴康尼秀等人的指標式研究確立了價值型投資的三大中心主張，第一、包含買進不受歡迎價值股的很多不同投資策略，績效都勝過熱門股策略和大盤。第二、和熱門股策略相比，價值型策略這麼有效，原因可能是熱門股中選後，跟價值股相比的基本面因素（盈餘、銷售額等）實際成長率，比過去低，或是比各種股票估值所顯示的市場期望值低。換句話說，和價值股相比，市場參與者似乎一直高估熱門股的未來成長率，不知道比較可能的結果是回歸平均數。第三、價值型策略的風險似乎低於熱門股策略。

　　這種結論引發了一個明顯的問題，就是如果我們知道價值股的表現勝過熱門股，為什麼投資人仍比較偏愛熱門股，而比較不愛價值股？賴康尼秀等人提出一個可能的解釋，就是投資人根本不知道這種現象。然而，葛拉漢從至少八十年前出版《證券分析》時，就提倡價值型投資策略，他最著名學生巴菲特的高度成功，也使得賴康尼秀等人的說法難以成立。巴菲特從1960年代開始，就在波克夏公司年報中寫給股東的信裡，寫了很多跟價值型投資有關的文字，描述他的投資程序和影響。比較合理的解釋是投資人基於跟行為有關的原因，因而偏愛熱門股策略，後面我們會看出，這種現象並非一般投資人所獨有，戴邦特和泰勒發現，有「相當多的證據」，證明專業證券分析師和經濟預測專家也經常會發生所謂的「反應過度偏

誤」。賴康尼秀等人也主張：散戶和投資機構人都會基於認知的原因，或因為所謂的負責人與代理人問題，從事次優的行為。我們在下一章裡，會評估這些原因。

第六章

熱門股交易

——投機、投資，與行為財務學

我望著海岸說：「你是說這個方法不完美嗎？」

「毫無疑問」，他激動地說：「不是嗎？」

過了一會兒，我才喃喃說道：「根本不是辦法。」

——約瑟夫·康拉德，《黑暗的心》

Ergot，名詞；一種菌類，會感染黑麥和其他餵食牲畜的穀物葉子。吃下這種菌類會導致痙攣和幻覺，歐洲中古時期爆發的群眾大恐慌可能與此有關。

——Ergot源自法語，衍生自古法語argot（鬥雞的雞距），鬥雞的雞距形似這種菌類的形狀。[1]

泰斯・桑頓（Tex Thornton）需要75萬美元。先前他已向富國銀行（Wells Fargo Bank）借了30萬美元當作訂金，準備買下加州聖卡羅市的李頓工業公司，這家公司生產磁電管，賣給跟軍事相關的產業，他對這筆借款，已經提供私人借據作擔保。[2] 而現在他還需要75萬美元，才能向李頓工業公司創始人查爾斯・李頓（Charles V. Litton）買下這家公司，否則就會失去訂金。桑頓向紐約雷曼兄弟公司的投資銀行家陳述他買下李頓工業公司的計畫。李頓公司當時的一年營收只有300萬美元。桑頓相信李頓工業可以用紙上富貴的方式，也就是用李頓的股票，併購其他企業，在五年內，就變成營業額1億美元的公司。小型軍用電子公司大都競爭不過較大的競爭者，或者都被大競爭者併購，李頓公司唯一的機會就是趕快擴充。桑頓告訴這些投資銀行家：「沒有其他方法能夠在軍用電子業中成功。」[3] 桑頓認為，如果他能炒高李頓公司的股價，或許就可以達成目標。1953年時，股市的榮景對此有利，不過關鍵是要使李頓股票的本益比居高不下，確保大家把李頓公司看成熱門的高科技成長股。桑頓告訴雷曼的投資銀行家：「我要創立一家在未來科技環境中會變成強力績優股的公司，這家公司是平衡發展的公司，不只在工程或製造方面很好，或只在財務上很好而已，光靠投手和捕手是不可能贏球的，除非公司平衡發展，否則不可能變成強大的公司。」[4]

這些投資銀行家當時內心可能充滿疑慮，桑頓當時正在經營他剛成立的公司，叫作電子動力公司（Electro Dynamics Corporation），[5] 公司名聲雖然響亮，卻沒有業務和資產，有的只是一群從休斯飛機公司（Hughes Aircraft）來的員工，專業在研發及政府採購合約。[6] 桑頓在二次世界大戰後，加入休斯飛機公司，這是休斯機具公司（Hughes Tool）新成立的一家子公司，為怪人霍華‧休斯（Howard Hughes）所有，就像同名的母公司一樣，是個空殼子。這家公司唯一的成就，就是做了一架叫作大力士（Spruce Goose）、卻從來沒有飛上天過的木製大飛船。公司的政府採購合約不多，這少許合約的不良履約記錄，使公司的前景更為黯淡。休斯本人不管事，業務實際上由他的主要助理狄特里（Noah Dietrich）掌管。狄特里想解散公司，他把桑頓納入幫助解散公司的人員名單中，但桑頓並不知道，反而翻轉了業績，把休斯飛機公司變成高獲利的軍用電子業者，擁有整個業界稱羨的研發部門。雖然公司很成功，但狄特里和桑頓衝突不斷。就在狄特里沒有告知桑頓，把他的一些高級幹部開除後，桑頓和一群高階主管集體辭職抗議。休斯飛機公司在桑頓任職的五年裡，營收從僅僅850美元成長到6億美元，純益為800萬美元。[7] 桑頓相信他可以複製自己在休斯公司的成就，但這次必須為自己這樣做。他不重新創立公司，而是尋找一些有固定客戶、可以低價買下的小型科技公

司，經過短時間的搜尋後，他相中了李頓工業公司，因為這家公司為創辦人李頓所有，李頓是工程師兼發明家，希望創立公司，卻不喜歡經營公司，認為自己已經盡力領導公司，走到該走到的地方，可以交給專業經理人經營了。桑頓認為他和離開休斯公司的團隊正是李頓工業公司所需要、擁有高科技業經歷的專業經理人。他知道自己可以改造李頓工業公司，但首先他需要找到75萬美元，買下這家公司。

雖然電子動力公司看來脆弱不堪，桑頓還是說服了雷曼兄弟的投資銀行家，同意替他籌資，買下李頓工業公司。他們完全押注在桑頓身上，創造了50個投資單位，每單位包含20張債券，50股可轉換特別股，以及2千股普通股，[8] 不含佣金在內，每單位的銷售價為2萬9千200美元，總額為146萬美元。[9] 桑頓用這樣籌得的資金，支付李頓的買價尾款，並取回開給富國銀行的借據，而以剩下的40萬美元作為營運資金。1954年，電子動力公司變成李頓工業公司，桑頓必須開始執行他向雷曼公司投資銀行家描繪的策略。桑頓就像尋找李頓公司一樣，尋遍全美國，尋找可能的併購對象。他最難的工作就是說服企業主，讓他們了解換股交易比現金交易有利。他提出很有說服力的論點：擁有多業別單一上市公司的部分股權，優於擁有單一業別未上市公司的全部股權。多角化經營但集中管理、可以在公開市場籌資的企業投資組合，比單一產業的未上市公

司，更能安然度過景氣循環的各種變化。公司併購用換股的方式完成的話，不必繳稅，而且上市公司的股價應該可以繼續上漲。許多企業主接受桑頓的論點，李頓公司因而快速成長。

到了1958年，李頓公司的營收達到8千300萬美元，盈餘370萬美元，是公認成長快速的軍用電子產品專業廠商。[10] 公司的每股盈餘從每股0.28美元增至2.13美元，流通在外的股票從52萬5千股，暴增為170萬股。桑頓為了確保新聞媒體都知道李頓公司的作為，進行當時尚不多見的公關宣傳，大力宣揚李頓公司的成就，打造出該公司熱門高科技公司的形象。他利用每一個機會，討論他的自由形式管理風格——其實這只是桑頓頗特別併購政策的幌子。桑頓知道公司成功的關鍵，在於他維持公司成功表象的能力。對他想併購對象的賣方而言，價格上揚的股票是很有吸引力的貨幣，高股價更使股票變成桑頓手中深具吸引力的貨幣。每年春季，公司向股東提出一份厚重而華麗的年報，裡面滿布樂觀而時或令人驚嘆的評論，這類評論通常是出現在《浮華世界》雜誌、而非公司財報中。[11] 財報的調性倒不在模糊財務狀況，反之這才是重點，就像感恩節大餐的火雞，只是旁邊多了許多形形色色的配料——為高成長的高科技公司配上亮麗的光澤。資產負債表明確而清晰，損益表則顯現出每股盈餘快速成長，沒有什麼隱瞞。真要說有什麼失色的地方，就是股東權益報酬率有點虛弱，大部分成長

是從公司併購而來，而非靠本業營運，但這也是集團企業的本質。股東對此似乎見怪不怪，只要桑頓這個高科技業來的新人，能夠創造直線上升的利潤和成長就好。財報充滿圖表及凸顯公司傑出表現的統計，合乎以科學導向的企業組織，桑頓真是深深了解他的財報讀者。

桑頓或許可以打造出李頓公司的高科技企業形像，但他的風格卻沒有特別出眾的地方。李頓工業公司和其他集團企業一樣，把許多小公司併成大雜燴，桑頓用李頓公司的股票，以相當高的溢價，換取本益比較低的其他公司股票，李頓工業公司的股票因為成長率顯然較高，當時又流行集團企業，因此享有比較高的本益比。這種交易的目標是把併購對象的獲利轉換成集團企業的獲利，而併購對象是以較低的本益比取得，集團企業的股票則以較高的本益比交易，造成集團企業快速成長的假象。以總市值2千萬美元、本益比為二十倍的集團企業為例，可以鎖定盈餘同為100萬美元、但本益比為八倍的公司。這樣集團企業即使以25%的溢價收購，仍然只需要支付1千萬美元、亦即目標公司本益比十倍的價格收購。一但併購完成，集團企業的盈餘會倍增為200萬美元，但股份只增加50%。如此，併購目標的盈餘便轉換成集團企業的盈餘，使其每股盈餘增加33%，集團企業會顯現出每股盈餘的高成長，股票會跟著增值，並維持同樣引人注目的高成長。

到了1959年，李頓公司的營收達到1億2千萬美元，比桑頓向雷曼兄弟公司提出的五年目標，還多出2千萬美元。李頓公司在1958年完成了幾件重大交易，不過其中攸關李頓公司超越1億美元營收的門羅計算機具公司（Monroe Calculating Machine Company）交易，堪稱桑頓併購政策的典型。門羅公司既非軍工、亦非電子產業，是製造過時的機械式製表機器，但吸引桑頓的是控制這家公司的家族願意廉價出售，而且願意接受李頓公司的股票。1957年，門羅的營收為4千400萬美元，盈餘180萬美元，每股盈餘6美元，每股淨值42.71美元。[12] 反之，李頓營收為2千800萬美元，盈餘同為180萬美元，每股盈餘1.51美元，每股淨值為6.71美元。[13] 門羅公司有較多現金，且財務比率較佳，但李頓公司成長較快速，而且看起來較亮麗。門羅願接受1股門羅股權換取1.5股的李頓股票，意指李頓股東可擁有合併後的公司四分之三股權，而門羅股東擁有四分之一。李頓股東每股換得門羅每股幾乎三倍的獲利，以及超過四倍的淨值，而門羅股東只換得李頓每股三分之一多的獲利，以及不及四分之一的淨值。這就是加入集團企業的代價。因此，高成長的高科技股，吞下規模大多了但走下坡的產業。雖然這項合併遠離了原先的軍用電子產業，但市場仍然認為此一合併是原始公司的擴大。這就是桑頓真正的技巧所在：他能找到並併購與電子或軍品關聯極為有限的低素質業者，然後讓

市場相信合併後的企業仍能保證會有較高的價值。

到了1966年，李頓的營業額已達10億美元，銷售五千種以上產品，包括高科技的鑽油裝備、潛水艇、信用卡、優待券、當然也包括機械式製表機器。[14] 桑頓1954年接收李頓以來的持續及快速併購步調，讓許多高科技主管身心俱疲，為此而離開者被稱為李頓逃兵，李頓公司因此號稱「集團企業學校」，[15] 其中一位著名的逃兵就是辛格頓（Henry Singleton），他和一位老同事一起離開，創立了泰萊達公司（Teledyne）。巴菲特曾經盛讚辛格頓為「超級管理巨星」，[16]「擁有美國企業界最佳的經營與資金配置記錄」。[17] 這些李頓逃兵師法李頓，但沒有一個人具有桑頓對宣傳的熱情，以及經營投資人關係的技巧。即使李頓的擴張領域已超越大部分吸引力所在的高科技事業，開始併購一般的公司，桑頓仍設法維持李頓的熱門股與高成長形象。1966年時，李頓的平均本益比是三十三倍，比一般集團企業高。[18] 例如德士壯（Textron）的平均本益比為十一倍，LTV公司為十三倍，國際電話電報公司為十七倍，都不到李頓的一半。[19] 這一切都證明桑頓擅於討好華爾街分析師和接受併購的公司，也擅於製造漂亮的年度財報，但是漏洞也開始出現。雖然桑頓能維持李頓公司的形象，像是股價能夠維持高檔的高科技軍用電子集團企業，但這一點有賴於每股盈餘能夠不斷成長。實際上，李頓公司旗下的產業

開始變得積弱不振、缺乏資金及管理不善，[20] 出走的李頓逃兵更造成了人才流失的重大後遺症。桑頓的「自由風格管理」哲學相信優良經理人可經營任何產業，[21] 但這點是一種刻意的幻覺，不只是刻意的誤導，更是一種自欺與自大，這種情況在1968年開始顯現。

1968年1月，李頓經過連續五十七季的成長後，首次宣布獲利比前一年高峰的5千840萬美元，減少1千100萬美元，股價因而大跌。雖然集團企業仍然風行一時，這件事特別使投資人不再熱心擁載集團企業。市場似乎從幻夢中覺醒，首次認清透過併購而來的每股盈餘成長，終究不能持久，而且，無論如何，每股盈餘成長也不見得是值得追求的最終目標。1968年裡，《巴隆》週刊（*Barron's*）刊出一篇諷刺文章，描述集團企業的手法：[22]

在演說或財報中，掌握住使人覺得時髦精明又悅耳動聽但不知所云的術語……向分析師呈現正確的形象，讓他們知道自己是新品種的企業家。談論自由風格公司的協調整合，以及擔任改變與科技間的介面。告知大家你無窗的密室中有滿坑滿谷的研究人員……審視未來，因此你的公司是機會科技導向企業……分析師和投資人要的是概念導向（而不是投機導向）的集團企業，尤其是高科技領域的集團企業，這是

他們願意支付高本益比的原因，高倍數可以讓日子沒有那麼辛苦。

批評者指摘李頓公司的真正技能不在於高科技，而在於公關和投資人關係上。[23] 他們也指出，李頓善於以不尋常但合法的會計技巧，混淆業務的真相，誇大成長。[24] 1968年，一位拒絕接受夢幻破滅的李頓高階主管說：「任何人無疑都認為李頓會成為成功的大公司，但我們的目標是成為成功的成長型大公司。」[25] 但此時為時已晚，市場已看穿了手腳。

值得注意的是，包括財務分析師、投資銀行家、企業賣家和專業投資人在內的投資圈，竟然花了這麼久的時間，才了解到集團企業玩家的簡單把戲：用價格高估的股票，以每股盈餘能夠成長的價格併購企業；宣揚併購後的成長是經營管理技能和高科技的成果；如此一再重複。每件併購案中沒有討論到的重點是放棄和接受的真值，巴菲特在寫給股東的信中，建議經理人，他們應該思考是否願意以出售公司一部分的相同條件，出售整個公司，這是併購的經濟現實。[26] 如果併購等於併購者賣出2美元的真值，換取被併購者1美元的真值，即使這樣會提高每股盈餘，但他們仍應該自問這筆交易是否值得。[27] 有些迷惑是起源於這種併購中描述每股盈餘稀釋時所使用的語言，這種語言會混淆而非澄清真值的交換：[28]

大家過於注意這種稀釋形式：目前每股盈餘（甚至未來幾年的盈餘）是大部分企業估值中的重要變數，但絕不是最有力的變數。從這種限制性的角度來看，過去有許多併購案完全沒有稀釋效果，卻立刻摧毀了併購者的價值。也有一些併購案稀釋了目前及近期內的每股盈餘，實際上卻強化了企業價值。真正重要的是，從企業真值的角度來看，併購是否有稀釋或反稀釋的效果（這方面的判斷涉及許多變數的考量）。我們相信從這個觀點計算稀釋最重要（但太少人這樣做）。

　　李頓公司的股東在李頓與門羅合併後，擁有合併公司過半數的股權，真值卻遭到大幅稀釋。如果他們完全了解這筆交易在經濟上的後果，他們對於放棄蓬勃成長的軍用電子事業四分之一的股份，換取瀕臨死亡的機械製表事業四分之三股份的交易，可能十分痛心。

　　從1968年開始，集團企業高成長，光鮮亮麗及高科技的外表，已無法掩飾日益膨脹、業務走下坡的真實面。到當時為止，股市榮景、低利率，以及普遍良好的企業環境，掩蓋了經理人的很多罪過，也掩蓋了一位幽默人士所說讓經理人可以「從屋頂開始蓋房子」的罪過。[29] 股市逆轉及利率攀升，使集團企業擁有和景氣循環密切相關的產業，從天上掉到地上，

戳破集團企業所稱多角化經營可以度過景氣低迷的謊言。雖然他們標榜自己是對組織抱持自由風格視野的新人類，實際上大都只是搭市場榮景的順風車，帳面的財務操弄而已。《財星雜誌》的路易斯・柏曼（Lewis Berman）撰文說：「集團企業併購時代造成的最大傷害，是以財務操作追逐利潤、建構虛假的正當性，而不是生產真正具有經濟價值的東西。」[30]

葛拉漢在《證券分析》一書的引言中寫道：「令人震驚的是，」1920年代的金融現象，亦即1929年大崩盤前的榮景，是由他所謂的「純心理因素」所決定，[31] 葛拉漢寫道：「在過去的多頭市場中，股價上揚在景氣循環的大部分時間裡，都和產業的改良息息相關；只有在若干短暫的期間裡，股價受到有如脫韁之馬的投機性樂觀氣氛刺激，出現不成比例的飆漲。」[32]

新時代的準則是，不管以多高的價格買進的好股（或績優股），都是健全的投資，骨子裡都只以投資為名，合理化向普遍的賭博熱潮幾乎全面投降的方式。我們認為這種心理現象與近年一些取得主導地位、卻不可捉摸的因素價值觀，如善意、經營管理、預期獲利能力等息息相關。這種價值因素雖然是真的，卻不受數學運算影響；因此衡量這些因素的標準具有極大的任意性，會隨著流行的心理產生極大的

變化。

　　葛拉漢可以輕易描述集團企業時代的現象。市場由心理因素主控，不是近在1969年才發生的現象，甚至不是1929年的現象。1720年時一份作者不明的小冊子，就已經譴責南海公司股票的投機，警告大家：「這檔股票超過本質以外的增值純屬想像；按照最粗淺的算術，一加一決不會變成三‧五；因此所有的虛值都是某些人必須承受的損失，不管是第一個人或最後一個人。」[33] 但是，投機也不是在1720年才誕生的。

　　愛德華‧錢思樂（Edward Chancellor）在他的大作《金融投機史》（*Devil Take The Hindmost*）中追溯投機，指出自有市場以來，純粹心理因素就已經出現。市場投機起源於西元前2世紀的羅馬金融體系，這個體系有現代金融體系的許多特性，包括在雙子星神廟（Temple of Castor）附近論壇中的股票與債券市場。在那裡，「群眾雲集，買賣包稅公司的股票和債券，以及用現金或信用交易的各種商品，交易義大利和各行省裡的農場和房地產，以及羅馬等地的住宅、商店、船舶、店鋪、奴隸和牛隻」。[34] 投機熱潮幾乎可以和1720年代橫掃英國的南海公司泡沫相比，據說，當時羅馬幾乎沒有一個人不熱衷於各種（包稅）合約交易及衍生的獲利。[35] 羅馬皇帝尼諾的廷臣佩特隆尼爾斯‧阿比特（Petronius Arbiter）據說寫了《愛情神話》

（*Satirycon*）這本諷刺小說，描敘醜陋的高利貸和金錢遊戲，把普通人捲入雙重漩渦淹沒。[36] 集團企業正是歷史悠久的投機熱潮中的一個，卻也不會是最後一個。

光彩奪目

集團企業時代最惱人的一個問題，就是專業投資業界——投資法人、共同基金及研究分析師——會被桑頓等集團企業操作者所迷惑。李頓工業公司或許是一個幻象，但並非詐欺。它在注解滿布的年報或交給證管會的申報中並沒有隱瞞什麼。[37] 這些文件顯示的是一位魅力十足推銷員亮麗的事業組合。[38] 從一開始，因為獲利爆發的關係，李頓工業的股票表現就非常好，股價倍數不斷提高，1965年時，李頓工業的本益比已經高達三十三倍，到1968年1月首次宣布獲利下降前，本益比已經漲到四十倍。值得注意的是，李頓在1968年並沒有宣布虧損，只是宣布獲利下降約19%，而且公司也沒有爆發弊端，股價卻從90美元暴跌到53美元。不必是證券分析師也看得出來，股價居於如此高檔的股票，只要碰到一點風吹草動，便可能導致大災難，因此，為什麼這麼多專業人士會看不出來？

一般認為，專業投資人因為了解投資成功的推動力量，會

審慎檢視公司報給證管會的文件，會計算特定產業生存與發展的機率，衡量真值，然後明智下注，博取最大的利得。但數據資料並沒有反映相同結論。專業投資人不能分辨好股與壞股，以致無法戰勝大盤的最著名論述，就是艾佛瑞‧柯爾斯三世（Alfred Cowles Ⅲ）在1932年最後一天對辛辛那提經濟學會的演講。柯爾斯以前訂了很多種不同的股市報導雜誌，他覺得應該只要訂一種就夠了——當然應該是訂最好的——但他卻找不到跟股市分析師過去表現有關的記錄資料，因此，他從1928年起，開始蒐集發行最廣的理財報導過去的績效記錄，並借助打卡計算機研究這些記錄。柯爾斯研究十六種統計報導、二十五家保險公司報告、二十四份預測性新聞信，以及威廉‧漢彌爾頓（William Peter Hamilton）從1903年12月到1929年12月在《道氏理論》（*Dow Theory*）刊物上所發表的評論，發現只有極少數人曾經打敗過大盤。更糟的是，柯爾斯還發現，極少數贏過大盤的人所獲得的績效也「比純粹的機運好不到哪裡去」。[39] 他把幾百張市場隨機分析的卡片組合起來，發現卡片擊敗分析師後，發表了最後的聲明。先鋒集團（Vanguard Group）的傳奇性創辦人約翰‧柏格（John C Bogle）2003年11月3日在美國參院金融管理、預算暨國際證券小組委員會聽證會上，指出了專業投資人創造的報酬乏善可陳的慘狀。他的論點是，投資業界的競爭本質，會造成共同基金的平均報酬率

等於大盤報酬率減掉共同基金所收取服務費後的數值。柏格在
聽證上說：[40]

　　以S&P 500指數為準，美國股市在1984年到2002年期
間，平均年報酬率為12.2%。同期內，共同基金平均報酬率
為9.3%，出現這種差距的原因並不十分複雜：業界經理人
聘用的投資專家競逐最好的股票，結果就是平均化。因此，
一般共同基金在扣除費用前，賺到的平均報酬應該等於市
場報酬率。由於估計的共同基金所有費用每年平均為3%左
右，因此，業界扣除費用後的年度報酬率比大盤報酬率低
2.9%，似乎證實了上述極為合理的論點。

　　柏格說，專業投資人無法打敗大盤，資料顯示他們在扣除
共同基金的管理費用前，績效仍比大盤差1%，[41] 為什麼呢？
原因似乎是專業投資人偏好績優股。如前所述，熱門的績優股
平均績效都比較低劣。

　　專業投資人通常都根據投資報酬決定薪酬，為什麼會追逐
可能導致報酬率低於平均值的股票？或許他們是在不知不覺中
這樣做，賴康尼秀等人針對這點研究，發現專業投資人也會判
斷錯誤，根據績優股過去的成長率推斷，即使這種成長率非常
不可能持續，也是如此。他們就像外行投資人一樣，犯了太注

重評估中特定股票近期表現的投資毛病，忽視熱門、高成長話題股報酬率機率的理性先例。這種判斷錯誤很普遍，不僅見於股市，也見於對不確定未來情況的預測中，這種情形叫作「忽視基本比率」，針對這種狀況開創研究的是兩位行為財務學先驅卡尼曼和阿摩斯·特佛斯基（Amos Tversky），兩人在他們開創性的論文〈不確定下的判斷：捷思和偏誤〉（*Judgment under Uncertainty: Heuristics and Biases*）中，大大凸顯這種情況的重要性。[42] 他們發現，我們對不確定的未來事件下決定時，會根據三個捷思、捷徑或經驗法則，協助我們把複雜的認知任務變成比較簡單的做法，每個做法卻導致我們對未來事件做出不好的決定，因為這樣會造成我們去思考不相關的證據，因而移轉了考慮事情基本機率的注意。

這三個捷思是：代表性、可得性、錨定與調整。代表性使我們只考慮到事情是否與既定印象相符。例如，卡尼曼和特佛斯基要一群人分辨某人是律師還是工程師，而這個人是從七十位工程師和三十位律師中任意挑選出來的，然後他們描述選出來的這個人的特質，這群人於是以所描述的特質，判斷這個人是律師或工程師，而不是根據機率做判斷。如果不描述特質，則這群人就會正確的依據機率，做出判斷。這個例子說明了，如果沒有特定的代表性資訊，我們會正確的依據機率，但如果獲得沒有價值的代表性資訊，則會傾向於忽視先驗機率，而

遭到誤導。而可得性引導我們只考慮能輕易想到的東西，因為這些東西和我們的個人經驗有關。例如，我們評估一般中年人的心臟病突發風險時，想到的是我們認識的人，而不是考慮機率。最後，錨定與調整會讓我們固守著第一印象，即使面對要我們改變觀點的額外證據，仍然如此。

每種捷思都會以不同的方式呈現，經常會很有效，但在評估機率、預測未來的不確定情況時，卻往往使我們陷入系列性和可以預測的錯誤。雷納德·曼羅迪諾（Leonard Mlodinow）在大作《醉漢走路》（*Drunkard's Walk*）一書中說，問題在於我們分析不確定性及機率情況的機制，是一種「演化因素、腦部結構、個人經驗、知識與情感的糾結」，非常複雜，以致「腦部不同結構會達成不同結論」。[43] 往往我們邏輯的左腦尋找某一型態，右腦卻有比較直覺的行為。曼氏舉出一個型態追求行為與直覺衝動間相互扞格的例子：這種遊戲叫作機率猜測試驗，主持試驗的人向受測者展示紅色和綠色燈光。燈光閃爍時，某一種顏色燈光出現的頻率高於另一種種顏色，但出現的型態不固定，例如，紅光出現的頻率是綠光的二倍，順序是紅—紅—綠—綠—紅—紅—綠—紅—紅—紅—紅—綠等等。受測者看了一段時間後，必須猜測下一次出現的顏色為何。曼羅迪諾告訴我們有兩個基本策略：一是總是猜出現最多次的顏色，這是老鼠、許多動物和我們的頭腦直覺部分所偏好的策

略。如果我們用這個策略，保證會獲相當程度的成功，但也僅此而已。如果紅光出現的次數是綠光的兩倍，則我們猜對的機會是三分之二，而猜錯的機會是三分之一。另一個策略則是找出出現的型態。這個策略是企管碩士班學生和我們頭腦主管邏輯部分所偏好的策略。如果紅光的出現按照某種型態，而我們能找出這種型態，則每次都能猜中。如果不同顏色任意出現，則我們頂多只能依賴出現頻率較多的顏色。我們為了完全猜對，會做出直覺式的交換，放棄對、錯確定的機率，這是為何在這類的試驗中，老鼠的表現優於企管碩士生的原因。在不確定情況中，我們的天生直覺會有誤，我們的推理機制也很差。

某些領域容許我們顯示我們整個捷思的範圍和股市很像。研究明白指出，價值型股票（以獲利、淨值或現金流量等基本衡量標準而言仍屬低價股）表現優於衡量標準相同的高價熱門股。但我們直覺地被熱門股吸引。我們喜歡熱門股，是出於不久以前這種股票的股價表現及獲利成長；或是因為這種股票有一些利多；或是我們分不清經營良好公司和良好投資標的的區別。同樣的直覺使我們規避價值型股票，因為這種股票的獲利或股價下跌，或者公司經營不善，必然不是良好的投資標的。如此一來，我們忽視了基本面，而把注意力放在與預測其表現無關的因素上。卡尼曼與特佛斯基在他們的書中說，對一家公司產品有好感，使我們看好其股票。如果我們根據其產品，投

資該公司股票，我們就會忽視這種證據的可靠性，忽視劣質資訊造成劣質預測的缺失。例如，2012年8月時，大家把蘋果公司視為創新公司，擁有絕佳產品、耀眼的盈餘成長率，以致於蘋果股票變成歷史上總市值最高的股票。圖6.1所示，是蘋果變成史上最有價值公司後的股價走勢。

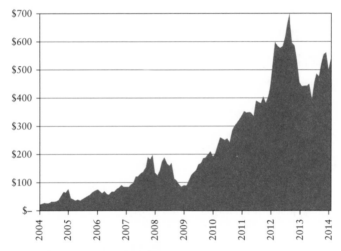

圖6.1　蘋果公司十年股價走勢圖

蘋果公司受歡迎的產品持續大賣、營收與盈餘同時成長，並分派股息之際，股價卻下跌了45%，從每股700美元下跌到400美元以下。這說明了根據該公司的良好印象進行評估所產

生的問題，這種評估不具預測性，不是我們先前所提到的預測報酬率的方法。如果我們按先前所說的衡量方法，蘋果股價超過700美元，按某些衡量標準來看，已經屬於高估，價值高估會導致未來的報酬率下降。我們也可以觀察到蘋果股價低於400美元時，已經變成美國股市價值最低估的大型股之一，而且我們知道，價值低估是未來報酬率打敗大盤的條件。

葛拉漢1934年出版《證券分析》一書後不久，威廉斯在1938年出版了他的大作《投資價值理論》。[44] 他的真值折現現金流量理論，是許多近代估價模型的基礎，包括前面提過的戈登成長模型。所有的模型都要估算未來的現金流量、獲利、股息、持續成長的空間。金錢有時間價值，今天的1美元比一年後值錢，因此我們必須以適當的折現率，把未來的現金換算為今天的美元。雖然這個理論是對的，實際運用時卻會有差池，存在三個變數：未來現金流量、成長率，以及折現率，這些變數都是預測錯誤的潛在來源。折現現金流量模型對折現率極為敏感，折現率會導致重大錯誤，但真正的問題在於模型通常假定：我們會有某種方法預測現金流量，而成長率與此密不可分。我們屢次顯露出我們是糟糕的預測者，偏向根據眼前的趨勢推斷，而不是根據回歸平均數推斷。卡尼曼和特佛斯基稱此為「對回歸現象的誤解」，這種誤解在投資時屢屢出現。

例如，研究財務分析師所做的獲利預測，會發現分析師都

未納入必定會發生的回歸平均數（或逆轉），故其預測結果不會勝過隨機預測。2007年，羅伊・貝契勒（Roy Batchlor）詳細評估財務分析師1990年到2005年的記錄後，發現他們一再出錯，一貫過於樂觀，因為他們都只根據既有趨勢推斷，沒有納入回歸平均數因素。圖6.2所示是貝契勒發現，分析師通常都過於樂觀。[45]

這張圖顯示，事前的盈餘預測難得正確無誤，通常都會高估實際盈餘，貝契勒發現，這種過度樂觀是一種系統性的偏誤，經濟成長加速時，預測錯誤的規模會降低，反之便會增加。根據貝契勒的研究，二十五年的預測中，實際盈餘超過預測的情形只有兩次，而且都是在經濟衰退後的復甦期出現。預測正確的原因都是基本經濟成長特別強勁，也就是說，預測會正確，是因為預測所做的假設是錯的。分析師完全忽略了市場或經濟的榮景轉折。分析師就像天真的投資人，在回歸平均數是很可能的結果時，沒有把這種可能性納入考慮。

未能考量回歸平均數在做預測中很常見。威廉・薛登（William Sherden）在《出賣先知》（*Fortune Sellers: The Big Business of Buying and Selling Predictions*）一書中，[46] 研究1970年代以來短期（三年以內）總體經濟預測的正確性，發現經濟學家和貝契勒研究中的財務分析師一樣，會錯過經濟的轉折點。比起相信最近的未來跟過去似乎沒有什麼不同的天真投資

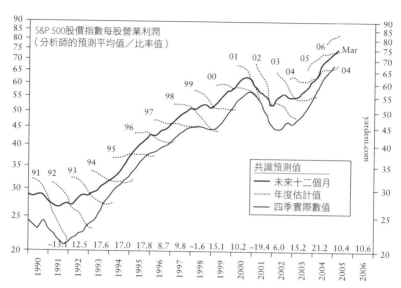

圖6.2　分析師一貫過度樂觀

者，他們的預測也沒有比較高明，他們正確預測的能力，也不會比投擲錢幣的結果好。薛登發現，經濟學家就像賴康尼秀等人研究中的天真投資人一樣，從事天真的推論。薛登也發現，經濟學家的預測通常都過度樂觀。顯然加強精密程度的做法，例如，利用更強力的電腦、更祕密的模型和堆積如山的歷史資料，並沒有改善他們的預測正確性，沒有證據顯示1970年代以來他們的預測能力有所增進（反而有證據顯示能力下降）。[47] 美國聯邦準備理事會也發現，1985年至2001年間，刊

登在《華爾街日報》的預測分析報告中，經濟學家有錯過轉折點的傾向。[48] 經濟擴張期間的預測大都正確，因為這段期間當中，最近的未來和最近的過去相當類似，而且天真投資人式的判斷最可能產生正確的結果。在轉折點出現期間，預測最不正確，而且完全錯過，1990年7月開始的1990年代經濟衰退，以及2001年1月開始的網路泡沫，都是顯著的例子。財務分析師、經濟學家和各類預測專家都像天真投資人一樣，很明顯地忽略了回歸平均數，都太過樂觀，因此都錯過市場和經濟的轉折點。這些轉折點都不免出現時，他們只以「無法預見」輕易帶過。

專業投資人犯了認知上的錯誤並不令人驚訝。他們畢竟是人。卡尼曼和特佛斯基的研究發現，即便是專精於認知（並了解捷思研究）的臨床心理學家，以及其他熟悉統計的研究心理學家憑著直覺思考時，也會犯同樣的錯誤。他們在實驗情境中，大都能夠避免發生前面所提到的賭徒謬誤，但如果問題遭到掩飾，或納入比較糾結不清的狀況中時，他們便容易犯錯。例如，卡尼曼和特佛斯基的研究顯示，臨床心理師在人才徵選的面談中對自己的預測非常有自信，即使「大批資料顯示徵才面試極易使主試人受騙」，他們仍然如此。[49] 同樣地，一項研究顯示統計研究心理學家過於相信小樣本的研究結果，致使他們過於高估其代表性，以及忽略其結果可能遭到複製的可能

性，而小樣本研究的高錯誤率眾所周知。如果心理專家會在認知上和統計上犯認知錯誤，則專業投資人犯下這種錯誤，實屬合理。

專業投資人為什麼要買熱門股，這一點不難理解，例如戴邦特和泰勒告訴我們一件事情，我們應該選擇過去三年獲利下跌而不是增加的股票。這點不難理解，卻很難執行。我們會直覺認為，連續三年盈餘下降的股票，將來的獲利會繼續降低，盈餘成長的股票讓人覺得安全多了。根據盈餘趨勢推論合乎直覺，投資在預期會發生回歸平均數的股票上，都會讓人害怕。賴康尼秀等人的研究顯示，低股價和一些基本面因素的比率愈低，表現可能愈好，但是股價低落也絕非沒有問題，大家通常很難忽略這種不具預測能力的問題，與預測無關的低價狀況反而受到注意。這就是為何認知錯誤會發生的原因，機率不難了解，要付諸實施則不容易。

專業投資人即使能克服認知錯誤，但還有一些原因會造成他們喜歡熱門股而不是價值股。蘋果股價跌跌漲漲，但總是專業投資人最偏好的股票，[50] 原因也是專業投資的委託人—代理人問題：專業投資人不必然為所代理的基金進行最有利的操作，例如，賴康尼秀等人表示，專業投資人所以會偏好熱門股，可能是因為這種股票看起來比較像「慎重的」投資，比較能向基金投資人交代。在這方面，雖然專業投資人能躲過認知

錯誤，基金股東卻不見得能夠躲過，他們會犯判斷錯誤，認為熱門股比價值股「安全」，即使在我們看來，熱門股風險比較高，他們仍然如此認定。因此，專業投資人知道投資熱門股的策略一點也不慎重，但現有及潛在的基金投資人卻不這麼認為。戴邦特和泰勒在他們的研究中提出了另一種可能原因：專業投資人不得不短線操作，因為他們的表現是以短線評斷，而價值股策略需要比較長的時間架構，才能持續累積績效。賴康尼秀等人主張，專業投資人會仔細尋找似乎很快能讓他們獲利的股票，不會注意未來五年每年可以賺到小額獲利的股票。他們不能輸給大盤指數或同業，否則基金投資人就會抽離資金。價值股的投資要三到五年的時間才會出現獲利，在這這段期間裡，他們的績效可能輸給大盤，對專業投資人來講，這種職業風險太高。他們為了避免短期績效不佳，反而被短線困住，其結果是連投資專家都表現出偏愛熱門股的樣子，以致於整個表現輸給大盤。從臨床心理師及心理學家的犯錯經驗來看，可能的原因是他們犯了認知錯誤，這種錯誤很容易犯，因為不正確的決定給人合乎直覺的感覺，正確的決定卻讓人覺得違反直覺；推論合乎直覺，回歸平均數卻給人違反直覺的感覺。我們從中得到的教訓是，如果我們了解導致股票表現優異的各種因素，而且也了解造成投資人表現不佳的各種表相，則兩者的差異是出於人的行為。

第七章

抓住下墜的刀

——反向價值型策略剖析

沒有什麼先驗機率可言，人本身就是個奇怪的謎！

我說：「有人說，人是藏在野獸身體中的靈魂。」

福爾摩斯說：「溫伍德・利德（Winwood Reade）是這個主題的專家，他說，個人是個難解的謎，但個人集結成眾人後，就會變成數學上的確定。例如，你無法確定個人會怎麼做，卻篤定知道一定數目的眾人會怎麼做，個人各不相同，百分比卻恆常不變。統計學家也是這麼說。」

——柯南・道爾，《四個神祕的簽名》

時值1956年，十九歲的隆納德‧布來爾利（Ronald Alfred Brierley）創立了《紐西蘭股票雜誌》，雜誌刊頭上自稱是「主要投資雜誌」。[1] 他決定登一則小小的分類廣告，如果沒有人訂閱他的雜誌，他就放棄創刊計畫，只損失一點廣告費而已。當時整個紐西蘭股市的總市值只有3億紐鎊[2]（約合2014年的120億美元），[3] 報紙的財經新聞塞在高爾夫與賽馬新聞中，總共占半個版面而已，所以他不能期望廣告會激發什麼反應。讓他高興的是，他收到五張1鎊10先令的支票，總金額為7鎊10先令（大約400美元），足夠他出版第一期的雜誌。布來爾利自己編、寫六版的「專家報導」，自己用舔信封的方式裝袋投郵。第一頁報導標題是《買價低於平價，可獲大利》──平價是有點過時的說法，指的是低於這種標準價位，公司承諾不會再發行股票──標題下方的文字寫道：「股票價值下降，有些股票的股價也許已經跌破實際應有的價位，可能出現有利投資的大好良機。」[4] 這份雜誌列出33檔低於平價的股票，並推薦郝拉奇捕鯨公司（Hauraki Whaling Company）。[5] 雖然紐西蘭股票雜誌只有五位訂戶，布來爾利卻決定印行一千份。他認為紐西蘭每家上市公司都會想訂一份，他向所有上市公司投寄雜誌，等到六個月後，大家毫無疑問地愛上他的雜誌後，他就可以寄上訂閱帳單，收取過去半年的訂費。他發現四家公司中大約有一家會付款。對於沒有付款的公司，他以響亮

的雜誌發行公司全國投資公司的名義，寫信去表示失望，並要求一併補繳前幾期的費用。如果再有公司拒絕，當時年僅十九歲的布來爾利會再去信，開頭就說：「由於我們感到失望，將寫一篇關於你們公司的文章……」[6] 至此，很少有公司會再抗拒。

到了1960年代，《紐西蘭股票雜誌》在紐西蘭不再是玩票性質、只有五位訂戶、六個版面的雜誌，而是相當有名但頗為奇特的雜誌。[7] 布來爾利完全不受節制，常常尖銳抨擊各公司的管理階層，以諷刺的語調，促請他們把資本歸還給股東。他說：「我對毫無根據的攻擊非常小心，以免招來巨額賠償的訴訟，所以我寫的是有憑有據的攻擊。」當時一些大家會認為是冒犯的事情，今天看來並沒有什麼，但是有些攻擊在當時的紐西蘭商界似乎是前所未聞。有人認為這份刊物不是談股論金（Stocks and Shares）雜誌，而是一本怒目驚心（Shocks and Stares）的雜誌。[8] 布來爾利研究紐西蘭的上市公司，發現由暮氣沉沉的老邁董事會掌控的公司，多的令人驚訝。這些老人坐擁表現不佳的資產，死命保留盈餘，不願分派股息，許多事業已過時，擁有這些事業的公司卻資金過剩，消極的股東也任由公司隨波逐流。布來爾利可以想像，剛從俱樂部享用午餐回來的年邁董事，在昏暗的會議室裡打盹，根本沒有必要全神貫注，他們知道這是他們的遊戲，每個人大概都是這樣。[9] 他決

定搖醒他們。

布來爾利在鼓動這種風潮方面，算是有一些經驗。他曾在自己的雜誌上，以諷刺的筆調，撰寫過一系列文章，評述威靈頓貸款投資公司一件併購案的報價。第二次買進價出現，拉抬報價時，有一家報紙把功勞歸於布來爾利。於是他利用這次出名的機會，成立了布來爾利投資公司（R. A. Brierley Investments Limited）並在幾家報紙刊登廣告，承諾「要讓大家在股市鴻圖大展」：[10]

> 布來爾利投資公司師法雄心萬丈的財務專家、收購大師、併購專家、企業掠奪者等國外新派金主的成功技術，你看過這些百萬富翁的傲人故事……現在同樣的機會就要在紐西蘭出現。
>
> 如果你從來沒有擁有過股票，現在有機會加入祕密痛擊昏睡上市公司的行列。今天寄回下面的贈品券，你就可以免費得到一份公開說明書。

寄回贈品券的人會收到一本薄薄的小冊子，裡面標舉布來爾利投資公司的目標：「收購其他公司，重新整頓其財務，出售過剩財產，把資金轉投資在現有事業比較有前途的部分。」[11]公司也要「投資一定會爆發併購風潮的產業。」[12] 小冊子上還

引用英國金融家查爾斯・克羅爾（Charles Clore）有關併購技巧的說法和分析。布來爾利投資公司雖然沒有盈餘和資產，卻籌資成功。1961年布來爾利二十三歲時，已經經營了一家上市公司，有二百位股東，股份14萬4千股，每股5先令，扣除費用後，資本總額為3萬紐鎊（約100萬美元）。

布來爾利公司第一個出價併購的是紐西蘭奧塔哥農民合作公司（Otago Farmers Co-operative Association），時間是1961年7月。[13] 奧塔哥公司當時因為沒有遵守紐西蘭股票交易所的上市規定，從正式上市名單中移到非正式名單中，正是布來爾利的典型目標：不尋常的法律結構、因為有一些汙點從正式名單上移除、盈餘沒有起色、卻隱藏著有價值資產。布來爾利就像催收投資雜誌訂費一樣，親自把發給奧塔哥公司股東的併購要約書裝封投郵，他希望這份具挑釁性的要約書會引起奧塔哥股東，注意布來爾利公司，但也相信能實際掌控該公司的機會還很小。他沒有猜錯，要約書獲得的反應不佳。許多股東在布來爾利預付郵資的回信中用髒話謾罵。[14] 但這次邀約也非全然失敗。過沒有多久，奧塔哥在發給股東的文件中宣布改變股東折價政策，公司股價也暴漲。[15]

1961年12月，布來爾利第二次出手，計畫標購南十字星營建金融公司，每股出價20先令，分三年支付。[16] 南十字星和奧塔哥公司一樣，盈餘沒有起色，但資產負債表中流動性充足，

持有以成本計價的土地和建築物，因此價值可能低估。南十字星董事長宣稱，布來爾利在耶誕節前宣布這件要約令人厭惡，但這是布來爾利的典型戰術，他相信這樣可以讓對方出其不意。[17] 他並且以致南十字星公司股東備忘錄為題，用他的名義發出要約，並在信末附上地址，湊巧的是，回郵地址正好在南十字星公司所在的同一棟大樓裡，讓人產生南十字星公司自己發出這份備忘錄的印象。南十字星公司派針對布來爾利發出了一份公開信，指控他不懷好意……而且所提條件極差：付款期間拖三年，還要51%的股東同意才能交易。布來爾利也回了一封公開信，指出：「如果南十字星的公開信意指公司股價應該超過20先令，那就非常奇怪，因為該公司過去幾年內，有幾次試圖以每股12先令的價格發售股票，而且董事也曾以此價位買進股票，卻不覺得必須先向股東報告公司股價低估。」[18] 1962年3月，南十字星宣布一股配一股的配股計畫，使資產負債表更符合資產現況，以彰顯公司結構的力量。[19] 該公司也重估其土地及建物，資產價值因此比1961年的帳面值增加了將近一倍，公司股價跟著上漲。當地報紙再次把功勞歸於布來爾利。布來爾利說：「一家上市公司股價低於實際價值，董事會突然發現，可以破天荒地第一次為股東謀利，這是典型的例子。」[20]

　　1963年，布來爾利經過三次收購苦戰卻沒有成功後，終於略有成就，控制了紐西蘭金融公司（Finance Corporation of

New Zealand）。[21] 他要的是該公司令人動心的名字。這家公司於1952年成立，經營購買收音機貸款業務，但其母公司紐西蘭無線電公司遭到收購後，便成了孤兒，從成立到1963年的十一年裡，盈餘只有1萬9千紐鎊（63萬美元）。他立刻以紐西蘭金融公司名義發出籌資公開說明書，以利率10%無擔保債券籌資10萬紐鎊，布來爾利對這家公司有力名聲的判斷正確無誤，他發行的債券巨幅超額認購，籌募到26萬6千紐鎊（約860萬美元）的資金。他自己也成為不可忽視的力量。

布來爾利以這筆資金遊走屬於股市夾縫的未上市公司之間，這些公司沒有什麼市場，且很多股東已找不到。1930年代，林業公司利用股票兜售人員，挨家挨戶推銷股票，保證此後三十年林木開發時，這些股票會很有價值。很多股東根本忘掉了自己持有這種股票，有些公司的無址失聯股東比率高達30%。[22] 這種失聯股東多的公司，對布來爾利顯然很有吸引力，因為他可以用不到50%的股份，就能控制公司。1964年，布來爾利找到一家這種公司，名叫瑪瑪庫林業公司（Mamaku Forests），他估計其股票每股價值為25先令，但可以用7先令收購。一位董事發現布來爾利在收購，就告訴他，如果他出價每股17先令，便可獲得董事會的支持，拿下整個公司。[23] 布來爾利遵令行事，雖然另一個較高的出價出現，但公司董事會支持布來爾利。就像他猜測的一樣，只有70%的

股份應約接受收購，其餘則是失聯股東的股份，因而布來爾利以1萬1千紐鎊（約35萬美元），也就是大約一半多一點的價錢，取得這家擁有2萬紐鎊（約65萬美元）股東資金的龐大公開發行公司。[24]

布來爾利開始檢視澳洲公司。1964年，他在《澳洲金融評論》雜誌上刊登廣告，尋找他形容為「特別狀況」的公司，[25] 也收到一封回應函，描述市民牧人壽險公司（Citizens and Graziers Life Assurance Company Limited）的狀況，信中提供該公司的歷史，指出這家公司沒有上市，三十年沒有配息。信裡也詳述該公司最近出售壽險業務的細節。布來爾利立刻了解這家公司的資產主要為現金，而且可能低估。他立刻開始購買該公司股票。該公司董事會打算把公司轉型為投資公司，但需要75%股東的同意。布來爾利使盡全力，爭取25%的股份，以阻止公司轉型，並在1966年向該公司發動先出先贏的出價。[26] 布來爾利的持股達到25%時，董事會終於屈服，並向股東提議接受他的出價。然後，布來爾利用市民牧人公司，收購工業股權有限公司（Industrial Equity Limited），後者於1964年成立，經營股票期權，靠著出售手中股票的買權賺錢。[27] 這種業務無法創造多少收益，股價因此大大低於其全部上市股票構成的標的資產。公司董事會已經決定解散公司、進行清算，因此十分歡迎布來爾利的收購。布來爾利掌握工業股權公司

後，有了收購其他澳洲公司的工具。

他在澳洲食品與農業類股中找到沃土。這種產業由一群小型家族控制的公司主導，這些公司受到政府補貼，而且和亨氏食品（Heinz）、吉百利（Cadbury）和納比斯可（Nabisco）等大型多國公司建立長期關係，因而變得臃腫、無能，有如處在冬眠狀態。每家公司都是布來爾利的典型目標：價值過於低估、管理階層不思進取、報酬率低落、配息比率更低、資產負債表顯示坐擁現金，還有多餘資產。布來爾利認定這種產業應該整合。1970年代初期，布來爾利在此一產業陷入低潮時，買進幾家公司的股票，其中最大的一家是南方農民合作公司（Southern Farmers Cooperative Limited），這家公司有著布來爾利所尋找的兩大特徵，一是公司原來是合作社，後來轉型成股份有限公司，在轉型過程中，發現有一千六百位失聯股東。[28]由於轉型前的特殊法律結構，因此沒有受到投資人的注意，龐大的失聯股東表示布來爾利不必取得50%的股份，就可以控制該公司。南方農民的股價為每股1.30美元，但布來爾利估計每股真正價值將近8美元，是當時澳洲股市價值最低估的公司之一。[29]布來爾利看出，該公司有極多超額資本和未開發資產可以出售，一旦取得公司的控制權，清理、出售這些資產，再把資本退還股東，實際上，他等於沒有付出代價，就取得這家公司。

1974年，布來爾利把工業股權公司三分之一的資金，投

入南方農民公司後，南方農民公司的董事會才知道他準備進行併購。董事會認為布來爾利要套現，把公司7%的資本，以每股配息50美分現金的方式，退還股東。由於工業股權公司持有相當多的股份，因此成為退還資金的主要受益者，持股成本因此降低40%。南方農民公司發現這種戰術錯誤後，跟一家農業公司集團合併，以稀釋布來爾利的持股，卻也使他獲得另一筆巨額現金。工業股權公司利用所握有的現金，併購南方農民公司一直想要得到的諾斯克有限公司（Noske）。於是南方農民公司在1976年以換股方式，從工業股權公司買進諾斯克公司，工業股權公司持有的南方農民公司持股因此大為增加，布來爾利也因此進入南方農民的董事會，得以有效掌控董事會，變成他整合農糧產業的平台。到了1978年，南方農民公司已成為業界中資產第三大的公司。

1986年，布來爾利在布來爾利投資公司成立二十五週年的年度股東大會上，受到股東的歡呼。二十五年來，股東人數達十六萬人，總市值為45億紐元（約92億美元），掌控全球三百家公司118億紐元（將近200億美元）的資產。紐鎊於1967年7月改制為紐元，每紐鎊轉換為2紐元。1961年投資布來爾利投資公司的500紐鎊，到1986年，價值會變成高達300萬紐元，年度複合報酬率約為38%，這是布來爾利投資策略的具體實現。這種策略一度被稱為「撿破爛」，形容他對「沒落

破敗和無人聞問」的股票有興趣。[30] 但這種說法並不公平。1990年，布來爾利對替他作傳的人說：「他偏愛屬於實體產業、有清楚的資產、製造相當單純產品的公司，並說他不碰涉及高科技的公司，因為他不懂。」[31] 這番話聽來很像巴菲特，但他和巴菲特有兩大不同。巴菲特尋找優質公司，布來爾利只在意價值嚴重低估、他可以向全世界揭示其真正價值的公司。[32] 就像他1990年所提出的解釋一樣：[33]

> 如果東西有價值，那麼何時把價值釋放出，屬於次要事情。擁有含有價值的東西，可能要費些腦筋，設法把價值實現，但總比沒有價值好。

巴菲特要的是高素質、自動自發的經理人，布來爾利則把布來爾利投資公司當成一種監督工具，不斷評估各公司的表現，並刺激公司把效率提升到極致。[34] 他的傳記作者范東根（Yvonne van Dongen）指出，他刺激公司管理階層的成效，不僅止於他接收的公司，而且擴展到受他威脅的公司……許多公司啟動的革新計畫，正是他打算促成的。[35]

1987年，他推動收購有一百四十三年歷史的英國股權法律壽險協會公司（Equity and Law Life Assurance Society），是布來爾利公司的關鍵一役。股權法律公司是價值極高、但不容

易征服的目標，受到極強力的保護。這家公司受到保險業的諸多特別規範保護，董事會成員包括騎士、爵士和各類貴族；另外，該公司與其他保險公司相互持股，其中一家受到威脅，會被視為對所有公司的威脅。股權法律公司的總市值為3億5千萬英鎊，但股本只有280萬英鎊，盈餘只有800萬英鎊，該公司的壽險保單基金 有極為龐大的可用資金。布來爾利投資公司的其他高階經理人對布來爾利的行動感到不安，提出如何獲利的質疑，布來爾利只以難以理解的方式回答：「如果你現在還看不出來，或許你不應該待在這個行業裡。」[36] 布來爾利判斷股權法律公司有充裕的未運用資金，如果能改善營運，公司實質價值會更可觀。他也認為如果出價收購，就有機會迫使其他保險公司前來公開競爭。這是一個價值不對稱的收購，下檔風險有限，但上檔利潤極大，是不容錯過的大好良機。

　　1987年9月，布來爾利吸納股權法律公司的股票已經兩年。[37] 英國1982年保險公司法的規定使他不得不出手。該法規定持有可投票股權超過33.3%必須獲得英國貿易工業部的批准，布來爾利持股已達29.6%。貿工部批准的流程需要六週，使得依法完成併購的時間只剩下一週。1987年9月4日，布來爾利出價每股現金363便士，收購股權法律公司，依據此一出價計算，該公司價值為3億7千400萬英鎊（約12億美元）。[38] 該公司董事會立刻回絕了這項出價，表示價值被低估和不歡

迎併購。[39] 布來爾利在回澳洲途中,在曼谷轉機時,聽說法國保險業者米地公司(Companie du Midi)提出400便士的新出價,米地公司先前曾與布來爾利討論,希望取得他在股權法律公司的股份,[40] 股權法律公司董事會之前也曾拒絕米地公司的出價。不過,同一個月內,董事會接受米地公司446便士的重新出價。媒體和布來爾利投資公司高層都預期布來爾利會接受這個價格,因此當他再提出450便士的出價時,大家都感到震驚。為什麼要為了區區4便士,虛張聲勢,冒險失去米地公司的收購行動呢?不過,布來爾利的估算沒錯,米地把出價修改到絕對最高價值上限的450便士,於是布來爾利接受。[41] 這筆交易使布來爾利投資公司獲利4千290萬鎊(約1億4千萬美元),投資報酬率為42%。[42] 布來爾利賭贏了,但也使他在布來爾利投資公司未來最需要的政治資產完全喪失。

股權法律公司是布來爾利在布來爾利投資公司時的最後一次併購行動。1987年10月19日,股權法律公司接受米地公司出價後兩週,全球股市大崩盤,紐西蘭股市的跌幅高居全球第一,在隨後的三個月裡,股價指數從3968.89點的高峰,墜落到2000點,大跌32%。[43] 布來爾利投資公司的情況更慘,狂跌40%,從每股4.43美元,跌為2.7美元。[44] 布來爾利投資公司的高階經理人認為,當初如果米地公司縮手,布來爾利公司現在可能已經滅頂,[45] 更糟的是,他用只比米地公司出價多出1%

的價格豪賭。布來爾利一向以現金進行併購，以避免個人的股份稀釋，但布來爾利投資是投資公司，布來爾利本人從未擁有可掌控公司的股份。1961年時，他和其他股東一起認購股份，只擁有公司15%的股權，由於不斷併購發行新股票，到了1987年，他的股份萎縮到3.7%。到了1989年，他被趕出自己創立的公司，1990年，出任金尼士皮特集團（Guinness Peat Group）董事長，這家公司是借殼上市公司，是他在一位企業掠奪者崩潰時救起來的公司。他擔任該公司的董事長到2010年底，才卸任為非執行董事。現在的他以七十六歲高齡，仍然透過在澳洲股票交易所上市的商業投資公司（Mercantile Investment Company），繼續挖掘價值遭到隱藏的公司，而且不時捲起千層雪。

反向價值的投資策略

布來爾利的操作手法就是尋找業務陷入低潮、估值也同樣陷入低潮的股票。他對奧塔哥農民公司的投資、對南十字星公司的下注、打進澳洲糧食與農業產業，以及收購股權法律公司，都莫不如此。都是在價值低估股票最低點時投資，預期業務狀況會好轉，價值也會跟著翻升。葛拉漢所教導的是，價值投資預期股價在短期內會偏離真值，但長期會回歸真值。葛

拉漢提出的更深刻教訓是：價值也會波動。我們犯的錯誤是檢視一檔股票的財報、分析其基本表現，從而認為走勢會延續下去。葛拉漢的觀點由財務行為專家戴邦特和泰勒重新發現，再由賴康尼秀等學者確認，葛拉漢認定：天真推斷的衝動，使我們對熱門股付出過高股價（對好公司付出高價），卻規避價值股（對壞公司給予低估值）。所謂反向投資者的解決之道是同時預期基本面和價值面的回歸平均數。這種策略是否勝過只看股價的簡單價值型投資策略？

賴康尼秀等人檢驗了這種所謂的反向價值型策略，分析歷來基本面不佳、估值低落且預期表現持續不振股票的報酬率。發現反向價值型策略的確勝過簡單價值型策略，後者只檢視股票是否價值低估，不考量企業歷來的表現。賴康尼秀等人根據兩個變數——歷來表現與預期未來表現——分析股票，測試反向投資策略。他們把所有股票分成三個投資組合：後段組30%，中段組40%及前段組30%，熱門股投資組合包含歷史成長率最高的股票，根據賴康尼秀的定義，這種股票的銷售成長率最高，因為盈餘與現金流量都可能變成負成長，銷售額不會負成長，除非碰到非常罕見的狀況，而且這種股票根據股價淨值比、現金流量與盈餘乘數決定的成長率也最高。反向價值股投資組合包括的股票則是銷售成長率最低，股價淨值比、現金流量與盈餘乘數成長率都最低的股票。這點表示，在反向價值

股投資組合中的股票，必然是歷來業務經營不善、價值低、低成長或負成長與低倍數的股票。這點有助於區分價值股和市場認定的「暫時性輸家」，即最近的過去創造高成長、但市場預期成長放慢、適用低倍數的股票。反之，熱門股也應該跟「暫時性贏家股」、即最近的過去成長低落，但市場預期會復原、以致適用高乘數的股票畫分開來。賴康尼秀等人測試每一種投資組合形成後五年的投資績效，表7.1所示為這項研究的結果。

表7.1　1963年至1990年間，反向價值股投資組合與熱門股投資組合五年平均累積報酬率（單位：％）

	熱門股投資組合五年平均累積報酬率	反向價值型投資組合五年平均累積報酬率	反向價值型與熱門股投資組合差距
股價淨值比與銷售成長率	84.2	161.8	77.6
股價現金流量比與銷售成長率	71.2	171.1	99.9
本益比與銷售成長率	67.4	171.6	104.2

　　表7.1顯示，這五年間，反向價值股投資組合的表現全面大幅領先熱門股投資組合，五年平均累積報酬率差距分別為104.2%與77.6%，差距極大，是令人很感興趣的發現。反向價

值股投資組合的股票都比熱門股投資組合便宜，基本面的吸引力也比熱門股投資組合差多了。我們可以檢視每一個投資組合成分股獲選前的歷史性表現，熱門股投資組合股票獲選前，業務成長率比反向價值股投資組合股票高多了。表7.2所示，是熱門股投資組合和反向價值股投資組合形成前的歲月中，各個投資組合的盈餘成長率、現金流量、銷售額和營業利潤。

　　表7.2顯示，熱門股獲選時，在每一個基本面因素上，吸引力都比反向價值股投資組合中的股票大多了。熱門股在每一種例子裡，銷售、盈餘、營業利潤和現金流量的成長率，都比類似的反向價值股投資組合股票快多了。表7.3顯示，熱門股投資組合股票也比反向價值股投資組合股票貴多了。

　　反向價值股投資組合中的股票，全都比類似的熱門股投資組合股票便宜多了，只有一點例外，利用股價淨值比與銷售成長率為基準、建構的反向價值股投資組合中的股票，在本益比方面，比類似的熱門股投資組合貴，原因可能是反向價值股投資組合的獲利能力極為柔弱無力，這種結果支持戴邦特與泰勒先前所發現：輸家投資組合（獲利三年下降者），表現優於贏家投資組合（三年獲利成長率最高者）。賴康尼秀等人的研究顯示，反向策略（積極發掘歷來表現不佳的價值低估公司）的表現，自然而然出現的問題是：反向價值股投資組合中表現不佳的價值股，績效是否會勝過擁有優良歷史記錄的高成長價值

表7.2 1963年至1990年間，反向價值股投資組合與熱門股投資組合
股票獲選前，基本面因素五年平均累積成長率（單位：％）

投資組合股票獲選前本益比與銷售成長率特徵		
	熱門股 投資組合	反向價值股 投資組合
盈餘成長率（％）	18.7	9.7
現金流量成長率（％）	18.1	7.4
銷售成長率（％）	15.2	2.5
營業利潤成長率（％）	18.2	5.9

投資組合股票獲選前股價淨值比與銷售成長率特徵		
	熱門股 投資組合	反向價值股投 資組合
盈餘成長率（％）	15.9	−6.7
現金流量成長率（％）	18.0	1.3
銷售成長率（％）	62.3	10.7
營業利潤成長率（％）	14.3	0.2

投資組合股票獲選前股價現金流量比與銷售成長率特徵		
	熱門股 投資組合	反向價值股投 資組合
盈餘成長率（％）	14.2	8.2
現金流量成長率（％）	20.5	4.7
銷售成長率（％）	11.2	1.3
營業利潤成長率（％）	15.9	−6.7

表7.3　1963年至1990年間，反向價值股投資組合與熱門股投資組合估值特徵

利用本益比與銷售成長率為標準選擇的投資組合特徵

	熱門股 投資組合	反向價值股 投資組合
本益比	19.6倍	6.5倍
股價現金流量比	10.8倍	3.7倍
股價銷售比	0.7倍	0.2倍
股價營業利潤比	6.3倍	2.3倍

利用股價淨值比與銷售成長率為標準選擇的投資組合特徵

	熱門股 投資組合	反向價值股 投資組合
本益比	17.2倍	38.5倍
股價現金流量比	9.5倍	6.3倍
股價銷售比	0.7倍	0.2倍
股價營業利潤比	5.7倍	3.2倍

利用股價現金流量比與銷售成長率為標準選擇的投資組合特徵

	熱門股 投資組合	反向價值股 投資組合
本益比	18.5倍	8.8倍
股價現金流量比	12.5倍	3.6倍
股價銷售比	0.9倍	0.2倍
股價營業利潤比	7.2倍	2.2倍

股。表7.4會列出結果。

表7.4　1963年至1990年間，「高成長」價值股投資組合與反向價值
股投資組合五年平均累積成長率（單位：％）

	高成長價值股 五年平均累積 成長率	反向價值股 五年平均累積 成長率	兩者差距
股價淨值比與 銷售成長率	117.1	161.8	44.7
股價現金流量比與 銷售成長率	116.3	171.1	54.8
本益比與 銷售成長率	136.5	171.6	35.1

　　表7.4顯示，反向價值股投資組合的表現，全面勝過類似
的高成長價值股投資組合，但是請注意，高成長價值股投資組
合的績效，也勝過表7.1中類似的熱門股投資組合。表7.5顯
示，高成長價值股投資組合中的股票獲選時，在基本面上，吸
引力遠比類似的反向價值股投資組合高。

　　高成長價值股投資組合在每一個項目上，都比反向價值股
投資組合有吸引力，表7.6所示，是為每一種高成長和反向投
資組合所支付的盈餘、現金流量、銷售額和營業利潤比率。請
注意，這些倍數大致都相當。

表7.5　1963年至1990年間，反向價值股投資組合與「高成長」價值股投資組合五年平均累積成長率（單位：%）

投資組合股票獲選前本益比與銷售成長率特徵

	高成長價值股 投資組合	反向價值股 投資組合
盈餘成長率	16.9	9.7
現金流量成長率	16.3	7.4
銷售成長率	13.9	2.5
營業利潤成長率	16.0	5.9

投資組合股票獲選前股價淨值比與銷售成長率特徵

	高成長價值股 投資組合	反向價值股 投資組合
盈餘成長率	6.8	−6.7
現金流量成長率	4.0	1.3
銷售成長率	60.3	10.7
營業利潤成長率	0.4	0.2

投資組合股票獲選前股價現金流量比與銷售成長率特徵

	高成長價值股 投資組合	反向價值股 投資組合
盈餘成長率	14.3	8.2
現金流量成長率	14.0	4.7
銷售成長率	10.6	1.3
營業利潤成長率	11.8	−6.7

表7.6 1963年至1990年間，反向價值股投資組合與「高成長」價值
股投資組合估值特徵

利用本益比與銷售成長率為標準選擇的投資組合特徵

	高成長價值股 投資組合	反向價值股 投資組合
本益比	6.3倍	6.5倍
股價現金流量比	3.9倍	3.7倍
股價銷售比	0.3倍	0.2倍
股價營業利潤比	2.2倍	2.3倍

利用股價淨值比與銷售成長率為標準選擇的投資組合特徵

	高成長價值股 投資組合	反向價值股 投資組合
本益比	8.7倍	38.5倍
股價現金流量比	4.0倍	6.3倍
股價銷售比	0.2倍	0.2倍
股價營業利潤比	2.1倍	3.2倍

利用股價現金流量比與銷售成長率為標準選擇的投資組合特徵

	高成長價值股 投資組合	反向價值股 投資組合
本益比	7.0倍	8.8倍
股價現金流量比	3.5倍	3.6倍
股價銷售比	0.2倍	0.2倍
股價營業利潤比	2.1倍	2.2倍

但令人驚異的是，高成長價值股投資組合和反向價值股投資組合所包含的股票，大致以相同的股價與價值比率交易，在某些情況中，高成長價值股投資組合中的股票比反向價值股投資組合中的股票還便宜，但是反向價值股投資組合所創造的報酬率，卻全面勝過高成長價值股投資組合。

　　這些結果確立了兩件事，第一、建構投資組合時，估值比成長重要，便宜、低成長的投資組合有系統地大幅勝過昂貴的高成長投資組合。第二、比較違反直覺的發現是，即使在價值股投資組合中，高成長還是會造成低績效，低成長或無成長會帶來優異績效。這是十分美好的發現，我們根據直覺，受到高成長吸引，會假設高成長價值股是能夠平價取得的優質股票，然而，資料卻顯示，低成長或無成長價值股是比較好的選擇，看來股票的樣子愈醜陋，報酬率會愈高，即使估值相當，也是這樣。

　　在股價低於清算價值的股票中，也可以看到這種違反直覺的情形，請回想一下，歐本海默曾經測試兩種流動資產淨值股票投資組合的績效，其中一個投資組合只包含前一年有獲利的股票，另一個投資組合只包含前一年營運虧損的股票，[46] 結果他發現，包含營運虧損股票的投資組合，表現通常勝過獲利股票的投資組合。表7.7所示，是歐本海默研究獲利和虧損淨流動資產價值股票到1983年、加上我們把他的研究更新到2010年的結果。[47]

表7.7　1970年至2010年間，獲利與虧損淨流動資產價值投資組合平均年度報酬率（單位：%）

	獲利淨流動 資產價值股票 平均度報酬率年	虧損淨流動 資產價值股票 平均年度報酬率	兩者差距
1970年至1983年	33.1	36.2	3.1
1983年至2010年	26.2	49.0	12.8

　　歐本海默也發現，獲利且配發股息的股票創造的報酬率，低於不配發股息的獲利股票，表7.8所示，是歐本海默研究到1983年的結果，以及我們把他的研究更新到2010年的結果。

表7.8　1970年至2010年間，獲利且配發股息淨流動資產價值股投資組合與不配發股息淨流動資產價值股投資組合平均年度報酬率（單位：%）

	獲利且配息 淨流動資產股 投資組合平均 年度報酬率	獲利但不配息 淨流動資產股 投資組合平均 年度報酬率	兩者差距
1970年至1983年	27.0	40.6	13.6
1983年至2010年	19.3	33.2	13.9

　　表7.7與7.8顯示，我們的研究支持歐本海默的結論，就是獲利的淨流動資產價值股績效大幅落後虧損的淨流動資產價值

股，獲利且配息的淨流動資產價值股，績效大幅落後獲利但不配息的淨流動資產價值股。這些發現導致歐本海默斷定，只選擇獲利股票或獲利且配息股票對投資人「無濟於事」，但是，他可能低估了這種狀況，我們要說，除了注意虧損股票和不配息股票經過波動性調整的報酬率較低之外，顯然最醜陋的股票會創造最高的報酬率。[48]

　　這些發現似乎都指向直覺有多不可靠，這種情形在有關價值投資的文獻中也一再出現。彼得斯（Tom Peters）1982年出版、號稱史上最佳商業書籍的暢銷書《追求卓越》（*In Search of Excellence*）[49] 是個顯例。[50] 他把獲利能力與成長等財務表現傑出的公司，定位為卓越企業，並認為這些公司的這些特性，可以作為大家追求卓越的藍圖。[51] 這些財務特性包括資產成長率、資本報酬率、銷售報酬率等指標。1987年，彼得斯的書出版五年後，蜜雪兒‧克萊嫚（Michelle Clayman）對他所定位的36家卓越公司中，仍然以獨立、公開上市股票形式存在的29家公司，進行研究，[52] 發現這些卓越公司的股票，在成長率、股東權益報酬率和資本報酬率方面，大都下滑。其中86%的公司資產成長率下降，83%的資本報酬率下降，83%的銷售報酬率下降。29家公司中，只有3家在這三方面成長。按照彼得斯的衡量標準，這些公司大部分都不再卓越。克萊嫚把這些公司的衰落，「歸因於回歸平均數這種自然現象。也就

是說，團體成員的性質會趨向整個團體的平均值，因為經濟力量通常會把一切都推向均衡」。[53]

在財務天地中，研究專家已經證明，股東權益報酬率通常會回歸平均數，經濟理論也顯示，提供高報酬率的市場會吸引新人加入，從而漸漸把報酬率拉下來，拉到市場的一般水準上。

彼得斯的29家卓越公司中，有18家（將近三分之二）的表現低於S&P 500指數，有11家超過。其中有19%的公司股價淨值比下降。不過，彼德斯所說的公司如果是一個投資組合，那麼這個投資組合每年的績效都比S&P 500指數高出1%，相當可觀。克萊嫚認為「大部分卓越公司表現不佳，是因為市場高估這些公司的未來成長率和股東權益報酬率，因而股價淨值比遭到高估」。[54] 克萊嫚用彼德斯的衡量標準，試圖建構「淒慘公司」投資組合，她從S&P 500指數成分股中，選出一個不卓越公司的投資組合，其中每一項衡量標準的排序，都在標準普爾五百大公司中的末段三分之一。表7.9所示，是彼得斯卓越公司和克萊嫚不卓越公司的財務特性比較，彼得斯的公司在每一項指標中都比較具有有吸引力，只有在估值方面例外。

表7.9　1976年至1980年間，彼得斯的「卓越公司」和克萊嫚的「不卓越公司」五年平均財務特性（單位：%）

	卓越公司	不卓越公司
資產成長率	21.78	5.93
淨值成長率	18.43	3.76
股價淨值比	2.46	0.62
平均資本報酬率	16.04	4.88
平均股東權益報酬率	19.05	7.09
平均銷售報酬率	8.62	2.49

　　我們也許會直覺認為，彼得斯的卓越公司表現會優於克萊嫚的不卓越公司，但情況並非如此。這39家不卓越的公司中，有25家的表現超過S&P 500指數，14家沒有超過。然而，如果當成投資組合來看，那麼不卓越公司的表現遠遠超過大盤，每年的超額報酬率達到驚人的12.4%。

　　這些不卓越公司的優異股價表現，並非出於基本面的改善。這些不卓越公司和彼得斯的卓越公司一樣，平均營運表現都下滑，只是程度不如前者。這些不卓越公司中，67%的資產成長率下滑，51%的資本報酬率下降，51%的股東權益報酬率下降，56%的平均銷售報酬率下降。令人驚訝的是，經過五年後，彼得斯的卓越公司在基本面上仍然比克萊嫚的不卓越公

司吸引人，特別的是，不卓越公司中只有3家的股價淨值比下降，也就是說，39家這種公司中，有36家市場價值上升，使這個投資組合的平均價值提升58%，成為回歸平均數的明顯例子。克萊嫚斷定，「證據顯示低股價淨值比會隨著時間過去而走高。因此，財務分析師要估計投資報酬率時，眼光必須超越現有和歷史性財務與行為特性」。[55]

隨著時間過去，公司的獲利會回歸平均數，因為基本經濟力量會吸引新人打進有吸引力的市場，鼓勵參與者離開報酬率低落的事業。由於這種趨向，過去表現「優異的」公司可能變成差勁的投資標的，「差勁的」公司將來往往能提供極佳的投資報酬率。「好」公司表現不佳，是因為市場高估它的未來成長和股票未來的報酬率，以致賦予股票高估的股價淨值比；「壞」公司的情況正好相反。

但這項研究並未就此結束。1994年，克萊嫚重新回到初始的研究，根據相同的財務衡量指標篩選，然後把S&P 500指數的五百家公司分為十等份，這種做法較彼得斯的臨時選擇公司名單更有系統性。[56] 她把最高十分位的公司歸類為「優秀」，把最差十分位的公司歸類為「差勁」，發現1988年到1992年的五年期間，優秀公司投資組合年度報酬率為17%，勝

過差勁公司投資組合的11.2%。克萊嫚把兩者績效的差異歸因於這段期間對熱門股比較有利，對價值股比較不利，這種狀況並不尋常。只根據股價淨值比檢視各個十分位投資組合時，比較昂貴的高股價淨值比股票的年度平均報酬為14.3%，優於比較便宜的低股價淨值比股票，後者的年度平均報酬為12.6%。克萊嫚也指出「……即使優秀公司的平均股價淨值比在兩段期間之間降低，淨值較快速地成長，仍然表示股價表現不受影響」，這點也是不尋常的事情。[57] 值得注意的是，熱門股在這段期間裡的表現超越價值股，這種情況的確會定期出現，但不會持續或長期如此。另外，優異表現如果是出於淨值成長速度高於股價淨值比下降速度，也是異常且冒險的假設。比較傳統的看法是假設價值股的表現，會繼續優於熱門股，淨值成長速度不會高於股價淨值比的下降速度。先前的第一份研究報告符合既有的個體經濟理論，第二份研究報告卻不符合，顯示第一份研究報告較可能是正確的描述，第二次則屬異常。

這個問題在2013年解決。密蘇里州聖路易券商兼投資銀行史帝佛財務公司（Stifel Financial Corp）的巴利．巴尼斯特（Barry B.Bannister）針對1972年6月到2013年6月間，彼得斯的卓越公司和克萊嫚的不卓越公司進行評估後，[58] 發現整個期間裡，不卓越公司股票投資組合的平均報酬率為13.74%，高於卓越公司投資組合的9.77%，卓越公司投資組合的表現不僅

低於不卓越公司，而且低於整個市場大盤的10.59%。圖7.1顯示，1972年6月30日，分別把1千美元投資在不卓越公司和卓越公司投資組合中，到2013年6月30日的投資績效比較，圖中也附有S&P 500股價指數，作為參考標準。

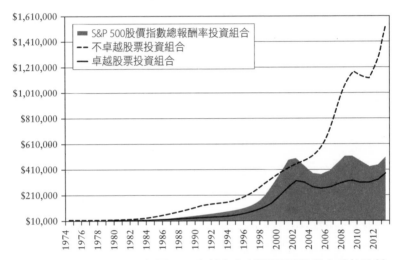

圖7.1　1972年至2013年間，不卓越與卓越股票投資組合績效比較

巴尼斯特發現，這四十年實驗期間裡，不卓越投資組合大部分年度（67%）的表現，都勝過卓越投資組合，即使經過波動性因素調整，不卓越投資組合的優勢仍然持續。此外，雖然我們可能認為，卓越投資組合的股票具有「防禦」性質，但即

使在所謂的「全球經濟困難」期間（巴尼斯特的定義是全球實質GDP成長低於整個特定期間的平均值），22家卓越投資組合公司中，也只有11家公司的股票表現優於不卓越投資組合股票，亦即只有50%的公司有這種表現。相形之下，在非全球經濟困難期間，17家不卓越投資組合公司中，有15家表現優於卓越投資組合，表現優於卓越投資組合公司者達88%。

　　圖7.2顯示，不卓越和卓越投資組合在全球經濟成長低於平均值時期的績效比較。

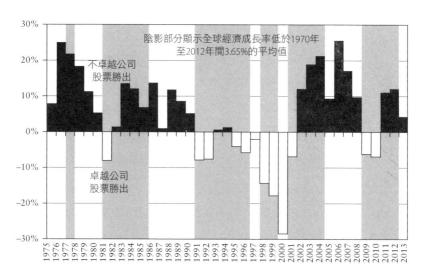

圖7.2　不卓越和卓越股票投資組合相對績效（1972年至2013年追溯三年年化報酬率）

巴尼斯特認為，不卓越投資組合表現一貫超越S&P 500指數和卓越投資組合，原因不難解釋：[59]

　　理論上，高報酬會引來新的競爭者、拉低獲利，差勁的報酬率會使競爭者退出，引進新的經營階層，或遭到競爭者或金融買家併購。

　　投資分析師必須衡量，良好財務指標是否會在股價上，遭到潛在下檔風險影響，出現折價。我們的結論是，經理人的「卓越」對投資人來說經常不適用。

　　巴尼斯特的結論是：如果有一套規律的價值型投資程序支持，從「過去財務指標落後的不卓越股票投資組合中，可以獲得長期的額外股票報酬率」。不卓越公司的業務回歸平均數時，股票就會有良好表現。

　　應該怎麼看待像「尊敬」這樣比較模糊的概念？丹尼斯·安金納（Deniz Anginer）和梅爾·史塔曼（Meir Statman）針對1983年到2007年期間，《財星雜誌》每年問卷調查結果列出的全美最受尊敬的公司進行研究。[60]《財星雜誌》自1983年起，每年都刊出公司聲譽調查結果。2007年3月刊出的調查包括62個產業別的587家公司，該雜誌向三千多位企業高層、董事及證券分析師發出調查問券，請他們就八項聲譽評量標準，

選出所屬行業的十大公司。八項評量標準包括：管理品質、產品與服務品質、創新能力、長期投資價值、財務健全度、吸引力、開發及留住人才的能力、對社區與環境的責任，以及善用公司資產。《財星雜誌》依據一家公司這八項評量標準的平均得分，為公司排序。安金納和史塔曼以《財星雜誌》的評價結果，分成兩個投資組合，各占所有受到評價公司的一半，前一半是受尊敬的投資組合，後一半為受鄙視的投資組合。兩人發現受鄙視投資組合公司的股票表現優於受尊敬公司，在整個抽樣期間，受鄙視投資組合的股票報酬率為每年18.3%，受尊敬投資組合平均年度報酬率為16.3%。而且，令人驚訝的是，尊敬程度跟績效不好有絕對關係，受尊敬程度上升，股票報酬率會跟著下降。例如，聲譽最差、最受鄙視的幾家公司股票年度報酬率為18.8%，名聲提高的公司年度報酬率卻只有13.2%，為什麼會這樣？如前所述，卡尼曼和特佛斯基發現，對一家公司產品的良好觀感，會使大家對該公司股票的觀感也很好。對公司尊敬也許是影響大家對其股票觀感的另一種方式。安金納和史塔曼只是看出這種現象的另一面，無論原因為何，看來受尊敬的公司就像熱門股一樣，股價會唱高，受鄙視的公司就像價值股一樣，會創造反向投資的機會。

另一項研究則是檢視標準普爾評等公司對股票的評級，這家具有一百五十年歷史的評等機構，[61] 以獲利能力和財務槓桿

等衡量標準，為股票分級，從最好的 A ＋級到最差的 D 級。這項研究列出了 1986 年到 1994 年所有等級股票的表現，圖 7.3 所示，是 1986 年到 1994 年間，每一組評等所賺到的年度報酬率。

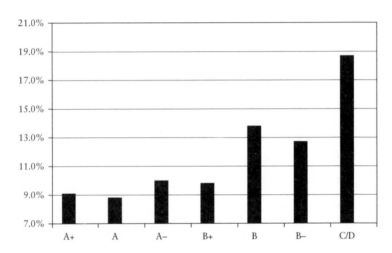

圖 7.3　標準普爾股票評等與報酬率比較（1986 年至 1994 年）

讀者現在可能已經知道，圖 7.3 顯示評等最低的股票報酬率最高，評等最高的股票報酬率最低。紐約大學史登商學所教授暨價值評估專家達摩達蘭（Aswath Damodaran）指出：「圖中評等較低的公司獲得較高的報酬率，可能反映投資人認為這些公司具有較高的風險，但是這樣卻顯示購買評等最高的公司、期望獲得較高報酬的投資人會極為失望。」[62]

這些研究在在指出，回歸平均數是一種普遍現象，我們直覺上卻不能認知這一點，我們未經訓練的直覺追求熱門股、高成長股、聲譽股、卓越股、Ａ＋股……但研究一再顯示，這種直覺會帶來不好的績效。以低廉的價格購買業務興隆、經營良好公司的股票，似乎更有道理。然而研究顯示，比較好的投資標的是包括價值股、受到鄙視、不卓越、評等Ｄ級的公司、虧損的淨流動資產價值股，而不包括比較好的公司。根據賴康尼秀等人的研究，比較好的價值股包括低成長或無成長的價值股，也就是他們所說的「反向價值」、我稱之為「深度超值」、醜中之醜的股票。有一件事非常清楚，就是從事價值或深度超值投資，是非常難以做到的事情，因為這樣不符合直覺、又違反直覺，要成為深度超值投資人，我們必須克服行為上的偏見。如果我們也落入其他投資人的行為偏見，我們要怎麼不受這種非理性之害、還從中獲利？

斷腿問題

大部分會淪落到價值過於低估、基本面微弱無力的股票，都是因為他們的前途看來很不確定，不是正在虧損，就是獲利微乎其微，就單獨個股來看，似乎不是良好的買進標的。

然而我們知道，這些股票合在一起後，卻能夠提供極佳的報酬率，長期績效會超越大盤，而且下跌的年數比大盤少。這是我們與生俱來的直覺所不及的地方。我們現在已經看到，不論我們受到多好的訓練，人類面對機率性、不確定性和隨機性的過程時，一定會出問題。面對不熟悉、需要直覺掌握機率、以便解決問題時，即使是最高明的投資人和行為財務專家，都會失手，如果只知道我們的判斷會受到本性影響，絲毫無助於解決問題，我們應該怎麼保護自己？從1950年代以來，社會科學家就拿傳統專家的預測能力，和所謂的統計預測規則比較，研究幾乎一致顯示，統計預測規則比最好的專家正確。1986年，這個領域的開創者保羅・米爾（Paul Meehl）說：[63]

> 社會科學中沒有什麼爭論像這個爭議一樣，大量優質的研究極為一致地指向同一方向……預測從足球賽結果到肝病診斷的各種事情都是這樣，如果你找不出幾個對臨床醫師稍稍有利的例子，就是讓人做出務實結論的時候了。

米爾的務實結論是：就廣泛的預測問題而言，統計預測規則（通常是非常簡單的模型）至少和人類專家一樣可靠，而且總是更可靠。大家現在極為廣泛的接受這種看法，稱之為預測模型金律。[64]

英國奧美集團（Ogilvy Group）是廣告商，其創始人大衛・歐格威（David Ogilvy）是廣告量化研究先驅。該集團副董事長羅伊・蘇德蘭（Roay Sutherland）自認專精於廣告行為經濟學的實務運用。他認為我們比較可能依循符合我們本性的簡單而絕對的規則（例如，「若 X，則 Y」），比較不會遵循需要持續發揮自律能力的深奧規則：[65]

> 我們想想一條約束自己喝酒的古老規則：每週喝酒最多不超過一定單位，這樣做需要不斷地警惕，且需要在喝到一半時停下來，但這種規則非常容易作弊：一個單位如果為 5% 酒精，但你很容易欺騙自己，把一杯 14.7% 酒精含量的 250 毫升的智利紅酒，說成是一個單位，實際上卻是三個單位。比我們高明的人也會這樣自我欺騙：大哲學家康德自我規定早餐後只抽一管菸草；他遵守這個規則，但他死後，他朋友發現他的菸斗都超過正常規格。

蘇德蘭的觀察也同樣適用於投資。價值型投資人依循的簡單算術是：如果市價等同或低於真值的某種折價就買進；如果市價等同或超過真值就賣出。葛拉漢購買淨流動資產價值股票的規則，就是這種簡單、清楚的投資策略，容易計算，有具體的適用規則。葛拉漢推薦這種方法時說，這是「萬無一

失的有系統投資方法——我要重申此法不是看個別結果，而是看可以期待的群體結果」。[66] 流動資產淨值的計算再簡單不過了：流動資產淨值等於流動資產減去負債。此外，這條規則也相當具體不過：如果市價是流動資產價值的三分之二以下就買進；買進後如果市價上漲了50%，或經過兩年就賣出，不論哪種情況，總之就是先發生、先適用。我們已經看到，流動資產淨值規則的報酬大到極點，問題是適用的股票相當有限，一般股市中，符合這種買進標準的股票很少。不過，我們無法具體適用這條規則，卻可以運用其精神。我們可以用任何方式計算真值，並依循同樣的規則，這是統計預測規則的根本，也就是嚴格遵守價值型投資哲學：只有在市價是真值的某種固定折價或更低時，才買進，否則略過；只有在市價等同或高於真正價值，才賣出，除非能預期會有更好的機會，才繼續持有。

投資人抗拒把統計預測規則運用在價值投資上的心性，十分根深蒂固。很多投資人想到要把投資決定的掌控權，交給一個統計模型，便會退避三舍，認為比較好的做法是利用統計預測規則的結果，但保留是否依照結果行事的空間。有些證據支持這種可能性，傳統投資專家如果獲得統計預測的結果，顯然能夠做出比較好的決定。但問題是他們的表現一直比不上完全依循統計預測規則的人。原因在於著名的「斷腿」問題：[67]

假設有一套精算公式，能夠準確預測一個人一週看電影的次數，但如果我們知道這個人是斷腿的人，則放棄這套公式才是正確的。

統計預測規則碰到斷腿問題便不準確，是因為特殊案例跟一般情況非常不同。這麼說來，傳統專家碰到特殊案例便捨棄統計預測規則，豈非反而有利？研究的發現卻非如此，事實上，專家預測的可靠性不如只依賴統計預測規則。統計預測規則是一種上限，專家無法踰越，並不是一種下限，可以任由專家隨意添加。[68] 原因是，如果規定專家依照統計預測規則行事，但又否決該規則時，他們會發現出現的斷腿比平常多。我們會抗拒統計預測規則的結論，是因為過於相信自己的主觀推理能力，進而相信我們預測的可靠性。這種情形環環相扣：我們對推理能力的信心，強化了我們對判斷的信心，我們的過度自信，鼓勵我們相信自己身心的可靠性。

葛拉漢在《證券分析》初版中提出警告，不要用低本益比之類價值衡量標準，隨便買進一籃子證券，卻沒有考慮從中出現的其他未知因素，葛拉漢表示：[69]

理論上，這些未知因素究竟是有利或不利，機率應該相同，因此長遠而言，應該會相互抵消。例如，我們會想到，

簡單的賺錢方式是從一般股票中，以市價買進一些目前獲利比率最大、賣出獲利比率最小者，理由是未來有利或有害的變化，在這兩種股票上發生的機會一樣，因此，獲利好的股票加在一起，應可維持整個獲利，未來的整體市場表現也會比較好。但是也有一種可能是，顯然吸引人的股票能夠以低價買進，是因為有些不利因素還沒有透露出來，但是跟發行公司有關係的人卻知道——反之，看來價格似乎高於相對價值的股票亦然。在投機的情況中，內線人士經常擁有這種優勢，可以使未來好壞變化相互抵銷的前提無效化，對不知道某些因素的分析師不利。

因此，健全的分析需要考慮更多的因素，還有什麼事情需要考慮？葛拉漢警告說：「這種考慮永無止境，因此務實的判斷必須決定整個過程要在哪裡止步。」[70] 我們現在應該認知葛拉漢所說「未知因素」是斷腿問題的例子。現代價值型投資人的一大挑戰是接近資訊的難易。投資人的傾向是在只需要正確資訊時，想利用所有的資訊。柯拉曼觀察到，有些投資人堅持「極力獲得相關投資的所有資訊，研究相關公司的一切，到知道所有事情為止」：[71]

他們研究整個產業及其競爭狀況，聯絡過去的員工、業

界分析師及顧問，結識公司最高經營階層。他們分析過去十年的財報，甚至更長期的股價走勢。

這種努力令人欽佩，但有兩個缺點。第一、不管研究的多徹底，總是會有一些漏掉的資訊；投資人必須學得安於資訊不完全的事實。第二，即使投資人知道了相關投資的所有事實，也不一定會獲利。

柯拉曼繼續說道，這樣不表示基本分析沒有用，「確實有用」，他又說：[72]

資訊通常依循眾所周知的80／20法則：最先蒐集到的80%資訊，是耗用最初20%的時間找到的。深度基本分析的價值會受到邊際報酬遞減律左右。

大部分投資人追求確定性和精確性的努力都會徒勞無功，也都會避免難以獲得資訊的狀況。但高度不確定和低價經常脣齒相依，不確定性解決時，價格可能已經上漲。

投資人經常因為靠著不夠圓滿的知識、做出投資決定而受惠，也因為承擔不確定的風險而受益。

其他投資人花時間解決最後一個找不到解答的細節時，可能因此錯過在資訊不完整的情況下，以極低價格買進，獲得安全邊際的機會。

反向價值型投資策略十分適用統計預測規則，這個策略所選擇的股票似乎都有問題，真值不確定，是因為真值的發掘，有賴於預期過去財報資料中不明顯的回歸平均數現象會出現。因此，我們必須依賴統計基本案例，發掘價值低估的虧損股票，仰賴這些股票回歸平均數的趨勢出現，自然地恢復到與其資產狀態相符的獲利能力的狀態。葛拉漢提到的淨流動資產價值股，但這一點適用所有深度超值股，而且指出「反對買進這種股票的原因在於盈餘很可能、或至少可能會下降，或是虧損會持續下去，資源會消失無蹤，真值最後會變成低於買進價格」。[73] 如前所述，這種憂慮在個別公司的層面上有某種正確性。孟帝爾在他的研究中發現，根據流動資產價值策略挑選出來的個股，資本永久虧損的可能性是一般股票的二・五倍。（孟帝爾發現，大約5%的流動資產淨值股票在單一年度裡，會下跌90%以上，只有2%的這種股票會出現類似的跌幅。）[74] 請回想一下，前面說過，在個股中成立的狀況，在整體股票中似乎並不成立。淨流動資產價值股票投資組合下跌的年數少於大盤（這種投資組合在二十三年的樣本期間，只有三年出現虧損，大盤卻出現六年的虧損）。[75] 這種策略不但在整個樣本期間績效較佳，而且虧損的年度也比較少，不過一般淨流動資產價值股票下跌到一蹶不振的可能性，比一般股票高出兩倍半，孟帝爾有關淨流動資產價值股票投資組合的發現，正代表一

般人對深度超值股票的態度。一般人面對兩種深度超值股票的投資選擇時——一種股票擁有偏高的銷售、盈餘和現金流量成長率，同時擁有優異的資產成長率、偏高的股東權益與資本報酬率；另一種股票卻是盈餘下降、銷售成長不振、無力創造現金流量、資產沒有成長、股東權益報酬率十分低落時——一般人都會選擇前者。但是這樣做並不聰明，高成長的價值股是裸鑽，另一種股票是明確的價值陷阱；價值的確低估，但很可能是很有道理的低估，我們已經知道，我們在這方面的直覺是錯的，我們忽略了價值低估股票的基本原因，沒有正確的考慮兩種股票回歸平均數的可能性。

這些偏見——忽略基本原因和回歸平均數——正是深度超值投資持續創造報酬率的重要原因。我們都知道，和大盤相比，深度超值股票投資組合大致能夠創造比較高的報酬率，虧損的年數比較少，但我們卻念念不忘深度超值個股比較可能碰到永久性的資本虧損，原因是連自認是價值型投資人的我們，都會受到認知偏誤和行為錯誤的拖累，我們偏好高成長的價值股，但研究清楚顯示，高成長價值股的表現不及低成長或無成長的價值股。達莫達蘭指出：[76]

買進經營良好的公司股票，期望公司獲利成長會帶動股價上漲的策略很危險，因為這種策略忽略了目前股價可能已

經反映公司和經營團隊的素質。如果目前的股價很適當（市場已經對公司的素質賦予溢價），那麼最大的危險在於即使公司繳出預期的成長成績單，假以時日，公司還是會失去現有的光環，造成溢價煙消雲散。如果市場誇大了公司的價值，即使公司繳出預期的成長成績單，這種策略仍然可能獲得差勁的報酬率。只有大盤低估了公司素質的價值，這種策略才有機會獲得超額報酬。

1934年，葛拉漢出版《證券分析》一書，這本著作出版四十多年後的1976年，他接受《財務分析師學報》專訪時，改變自己先前的立場，他對訪問他的人說，「他不再鼓吹以謹慎細密的分析技巧，發掘優異的價值型投資機會」，[77] 反而「要鼓吹以高度簡化的方式，只用一、兩個標準，判斷股價，確保完整的價值得以呈現，而且依賴其結果，判斷投資組合的績效——也就是判斷整體的結果，而不是判斷單一個股的期望值。」他說：[78]

我們所需要的是，第一、明確的買進規則：判定你能夠以低於真正價值的價格買進股票；第二、必須操作檔數夠多、足以從容操作的眾多股票；最後，是需要有非常明確的賣出指引。

葛拉漢在許多方面都是超越時代的領頭羊，主張採用聽起來像統計預測規則的指導原則。

　　擁抱深度超值型策略的投資人這樣做的目的，除了是要盡量追求報酬率之外，也要追求盡量發揮自己探求展望不佳、處在基本面最低潮、價值又低估股票的能力。他們珍視這些表面上沒有吸引力的股票，因為股東總是比較容易放棄可能淪為輸家的股權，即使研究清楚顯示這種股票表現優異，他們仍然如此。我們依據趨勢推斷直覺，使大部分投資人覺得企業成就會受回歸平均數影響的問題，變成深奧難解的現象。發生回歸平均數在統計上相當高的可能性（很可能發生的結果）、以及市場為股票定價時認為極不可能發生回歸平均數現象之間的不尋常反差，正是深度超值投資如此有利可圖、又如此有趣的原因。對大部分投資人來說，回歸平均數的細微處似乎就像棒球內野戰術。我們在後面幾章裡，要探討幾位高手認清回歸平均數的條件，運用深度超值策略從中獲利的例子。

第八章

上市公司爭奪戰
——企業暴力歷史

如果有人在另一個人的心裡，引發危險臨頭、必須設法逃走的感覺，如果這個人在這樣做時受傷，引發這種感覺的人必須為因此造成的傷害負責。

——柯爾律治（Lord Coleridge）首席大法官針對哈利代（Halliday，1889年）傷害案判決解釋文

Defenestration：名詞；扔出窗外，用力把人從窗戶丟出去。

——語源：出自拉丁語

布恩・皮肯斯（Thomas Boone Pickens,）說過，城市服務公司（Cities Service）是「大石油公司經營階層有問題的個案研究。」[1] 城市服務公司擁有數量驚人、高達一千萬英畝的探勘權租約，但是經過多年的經營失當後，公司龐大的油氣蘊藏量已經耗竭。又因為油價上漲，公司近十年的現金流量跟著水漲船高，巨額的現金流量把這些問題都遮蓋住了。然而，反映公司未來的股價卻因此嚴重低估。油氣工業其他公司的股價遠低於公司的證實蘊藏量，很多人開玩笑說，在華爾街鑽探石油比在油田還便宜，[2] 但是1982年時，沒有幾家石油公司股價低估的情況比城市服務公司還嚴重，城市服務的股價只有潛在資產價值的三分之一。[3] 城市服務對抗敵意併購的主要武器是龐大的規模，1982年時，城市服務是美國第十九大石油公司，在財星五百大企業中，排名第三十八。[4] 皮肯斯希望獵捕城市服務公司，但是城市服務的資產價值60億美元，是皮肯斯所創設梅薩石油公司（Mesa Petroleum）的六倍。

梅薩石油的慣用手法是買進較大石油公司的股權，再告訴他們如何提高公司的價值，封閉股票行情的折價。其他公司的經營階層通常會回答說，如果梅薩對他們公司經營不滿意，可以把手中的持股賣掉，皮肯斯把他們的回答比喻成「如果你不喜歡園丁除草的方式，就把你的房子賣掉」。[5] 1970年代末期，皮肯斯檢視油氣工業的情勢時，發現業界不乏經營不善、

價值低估的公司，皮肯斯在自傳中寫的話，聽來像葛拉漢的語氣：[6]

　　我對公司股價和資產潛在價值之間的關係深感興趣。包括若干經營階層在內的很多人，喜歡把股市看成是不理性的機制，我的分析正好相反，長期而言，市場反映經營階層利用公司資產的能力，因此，股價像報告卡一樣。梅薩的股票幾乎總是接近或高於資產的評估價值，繼續營業的公司股價至少要跟資產價值相當，如果經營階層善於經營，股價應該更高。如果公司經營階層不好，股價會遭殃，通常會遠低於評估價值。

　　他認為，油氣工業資本額過大，創造的現金流量多到公司無法好好利用，很多油氣公司都在坐吃山空蘊藏量，沒有補充。從1970年代初期到末期，油價上漲十倍，產業規模膨脹。[7] 然後，到了1970年代末期，就在利率和鑽探成本暴漲之際，石油消耗量下降，造成原油蘊藏量過剩。高油價和探勘開發支出減少後，油氣公司變成搖錢樹，搖出洪流般的自由現金流量。經營階層通常會浪費自由現金流量，用來併購不相干的產業公司，擴張到零售業、製造業、辦公室設備和礦業，[8] 這種併購案的結果通常都很悲慘。[9] 業界錯誤的資本配置規模龐

大，自然造成市場評估油氣股時，預期業者這種摧毀資本的情勢會延續下去，而且從1980年代初期的情況看來，情勢似乎可能如此，這種情形也為大型敵意併購案，創造了完美的綜合條件。梅薩追求城市服務會成為白熱化企業控制市場中的第一槍，也是油氣工業和其他工業公司中的第一槍。

油田出身的恐怖之王

　　小皮肯斯在石油業中成長，爸爸是地權經紀人，負責跟地主談判礦權，再轉給或賣給探勘礦產的第三人。他大學時主修地質學，1951年畢業後，開始在菲立普斯石油公司（Phillips Petroleum）當地質學家，菲立普斯石油是1917年由法蘭克‧菲立普斯（Frank Phillips）創設的公司，菲立普斯正是原始投機石油業者中的一員，專幹從已知油氣田中鑽探石油的事。皮肯斯上任時，菲立普斯石油是美國二十大石油公司之一，官僚氣息十分嚴重。皮肯斯先當現場地質學家，隨即晉升負責井位探勘工作。1954年，皮肯斯因為不滿大公司裡的官僚氣息，開始自立門戶，擔任獨立的地權經紀人，尋找願意轉讓礦權的人，也就是擁有採礦權、卻願意把自己的礦區，分租給願意鑽井的第三者。皮肯斯去找老東家菲立普斯石油公司，希望鑽探

一處由菲立普斯擁有的礦區，該區礦權即將到期且菲立普斯無意鑽探，得到菲立普斯的同意，然後，皮肯斯把權利賣給一位獨立石油業者，得到2千500美元的報酬。

皮肯斯完成第一筆交易後，繼續從事小型石油業者所做的典型業務，包括地質諮詢、承租礦權探勘與開發、建立分租結構和井位工作，一直到想到利用有限合夥，籌募外界資金，鑽探自己的油井為止。這家石油合夥把皮肯斯小小的顧問事業提升到新的層次，讓他能夠在1964年初，把有限合夥壯大為上市公司，名叫梅薩石油，這家公司吸引投資人的賣點是：變成上市公司股票後，股東會擁有公司每一口油井的權益，和原來的有限合夥擁有單一油井的權益相比，這樣可以提供更高的多元化和流動性。梅薩石油在1964年4月30日，以微型上市公司的身分誕生，事實上，公司的規模太小，小到只能在買賣最小型上市公司的店頭市場裡交易，因為公司只有二百三十九位股東，皮肯斯在擔任執行長兼總裁外，還要負責提供經紀服務，為買賣雙方撮合。這檔股票的平均交易價為6美元，上市第一年裡，公司只創造了150萬美元的營收，到1968年，年營收增為680萬美元，獲利150萬美元，股票改到美國證券交易所交易，平均股價為35美元，皮肯斯決定利用梅薩石油現在很有吸引力的股票作為籌碼，推動第一筆併購。

1968年初，皮肯斯開始分析哈格頓生產公司（Hugoton

Production Company），他會注意到哈格頓公司，是因為這家公司已經打消了好幾樁跟別家公司合併的企圖，哈格頓公司吸引皮肯斯的地方，是擁有的龐大天然氣蘊藏達到一・七兆立方英尺，遠高於梅薩石油的六百二十億立方英尺，但是哈格頓公司經營階層似乎正在以低於市場行情的價格，緩緩耗用天然氣蘊藏。問題在於哈格頓公司是由一家投資公司經營，這家叫作克拉克地產（Clarke Estates）的公司對清算公司比較感興趣，對發揮公司潛力比較不感興趣。皮肯斯認為，比較積極的經營可以比哈格頓公司的公司派，更能大力利用哈格頓的資產。皮肯斯邀請哈格頓公司總裁麥可・尼古拉斯（Mike Nicolais）共進中餐，提出併購的建議，尼古拉斯在餐會上吞吞吐吐，然後在一週後回電，否定皮肯斯的建議。皮肯斯不是這麼容易就打退堂鼓的人，雖然哈格頓比梅薩石油大多了，而且梅薩缺少資源，無法用現金併購哈格頓，皮肯斯卻認為，梅薩的股票對哈格頓的股東可能有吸引力。於是梅薩提議用1股新發行的特別股，換取1股哈格頓的普通股，梅薩的特別股在五年後，要轉換為1.8股的梅薩股票，同期間，每年要發放2.5美元的股息，比哈格頓發放的2美元股息高。皮肯斯計畫用哈格頓的股息，作為發放梅薩特別股的主要財源，不足部分由梅薩負責補足。皮肯斯賭天然氣合約和銷售改善，應該表示梅薩不必長期發放特別股股息，因為大部分特別股股東在股價上漲後，應該會把

特別股換為梅薩的普通股。梅薩石油在9月下旬，申報這項複雜的換股計畫，到10月中，已經吸進哈格頓17%的普通股，雖然不足以發揮控制權，卻像皮肯斯說的一樣，足以「激發怒火」。哈格頓的經營階層把話聽進去了，因而在10月下旬，宣布跟洛杉磯的白色騎士蘊藏油氣公司（Reserve Oil & Gas）合併。

哈格頓的公司章程規定，合併案需要三分之二的股東批准，梅薩持有17%的股權，還需要另外17%的股權，才能跨過34%的門檻，確保自己可以擋下蘊藏油氣公司的併購案，於是皮肯斯馬不停蹄，遊說哈格頓的股東，說梅薩是更好的併購夥伴。到要約收購結束時，梅薩控制了28%的哈格頓股權，皮肯斯有一個問題，梅薩可以借錢買進更多的哈格頓股票，卻沒有能力舉債太久。他跟尼古拉斯聯絡，告訴他自己考慮重開要約收購。尼古拉斯回答說：「我希望你這麼做。」[10] 他請皮肯斯給他一點時間思考一下，然後回電說：「請到紐約來，我們準備好要談條件了。」[11] 尼古拉斯敦促皮肯斯提高換股比率，把梅薩特別股轉換為普通股的換股比率從1.8股，提高為1.875股，皮肯斯「討價還價」，把特別股股息從每股2.5美元，砍成2.2美元。1969年4月，梅薩和哈格頓合併，梅薩為存續公司。對皮肯斯來說，這筆交易是分水嶺，把梅薩推升到大聯盟，擁有可以擴張的資產和資產負債表，讓皮肯斯得到迫切需要的交

易經驗，還預示了未來情勢的發展，因為皮肯斯已經下定決心，要把併購當成梅薩成長策略中的重要環節。

皮肯斯併購哈格頓後才八個月，就發現了第二個目標南方礦權公司（Southland Royalty Company），南方礦權公司擁有德州西部華德爾牧場（Waddell Ranch）大油田的多數礦權，1925年，海灣石油公司買下華德爾牧場五十年的租用權，在那裡生產石油，南方礦權坐收權利金，卻沒有花很多功夫在探勘上，反而把權利金分散投資在一些怪異的事業上，包括一家糖果公司，為南方礦權公司總裁鮑伯・凱因（Bob Cain）贏得「糖果」凱因的綽號。1960年代末期，海灣石油的租約接近期滿，華德爾牧場油井仍然繼續生產，整個油田還有超過一億桶的原油的存量，在租約結束後很久，還可以繼續開採。租約到期時，礦權要回歸南方礦權，使該公司變成業界最大獨立石油公司之一。

海灣石油的策略是在法院裡跟南方礦權對抗，雖然南方礦權的法律地位比較優越，公司規模卻小多了，海灣石油施加極大的壓力，希望把南方礦權公司逼上談判桌。海灣石油在對南方礦權提出告訴的同一天，吃下南方礦權12%的股權，意在告訴南方礦權公司，如果不肯談判，就要吃下該公司。皮肯斯認為，南方礦權處在「低估的情況下」，而且「即使官司輸給海灣，似乎仍是很好的交易」，[12] 因此，皮肯斯接觸海灣石油，

洽談南方礦權的問題。海灣石油買下南方礦權12%的股權後，知道持有南方股權對自己的訴訟可能有害，因此，現在急於出脫，事實上，海灣石油甚至急到借錢給皮肯斯，讓皮肯斯買下這些股票，皮肯斯立刻照單全收。梅薩現在在門口站定腳跟了，就在1969年耶誕節後一天，向美國證管會申報，這個併購計畫像併購哈格頓的計畫一樣，是換股併購計畫，但是一些迫切的問題立刻就迎面而來，皮肯斯忽略了南方礦權內部人持有的巨量股權——公司董事會持有的普通股超過30%，而且準備上法院奮戰一番。他們聘請著名的併購辯護律師喬伊‧弗洛姆（Joe Flom），弗洛姆在法院裡，鎖定梅薩公司換股計畫的揭露問題，在德拉瓦州法院，擊敗梅薩，耽誤了梅薩向證管會申報換股併購的計畫。皮肯斯知道梅薩的追求不可能成功，因此，就在發動攻勢後四個月內停止進攻，把股票在市場上賣掉，賺到一筆小利，也學到好幾個寶貴的教訓：第一、換股併購計畫有實務上的困難，第二、連失敗的併購計畫都可以創造報酬率。

城市服務公司

1982年，梅薩持有價值10億美元的城市服務股票，皮肯斯計畫拿這些股票當作擔保品，另外舉債13億美元，以便用

來以每股45美元、即比36美元的當時行情溢價25%的價格，買下城市服務51%股權。他認為，即使付出可觀的溢價，每股45美元的城市服務仍然便宜。[13] 因為當時原油交易價高於每桶30美元，梅薩等於為城市服務的石油蘊藏量，付出每桶不到5美元的價格。皮肯斯正在為梅薩的融資方案進行最後修訂時，城市服務先發制人，放出梅薩打算併購該公司消息，宣布要併購梅薩。皮肯斯形容城市服務的反收購方案「從某個角度來看……是笑話」。[14] 城市服務提議以每股17美元收購，然而，當時梅薩的行情是16.75美元，城市服務的收購價只有區區1.5%的溢價。然而，城市服務的反收購卻讓皮肯斯在時機上，處在相當不利的地位上，要約收購法律規定，收購者為要約收購的股票付款前，必須有二十天的靜止期，城市服務因為先申報，因此有機會在梅薩能夠收購城市服務的股票前，先開始收購梅薩的股票。

皮肯斯的解決之道是所謂的「熊抱」，就是向城市服務公司的董事會、而非直接對股東，提出「友善的」收購建議，用意是在對董事會施壓，希望董事會回應。皮肯斯認為，此舉美妙之處是會激起媒體的報導，改變城市服務股東對梅薩石油的興趣，讓皮肯斯有更多的時間，安排要約收購所需的資金。皮肯斯打電話給城市服務董事長查爾斯．懷德利克（Charles Waidelich），告訴他梅薩準備提出以每股50美元收購的建議，

懷德利克對皮肯斯解釋說，城市服務不感興趣，他甚至不打算讓其他董事知道皮肯斯的建議。但是不要緊，這通電話達成了皮肯斯的目的，就是可以用來告訴城市服務的股東，知道梅薩仍然在繼續努力。

皮肯斯和他的團隊緊急安排出資夥伴和借貸方案，他的訴求是，梅薩和出資夥伴併購城市服務，等於是用每桶5美元的價格，購買每桶成本15美元的石油，而且希望出資的夥伴不必先拿錢出來，只要股東應約拿出股票、這項併購案應該確定會成功時，同意購買就可以了。皮肯斯的訴求很有吸引力，但是因為城市服務提出的收購案壓在這幫人頭上，皮肯斯發現事情很難推展，也發現很多人對梅薩的提議有興趣，卻沒有人願意肯定承諾。接著，到了6月17日星期四，海灣石油公司宣布要以每股63美元，收購城市服務的所有普通股，海灣的出價比梅薩幾乎多了20美元，接近併購案提出前行情的兩倍。海灣的宣布也包括一項重要細節，就是城市服務公司的董事會已經同意接受海灣的建議。皮肯斯喜出望外，因為海灣的建議實在太好了，梅薩不能取得城市服務的控制權，卻可以靠著持有的城市服務公司龐大部位，迅速實現7千萬美元的獲利。然而，皮肯斯知道城市服務併購梅薩的案子仍然有效時，心情由喜轉悲。梅薩的律師接觸城市服務的律師時，得知一個壞消息，就是城市服務只有在梅薩以成本價，把股票賣回給城市

服務，抹煞梅薩的任何獲利機會時，城市服務才會放棄收購案。皮肯斯十分氣憤，打電話給海灣石油的執行長吉米・李（Jimmy Lee），問他是否知悉城市服務的建議，吉米・李告訴皮肯斯，說他一無所知，也告訴皮肯斯，海灣以每股63美元併購城市服務的案子讓海灣手頭很緊，因此對梅薩沒有興趣。皮肯斯告知吉米・李，說如果城市服務不聽勸阻、不肯放棄併購梅薩的案子，他會設法破壞海灣收購城市服務的案子。兩人談話後不久，城市服務的律師回電，提議以每股55美元，也就是比海灣的出價少8美元的價格，買回梅薩的部位。皮肯斯知道海灣的併購案搖搖欲墜，就接受了這項建議。扣除成本後，梅薩靠著城市服務的部位，賺到3千萬美元，獲得25%的報酬率，不是皮肯斯期望的巨額利潤，但對他花在這個案子上的時間來說，卻是確確實實的報酬。六星期後，海灣撤回併購城市服務的案子，城市服務的股價暴跌到30美元出頭，比併購案提出前的行情還低，有效的展示了控制權之爭的價值。

皮肯斯在爭逐城市服務公司後，又試著對一些價值低估的石油公司動手，還在另外幾次競爭中，躲在暗處，但是在每一個案例中，他都只是「找機會賺錢的投資人」，[15] 而且是利用石油工業的調整賺錢。所有這些比較小的交易，都只是為「首要大事暖身」。[16] 他的下一個交易會變成他併購生涯中最轟動的案子，他認為，這個案子會改變「併購案的全部動力，變成

併購史上的里程碑。」[17] 這件案例也是皮肯斯首次向大家明示不是要爭取控制權，而是要藉著促成目標公司調整、改造，或激發其他競爭者提出比梅薩石油還高的價碼，加碼競爭，以便提高股價。城市服務的經驗已經讓梅薩做好準備，歡迎特別的事情，下一個行動達成了這種承諾。

海灣石油

梅薩石油突擊規模比自己大二十倍的石油巨擘海灣石油，是1980年代併購競爭的代表作。到當時為止，梅薩的出價是歷來最大的企業併購案，顯示純靠規模，已經不足以保障根深蒂固又績效低落的公司。海灣石油的資產價值200億美元，從300億美元的年營收中，賺到65億美元的利潤，和70億美元的總市值相比，本益比只略高於一，價值甚至比城市服務還低估。一般認為，這種情形確有道理，因為巨大的規模可以保護海灣石油，不會遭到敵意併購，不會受到企業掠奪者危害，因此，股價不含併購溢價。分析師認為，打海灣石油的主意風險很高，皮肯斯卻認為巨額的折價限制了他的下檔風險，而且可能提供非常優異的報酬率。「在價格暴跌和供應過剩時」，海灣身為深度超值的上市公司，「風險比探勘油氣還低」。[18] 問題在於如何在大石油公司已經「低估五十年」的情況下，讓市場認識一家石油巨擘的潛在價值。[19]

皮肯斯的計畫不是要真的併購海灣，而是希望海灣用買回股票或改組為權利金信託的方式，推動調整改造，變成比較具有租稅效益、又是大多數油氣公司採用的公司形式，把現金流量直接輸送給股東。摩根士丹利公司為梅薩石油準備了一份詳細的說明，顯示權利金信託可以提高大石油公司的價值，最多可以提高50%，皮肯斯希望，如果海灣採行權利金信託結構，應該會大幅提高所有股東的價值，股價應該會跟進上漲。他在自傳中寫道，他認為海灣需要調整結構是不辯自明的事情，這樣會創造大量現金流量，但是再投資的展望不佳，現在應該找出方法，把多餘的資本還給股東。

皮肯斯考慮另外好幾個目標，卻一再回到海灣公司上面，海灣資本過高，投資報酬率低落，這兩點都是業界的特徵，重要的是，海灣的股價只是真值的一小部分；海灣每年創造30億美元的強大現金流量，發放大量的股息，事實上，股息大到梅薩持有的海灣持股可能呈現小小的正值，這點表示，如果海灣不減少股息，梅薩可以無限期持有海灣的股票。皮肯斯估計，光是海灣的基本資產，就有每股100美元的價值。這檔股票的空前最高價為1983年中的53美元，當時卻無力地在30美元出頭的地方盤旋，毫無走高的可能。從皮肯斯的角度來看，重要的是海灣的經營階層名聲很差，在1970年代，已經因為一系列的弊案和重大錯誤，變成笑柄，1982年時，又因為從

城市服務公司併購案中縮手，嚴重傷害很多投資人，抹煞專業投資圈對該公司僅存的任何善意。和梅薩相比，海灣雖然龐大之至，卻是深度超值併購目標的縮影，下檔風險有限，上檔利潤龐大。

　　到1983年9月，梅薩已經動用3億5千萬美元，買進850萬股，取得海灣石油4.9%股權，只略低於必須向證管會申報、也必須向市場揭露持股的5%（大股東）門檻。[20] 等到梅薩10月向證管會申報時，梅薩已經持有1千450萬股，占海灣股權的將近9%，買進成本為6億3千800萬美元。梅薩申報一份Schedule 13G，顯示這些持股是被動投資，但是，梅薩敵意併購者的名聲造成海灣公司派恐慌，董事會宣布要在12月舉行臨時股東會，計畫修改公司章程和實施細則，取消好幾項股東權利，同時把公司登記地點，從賓州搬到對現有公司派比較友善的德拉瓦州。皮肯斯繼續買進，到10月底，已經持有11%的海灣普通股。10月31日，梅薩宣布有意推動委託書大戰，阻止公司更改登記地點。[21] 皮肯斯在臨時股東會召開前，努力在新聞界和海灣的大型機構股東委員會上，鼓吹權利金信託構想的好處，主張權利金信託是海灣公司把龐大現金分享給股東的最有效方法，公司派為了阻止市場派股東推行這種概念，因而取消股東權利和重新登記，根本毫無道理。很多股東擔心梅薩想要推動綠色勒贖，因此，到了11月，皮肯斯召開記者

會，清楚表明梅薩打算「在平等的基礎上，和所有海灣的股東合作，參與增強海灣股票價值的行動。」[22] 梅薩沒有推動綠色勒贖，皮肯斯在推銷權利金信託構想方面，也碰到困難，大家把這種構想誤解為清算公司的方法。皮肯斯指出海灣從1971年起，就沒有補充過自己的石油蘊藏量，因此已經處在清算狀態中。[23]

到12月10日股東會舉行時，梅薩一共持有12%的海灣石油公司普通股。海灣的執行長吉米・李站在講台上宣布股東會開會時，譴責皮肯斯是「鯊魚」，「一向採用打帶跑戰術」，而且權利金信託會「摧殘公司，嚴重影響大多數股東利益。」[24] 他也說，梅薩為了支付權利金信託的費用，必須削減海灣的股息。李一說完後，皮肯斯被迫站在台下回應，卻利用機會，說出下面的話，把情勢轉為對自己有利：「我感謝你給我這個機會，跟海灣員工和股東站在相同的層級上說話，坦白說，這點是我覺得最自在的地方。」[25] 這些話引發群眾如雷的掌聲。大家等待股東會投票結果時——預期海灣四十萬個股東的委託書需要花好幾星期的時間計算——梅薩繼續買進海灣股票，把持股提高到2千170萬股，大約占海灣股權的13%。到12月底結果終於計算出來，海灣得到52%的贊成票險勝。

皮肯斯仍然相信海灣必須改造或賣掉，因此，梅薩繼續催逼，首先在1983年12月28日，發給海灣每一位董事一份五十

七頁文件，詳細說明把海灣改組為權利金信託的好處，海灣發了一份兩頁的簡短回應，駁斥這種構想。梅薩為了維持壓力，採用和爭奪城市服務公司時所用的相同戰術，在1984年1月下旬，宣布一項部分要約收購方案，計畫以每股65美元，至少收購1千350萬股海灣股票，海灣股票應聲從37美元，躍漲為62美元。3月5日正午，皮肯斯終於收到等待已久的消息：海灣宣布已經和加州標準石油公司洽談併購協議，加州標準石油要提出要約收購，要以每股80美元、總額132億美元的現金，收購海灣石油公司。股東如果批准這筆交易，梅薩的投資部門就可以從2千170萬股的海灣股票中，賺到7億6千萬美元的獲利。6月15日，海灣的股東在臨時股東會中，批准海灣和加州標準石油公司合併。以梅薩每股45美元的平均持股成本計算，加州標準每股80美元收購海灣的價格，代表梅薩將近10億美元的投資在不到一年裡，賺到80%的投資報酬率，就任何顯然失敗的收購行動而言，這都是驚人的報酬率。皮肯斯從自己的角度，在自傳中寫道「這是企業圓桌會議所說的攻擊」：[26]

從我的眼光來看，如果你像我們投資海灣的股票一樣，投資10億美元在一家公司的股票上時，你不是攻擊者，是非常大的股東。你應該享有股東所有的權利，包括跟公司派

公開對話，討論可能嘉惠所有股東的改革。我們並沒有要求什麼特別的東西，只希望談話。

海灣之役後，梅薩繼續嘗試改造大石油公司，針對菲立普斯和加州聯合石油（Unocal），推動敵意併購案。菲立普斯和加州聯合石油變更資本的做法——都是肇因於梅薩的壓力——結果為既有股東帶來龐大的利得。在這兩次戰役中，皮肯斯都沒有取得控制權，但是梅薩兩次都帶著可觀的報酬率離開。菲立普斯同意以買回38%自家股票的方式，進行改造，在短短三個月內，為梅薩帶來價值9千萬美元的40%利得。[27] 加州聯合石油同樣同意買回股票，為皮肯斯10億美元的部位，帶來8千300萬美元的獲利。[28] 在每一個案例中，目標公司也都提高現金股息、出售資產、並且在探勘和開發支出中，採行重大改革。業界和學術界逐漸接受皮肯斯所說油氣公司資本額太大、需要減少產能的論點。

資本配置與改造

皮肯斯努力推動改造，最後引導業界正確地聯合返還股本，變得更有效率。喬治·貝克（George Baker）和喬治·史

密斯（George Smith）在著作《新金融資本家》（*New Financial Capitalists*）中寫道，雖然皮肯斯和融資併購專家採用的結構不同，皮肯斯試圖實施權利金信託的做法，和融資併購一樣，達成了相同的目的：[29]

> 最後擁有包括石油蘊藏在內資產的公司，都必須舉借巨額債務，以便融通併購，他們總是需要巨額現金，付款給在競標導致股價推高期間以前的舊股東。這些款項是靠著清算準備金融通而來，因此，擔負和權利金信託大致相同的功能，這樣做的基本動機——把自由現金流量傳送給股東——和融資併購之類實現價值的另一種技巧相同。

因此，皮肯斯的權利金信託像融資併購一樣，只是解決麥可‧顏森（Michael C. Jensen）所說「自由現金流量代理成本」問題的另一種機制。[30] 顏森是經濟學家，深入研究過代理人理論，也是哈佛大學的名譽教授，主張過剩的自由現金流量，會在股東和經理人之間，為了配息政策，產生利益衝突。顏森說，問題在於如何激勵經理人「發放現金，而不是以低於資金成本的方式投資，或是浪費在組織的低效率上」，[31] 也就是浪費在大家委婉稱之為組織低效率的高薪和額外補貼上。顏森寫道，承諾提高配息還不夠，因為承諾日後可以背棄。解決

之道反而是債務，因為債務會迫使經理人，保證會發放未來的現金流量，減少經理人判斷可以動用現金流量的裁量空間，降低自由現金流量的代理成本。顏森把這一點稱為債務「控制假說」，債務會藉著降低公司派在配置自由現金流量時的裁量權，降低自由現金流量的代理成本，因為自由現金流量起初就在融資併購公司股東的指示下，分配到償還債務的用途上了。

顏森也主張「無法償還債務本息會造成威脅，這種威脅會變成有效的刺激力量，促使這種組織變得更有效能」。[32] 經理人會受到激勵，「克服組織中對緊縮開支的正常抗拒，發放自由現金流量經常必須先緊縮開支」。[33] 巴菲特比較不相信債務可以當成激勵工具，他在1990年〈董事長致股東的一封信〉中寫道，龐大的債務負擔會造成經理人「集中精力到前所未見的程度，非常像裝在汽車駕駛盤上的匕首，可以讓司機非常專心駕駛一樣」：[34]

我們承認，這種促進注意力集中的東西會促使司機非常警醒，但另一種確定的後果是：就算汽車撞上最小的坑洞或碎冰，都會變成致命而不必要的事故。企業之路上布滿坑坑洞洞；需要躲避所有坑洞的計畫是招徠災難的計畫。

皮肯斯採用權利金信託的構想，聰明地避開了融資併購中

在駕駛盤上裝匕首的狀況，同時消除了過量現金流量的誘惑。顏森提出自由現金流量的代理成本主張時，舉出兩項研究為例，這兩項研究發現，油氣工業在1970年代末期到1980年代初期，過度投資在探勘和開發上。在第一項研究中，研究人員檢視了油氣工業中的658家公司，發現1975年到1981年間，宣布增加探勘與開發支出的公司，股價都出現系統性的下跌，反之亦然。[35] 這種結果引入注目，因為產業公司宣布研發支出相對增加時，股票都會有明顯的正值報酬率，反之亦然。第二項研究探討三十大石油公司探勘與開發支出的實際報酬率，發現1982到1984年間，業界的投資賺到的稅前平均報酬率低於10%。[36] 顏森估計，這段期間裡，油氣工業未來投資的淨現金流量的淨現值比率，介於低檔的60%以下，到高檔的90%之間。這是普及整個業界的資本配置不當的現象，業內人士卻難以察覺，因為他們習於依據過去的投資步調運作。請回想一下，葛拉漢曾經形容跟經營階層來往是「自助」，而且覺得投資人應該是要對抗公司派的外人，因此，葛拉漢式的不速之客出面攪局，喚醒業界公司，指出業界全面資本配置錯誤現象的時機已經成熟。皮肯斯和梅薩出面扮演這種角色，從中賺到暴利，這種範例最後會在油氣工業之外，由其他投資人模仿複製，其中很多人是今天市場派投資人的開路先鋒。雖然皮肯斯是1980年代併購狂潮中的前鋒，卻不是第一個知道假裝併購

資本額過大企業，會促使公司派友善對待股東的人。

菸屁股波克夏公司

1962年，同為葛拉漢堅貞信徒的價值型投資人丹·柯文（Dan Cowin）提醒巴菲特，說麻州新貝德福有一家紡織公司（控股公司波克夏·哈薩威前身），交易價大約只有2千200萬美元流動資產淨值的三分之一，每股股價為19.46美元。[37] 巴菲特認為，自己可以收購這家公司後予以清算，或是在這家公司當時的總裁席伯利·史丹頓（Seabury Stanton）定期授權公司買回庫藏股時，把自己的部位賣還給公司。史丹頓有個習慣，每隔幾年，會動用沒有再投資在紡織廠的多餘現金，自我要約收購公司股票。巴菲特知道這一點，推想自己可以在史丹頓下次要約收購前買股票，再在公司宣布買回股票時，賣還公司。[38] 於是他的投資合夥組織開始在1962年12月12日，付出每股7.5美元的股價，買進2千股，開始吸納波克夏公司的股票。[39]

巴菲特請柯文負起布蘭德在他投資美國運通之役中的角色，負責蒐集有關的閒言閒語，結果柯文發現，波克夏董事奧帝斯·史丹頓跟哥哥席伯利有爭執，因為席伯利已經選定兒子傑克繼承他的總裁職位。[40] 奧帝斯覺得傑克無法勝任，而且無論如何，不打算把控制權讓給傑克，奧帝斯希望由波克夏員

工、負責製造的副總裁肯恩・蔡斯（Ken Chace），繼承席伯利的職位。哈佛大學畢業的席伯利從1934年起，就開始經營波克夏，認為自己是英雄，因為他「在景氣極差，展望極為不確定，其他人遲疑不決，不知道該不該把股東的錢，投資在新設備」時，投下數百萬美元，更新設備，拯救了公司。[41] 哈佛商學院的另一位畢業生、和肯恩・蔡斯沒有親戚關係的波克夏董事長梅爾肯・蔡斯（Malcolm Chase）有一個外甥，叫作尼古拉斯・布雷迪（Nicholas Brady），曾經以波克夏公司為題，撰寫學位論文，而且因為對研究結果極為沮喪，以致於把自己的股票賣掉，[42] 梅爾肯可能注意到外甥的論文，因為他拒絕贊同席伯利的現代化計畫。然而，席伯利所表現波克夏公司救主之姿的意識獲得最後勝利，因此，他繼續投資千百萬美元，全力推動波克夏的現代化。[43] 這個計畫沒有成功，因為紡織業不利的經濟因素壓倒了席伯利有限的經營管理能力，席伯利開始酗酒，柯文忠實地把這件事報告巴菲特。然而，席伯利仍然有著足夠的才能，能夠了解巴菲特是迫在眉睫的收購威脅。

席伯利為了應付巴菲特囤積的波克夏公司部位，推動多次買回公司股票的要約收購──巴菲特開始買進前曾考慮過的可能出脫之路。席伯利最新的要約收購把波克夏的股價推上9到10美元時，巴菲特決定前往新貝德福，去見席伯利，討論他的下一個要約收購計畫。巴菲特後來告訴他的傳記作者舒德，

說席伯利問道：「巴菲特先生，我們最近很可能要買回股票，你多少錢要賣？」[44]

——如果你要買回股票，我會在每股11.5美元的要約收購中賣股。
——好，你是否願意承諾如果我們實施要約收購，你會應約賣出？
——如果是在相當近期內實施，而不是二十年後實施，那就沒有問題。

　　會面之後不久，波克夏發了一封信給巴菲特和其他股東，提出以每股11.375美元的價格，收購所有應約賣出的股票。[45]這種價格比巴菲特和席伯利同意的價格少12.5美分，讓巴菲特大為光火，決定不把自己的部位賣回給席伯利和波克夏，反而要收購這家公司。

　　巴菲特聯絡奧帝斯·史丹頓，希望收購他的股票，奧帝斯同意在巴菲特對席伯利提出同樣建議的條件下，把自己的股票全部賣給巴菲特，巴菲特欣然同意。[46]奧帝斯的波克夏持股很多，把巴菲特的波克夏部位推升到49%，足以控制董事會，因而在1965年4月的波克夏臨時股東會中，當選董事。[47]一個月後，席伯利和兒子傑克在董事會中辭去董事職位時，巴菲特

獲選為董事長。《新貝德福標準時報》（*New Bedfond Standard-Times*）報導了這項收購案的詳情，巴菲特為了避免如同清算登普斯特工具製造公司時、觸怒比翠斯鎮民一樣，觸怒新貝德福的鎮民，就迅速對這家報紙保證他會經營波克夏公司，不會把公司清算掉，巴菲特後來談到波克夏時說：[48]

> 因此，我買下自己的菸屁股，還嘗試吸一口。你走在街上，看到一支雪茄菸蒂，覺得有點潮溼、噁心和討厭，但是雪茄菸蒂不要錢……而且可能還有一口可吸。波克夏沒有半口可吸，所以你含的是潮潮的菸屁股，1965年時，波克夏就是這樣，我有很多錢綁在這支菸屁股上，如果我從來沒有聽過波克夏，我應該會好過多了。

後來，巴菲特在1985年董事長致股東的一封信中寫到紡織業時，形容以商品為基礎、又有大量過剩產能的產業，類似1970年代的油氣工業，患了波及整個產業的資本配置錯誤流行病。巴菲特的投資眼光和正確的資本配置，讓波克夏避免在紡織本業中，投入大筆資本支出，「從標準的投資報酬率檢測來看，每家紡織業者當下都是贏家」，卻因為巴菲特描述的下述原因，提供的是「虛幻」的好處：[49]

我們有很多國內外競爭對手都提高同樣的支出，一旦這樣做的公司夠多，他們降低下來的成本會變成業界降價的基準。檢視個別公司時，每家公司的資本投資決定似乎都合乎成本效益又合理；整體檢視時，這些決定會彼此抵銷，又不合理（情形就像每一個看遊行的人認定如果自己踮起腳跟、會看得稍微清楚一樣）每一回合的投資後，所有參與者投入遊戲的錢都增加，報酬率還是微不足道，因此，我們會面臨悲慘的選擇：龐大的資本投資有助於維持我們的紡織事業存活，卻為我們不斷成長的資本帶來很可怕的報酬率。此外，投資之後，外國競爭仍然保有重大而持續的勞工成本優勢。然而，如果我們拒絕投資，我們會變得愈來愈沒有競爭力，即使從國內紡織業者的觀點來看，也是這樣。我總是認為，自己處在伍迪・艾倫在一部電影中所形容的處境中：「人類比歷史上的任何時間，都更接近交叉路口，其中一條路通往絕望和徹底的無望，另外一條通往完全滅絕。且讓我們祈禱自己有智慧，能夠做出正確的選擇。」

巴菲特的確逐步地清算波克夏的紡織事業。他取得控制權時，紡織是公司唯一的業務，巴菲特沒有只把資金繼續投資在紡織業中，而是改為引導原本應該投入庫存、應收帳款和固定資產的資金，投入保險資金之類展望比較好的地方，這個決

定和基於相同原因所做的其他決定，最後把波克夏變成投資巨擘，紡織業中沒有清算、決定堅持到底的同業競爭者處境艱難不好。1964年巴菲特取得波克夏的控制權時，伯靈頓工業公司（Burlington Industries）是美國最大的紡織業者，波克夏退出紡織業二十一年後，巴菲特寫道，伯靈頓的經驗很有「啟發性」：[50]

　　1964年時，伯靈頓的銷售額為12億美元，我們只有5千萬美元，伯靈頓的流通和生產能力很強，我們永遠無法望其項背，伯靈頓的盈餘記錄當然遠遠優於我們，1964年底時，伯靈頓的股價為60美元，我們的股價只有13美元。

　　伯靈頓做了堅守紡織業的決定，到了1985年，伯靈頓的銷售額大約為28億美元，1964年到1985年間，該公司大約投下30億美元的資本支出，遠超過所有美國紡織同行，以當年的60美元股價計算，每股資本支出超過200美元。我敢說，其中很大的部分，是用在成本改善和擴張。基於伯靈頓堅守紡織業的基本承諾，我也會猜測該公司的資本決定都相當理性。

　　然而，用實質美元計算，伯靈頓的銷售額已經減少，現在的銷售與股本報酬率遠低於二十年前。伯靈頓定期配息，但股息的購買力也已經大幅萎縮，對股東來說，這種毀滅

性的結果顯示，大部分腦力和精力用錯地方可能產生什麼後果。

巴菲特從波克夏紡織業務慘虧的經驗，得出下述結論：「如果你發現坐在長期漏水的船上，把精力用在換船上，可能比用在補漏上有用。」[51]

皮肯斯像巴菲特處理紡織工業一樣，不受油氣工業的再投資觀念拖累，看出配置資本、換取低於市場水準的投資報酬率，全屬徒勞無功，而且看出在沒有更好展望的情況下，實現報酬率的機會是把過剩的資本，重新引導到股東手中。皮肯斯因為自有的投資資金有限，必須依靠聰明才智，才能達成目的，這一點是企業控制權市場中的關鍵要素，在這個市場上，不同的經營團隊競爭經營企業的權利，股市藉著實現上市公司控制權的非自願性交換，為企業的公司派創造了一個競爭性的市場。皮肯斯從來沒有控制過一家大公司，也沒有說服過半家大公司，明確根據他的權利金信託觀念進行改造，但是他確實促成梅薩石油所關注的每家公司都推動改革。媒體界有很多人把他的攻勢，解讀為持著長矛，對著無懈可擊的風車，發動唐吉訶德式的攻擊，卻把他努力吸引大家注意價值嚴重低估、經營不善企業的做法，誤解為失敗的收購行動。然而，有些投資人確實注意到了，有什麼平台比廣受宣傳的委託書大戰和要約

收購，更能凸顯管理不善和真值低度利用，因而主張改革呢？他們就像油氣工業中的皮肯斯一樣，認為可以把企業控制權市場當成催化劑，引發自動改造，或是由其他產業比較大的企業收購。

一群所謂的「收購企業家」或「企業掠奪者」，看到投資人可以藉著掌握價值低估的股票部位，然後引發類似收購或清算之類的企業催化劑，從中獲得投資報酬，因而從1980年代開始騷擾上市公司。他們並非只是抱持雄心壯志而已，經常還會利用一長串的嚴重低估公司，以及火熱企業控制權市場提供的流動性，創造超高的報酬率。有的人試圖利用槓桿交易，併購整個公司，有些人試圖控制董事會，打算推動最後的清算或出售，還有一些人只想創造追逐控制權的幻象，希望讓一家上市公司「加入戰場」後，由另一位企業併購業者溢價收購。1987年，紐約股市大崩盤，把其中很多人清洗得一乾二淨，剩下的人到了1990年代初期，找不到夠多的價值低估公司，不能發揮所長，但是2000年的網路股泡沫破滅後，新一代的投資人出現，他們在資本額過大、股價低於清算價值、以及得到現金支持的一些科技公司中，找到肥沃的投資天地，企業掠奪者在消聲匿跡十多年後，第一次重回戰場，只是現在以市場派投資人的面貌出現，伊坎還是帶頭攻擊的隊長。

第九章

漢尼拔如何從勝利中獲利
——市場派投資東山再起

漢尼拔贏得戰役，卻一直不知道如何從勝利中獲益。
　　　　——《蒙田散文集》中引述的佩脫拉克第八十二
　　　　（八十三）首十四行詩

事實上，超現代理論通常只是在開棋期間，利用多少有點
新穎的戰術為媒介，把相同的舊原則付諸應用而已，基本
面沒有改變，改變得只是形式，而且這種變化並非總是最
好的改變。
　　　　——勞爾・卡帕布蘭卡（Jose Raul Capablanca），
　　　　《西洋棋基本面》〈人類下棋機器篇〉

對健臻公司（Genzyme Corporation）來說，2009年是可怕的一年，健臻公司設在麻州劍橋，是美國的生技製藥巨擘。問題起源於6月，該公司的歐斯頓蘭丁（Allston Landing）製藥廠爆發病毒汙染問題。[1] 美國食品藥物管理局早在當年2月，就警告過健臻公司，說這座工廠必須在5月前通過檢驗，作為批准待審新藥、治療罕見遺傳疾病龐貝氏症用藥葡萄糖苷酶（Lumizyme）程序的一環。因為爆發汙染問題，食品藥物管理局延後批准葡萄糖苷酶，下令這座工廠關閉，接受五個星期的檢驗，同時清除汙染。對健臻公司而言，汙染和延誤已經夠難堪，但是健臻公司的問題只是才剛剛開始而已。五週的關廠揭發了健臻公司最重要藥品的庫存程序問題，健臻公司庫存的救命良藥非常少，關廠造成嚴重的短缺。治療罕見遺傳疾病的雪瑞素（Cerezyme）和法布瑞酶（Fabrazyme）的庫存供應枯竭，病人沒有這種迫切需要的藥可用。以雪瑞素來說，健臻公司是罕病高雪氏症（Gaucher's disease）治療用藥雪瑞素的獨家供應商，這筆生意一年為健臻公司帶來12.5億美元的營收。[2] 為了確保供應，主管機關准許健臻公司的兩家競爭廠商，火速向市場供應替代雪瑞素的代用藥，健臻公司寶貴的壟斷地位就此打破，同時必須提列雪瑞素庫存價值的損失。[3] 病毒汙染的來源後來根本沒有找到。[4]

汙染的後遺症拖延到關廠結束之後，到了9月，食品藥物

管理局駁回健臻公司為白血病治療藥氯法拉濱（Clolar）的申請，到了11月，又駁回健臻公司的葡萄糖苷酶的申請，這個月裡，健臻公司也撤回第三種新藥的申請，因為這種腎臟病用藥沒有通過第三期的開發試驗。就在公司希望把自己歷來最嚴重的經營危機拋在腦後之際，卻又爆發更大規模的新汙染，醫生發現歐斯頓蘭丁廠出廠的若干藥瓶中，含有肉眼可見的碎屑，[5] 而且後來經過判定，發現這些東西是鋼鐵、橡膠和纖維碎屑，是老舊設備和鬆散製程造成的殘餘物質。[6] 新汙染影響健臻公司的五種藥品，也就是代表健臻公司46億美元年營收的將近一半。[7] 哥倫比亞廣播公司廣告專欄作家吉姆‧愛德華茲在《財經觀察》（*MoneyWatch*）節目中評論指出：「現在可以確定健臻公司需要動用成人監護了。」[8]

　　這些危機嚴重打擊健臻公司的業務，2009年1月，該公司預測這一年每股盈餘會有4.7美元，高於2008年的4.01美元。[9] 隨著汙染問題曝光、救命藥品供應枯竭，健臻公司被迫四度降低盈餘與營收預測，最後，公司宣布，預期2009年盈餘會比2008年大減43%，每股盈餘會降為2.27美元。[10] 健臻公司的股價遭到重擊，從每股80美元的高峰暴跌四成，跌到五年來最低價的48美元，在紐約證券交易所的Arca（群島）生技指數中，落後所有的大型生技公司對手，更遠不如此一生技股指數全年46%的漲幅。[11] 同時健臻公司的執行長亨利‧特密

爾（Henri Termeer）這一年非常好過，賺到3千500萬美元。[12] 財經網站 *TheStreet.com* 基於他的「驚天經營失當」，稱呼他為「2009年最差的生物科技業執行長」。[13]

股東的怒火顯而易見，多位股東宣稱，汙染、關廠和短缺，證明公司派忽視了健臻公司最重要的資產，在公司極為成功的罕見疾病用藥業務上的投資不足，還透過併購，分散投資到利潤比較差的其他事業上。[14] 桑福德伯恩斯坦公司（Sanford C. Bernstein & Company）一位生技業分析師說：「難怪原始的事業渴求資金，也難怪你會看到各式各樣的所有問題。」[15] 他說，健臻公司需要「新的公司派來扭轉方向，分拆已經變成集團企業的公司。」[16] 股東也抱怨公司的會計不透明，財報不符合標準。[17] 董事會的結構根本太親密、太被動、還遭到性格超強的特密爾脅迫，因為特密爾經營健臻公司長達二十五年，把公司從一無所有，拓展為銷售額46億美元的製藥業巨擘。[18] 公司創辦人謝利頓・史耐德呼籲特密爾辭職，特密爾置若罔聞，還告訴國家廣播公司商業台（CNBC），說沒有理由要他辭職，因為公司會「在2010年上半年復甦，股價會回到2008年的創記錄高峰」。[19] 路透社報導，一位持有五十萬股健臻股票的基金經理人說：「我和華爾街都認為，特密爾過去幾十年都經營不善，有一些投資人會歡迎公司派改組。」[20]

伊坎的生技分析師亞歷・鄧納（Alex Denner）追蹤健臻

公司多年。[21] 2007年時，伊坎持有健臻公司1%的被動部位，卻在股價高漲時出清。鄧納告訴伊坎，健臻公司值得他注意，因為健臻公司的業務經歷管理不善引發的一系列危機；董事會有著公司治理的問題；股東又覺得不滿意。健臻是多角化經營的公司，有很多繼續經營的事業部門，有些部門有價值，有些不太有價值，機會在於健臻公司價值低估的明珠、也就是獲利豐厚的罕見疾病用藥事業，只是這個部門藏在灰暗會計叢林中，周圍包著密封藥品和無關醫療產品事業構成的障礙。[22] 鄧納相信，雖然健臻公司併購來的這些部門可以創造20億美元的年營收，對獲利卻毫無貢獻。[23] 更糟糕的是，這些部門吸走罕見疾病用藥所需的資金。鄧納總結說：[24]

> 健臻公司養了一隻金鵝，你只要早上在金鵝前放一點草就夠了，可是他們甚至不肯這樣做。

至於特密爾，他告訴《富比世》雜誌，多角經營是生存和成長的必要因素，「這些商品獲利豐厚，（伊坎）在財報中可能看不出這一點，但是那些假設都不對」。[25]

鄧納說明健臻公司的情況時，伊坎連連逼問他：「製造部門多糟糕？食品藥物管理局是否可能生氣之至，以致於阻攔健臻公司很多年？國會在健保改革甚囂塵上的此刻，是否可能

限制健臻公司暢銷藥品的價格？」[26] 伊坎對自己得到的答案很滿意，斷定健臻公司的股價是「因為錯誤的原因」而下跌，[27] 近期的生產問題把投資人嚇壞了，他說：「但是長期而言，我相信其中幾乎沒有問題。此外，健臻公司還擁有別人不肯賦予價值的絕佳研發管道。」[28] 因此，伊坎決定承接股票，「我告訴鄧納，『這檔股票很好，這是我們的大好良機，你盡力去買吧。』」[29] 到2009年9月底的第三季，他已經花了7千300萬美元，買進150萬股的健臻公司，平均進價為50.47美元，這些持股只等於健臻公司股權的0.5%。伊坎繼續買進，到2009年底，他已經把持股提高到480萬股，占健臻公司股權的2%，仍然太少，不需要申報Schedule 13D，但是已經取得小小的優勢。

理想的產業

伊坎和鄧納在追逐健臻公司之前，就已經熟知生技產業，從2002年起，他鎖定英克隆系統公司（ImClone Systems），開始發動第一次戰役時，他就發現生技產業是令人愉快的狩獵場。當時食品藥物管理局駁回該公司治療大腸直腸癌用藥爾必得舒（Erbitux）的申請，結果英克隆的股價從74美元，崩

跌到15美元。伊坎因為跟英克隆創辦人和執行長薩姆爾・魏克索（Samuel D. Waksal）為舊識，從1995年起，就持有英克隆5.1%的被動部位。[30] 食品藥物管理局駁回爾必得舒，加上英克隆股價跌到18美元上下，促使伊坎向聯邦公平交易委員會和司法部申請，獲准把自己的英克隆持股提高到40%。[31] 英克隆的解讀是伊坎對爾必得舒投下支持票。

後來，英克隆爆發多位經理人在食品藥物管理局宣布消息前賣股的案子，魏克索也牽連在內，英克隆因此遭到集體訴訟的打擊，也成為眾多聯邦政府機構非正式調查的目標。[32] 魏克索和其他經理人最後被判定犯了內線交易罪，知名電視節目主持人瑪莎・史都華同遭判刑。於是，公司宣布任命臨時執行長，伊坎表示反對，公司也不顧伊坎的期望，尋求跟另一家公司合併。臨時執行長上任後不久，伊坎藉著申報Schedule 13D的機會，揭露自己持有價值3億9千50萬美元的部位，代表英克隆股權的13.8%，打算發動市場派奪權之戰。英克隆公司派在委託書大戰期間，抱怨伊坎阻止一項由其他公司提出、取決於伊坎接受與否的併購案，這項併購案的另一方出價為每股36美元，結果伊坎拒絕同意，認為他形容為「非競標」的標購者出價太低，又「高估」標購公司自己的股價。伊坎繼續施壓，到2006年10月，獲得提名，出任英克隆公司董事長，伊坎提名的另外四個人，包括鄧納在內，都出任董事。

2008年7月，必治妥施貴寶公司（Bristol–Myers Squibb）宣布以每股45美元，總價45億美元，收購英克隆，伊坎兩個月沒有理會這個案子，然後到了9月，終於回絕。雖然這個併購建議可以讓伊坎大約賺到買進價格80%的利潤，使他的持股價值7億美元，他卻宣稱，有一家他拒絕說出名字的大藥廠，出價每股70美元，條件是先要進行實地查核。[33] 9月22日，必治妥施貴寶為了因應，發函擔任英克隆董事長的伊坎，把出價提高，卻只提高到62美元，暗示該公司不是不相信伊坎，就是不重視那家不知名競標廠商。[34]（當時英克隆的股價為59.4美元，顯示市場認同必治妥施貴寶的看法。）[35] 信中除了寫出62美元的出價外，還威脅要發動委託書大戰，把伊坎和其他董事趕下台，或是提出要約收購，直接向英克隆股東收購股票。[36] 這兩招都是伊坎愛用的戰術，媒體沒有漏看伊坎覺得自作自受的那種諷刺意味。[37] 隔天伊坎用一封簡函回覆必治妥施貴寶，說因為有一家製藥大廠出的70美元高價在，而且這家大藥廠的實地查核在9月28日、也就是不到一星期後就可以完成，必治妥施貴寶62美元的敵意併購價實屬「荒唐」。[38] 英克隆所言不假，10月6日，英克隆宣布以每股70美元現金、總額65億美元的價格，併入禮來大藥廠（Eli Lilly）[39]。禮來大藥廠的出價代表比2006年的出價溢價34美元，比必治妥施貴寶的原始出價60美元溢價10美元，比該公司的要約收

購價溢價8美元。伊坎在宣布這筆交易的新聞稿中說:「我們覺得,跟禮來大藥廠的交易,證明我們反對前任董事會、主張以每股36美元上下、把公司賣掉的決定,確實有理。」[40] 以伊坎2006年2月申報的Schedule 13D為準來計算,禮來大藥廠的出價讓伊坎的英克隆部位得到109%的累積報酬率,也就是40%的年化報酬率。

　　伊坎在投資健臻公司前,就曾經投資一系列的生技公司,從此密切追蹤生技工業,經常在發給股東的文件中,強調他投資英克隆的成就。2006年的英克隆公司委託書大戰後,他的下一個目標是梅德明公司(MedImmune),這家公司在2007年,經過短期的抗拒後,以156億美元的價格,賣給阿斯特捷利康公司(AstraZeneca)。2008年3月,伊坎曾經挑戰安容製藥公司(Enzon Pharmaceuticals),當年5月,又挑戰艾米林製藥公司(Amylin Pharmaceuticals),成就好壞不一。2008年10月,伊坎結束出售英克隆的程序前,已經把心力轉移到百健艾迪公司(Biogen Idec)上,8月時就揭露自己持有這家公司6%的部位,然後在2009和2010兩年,都曾在一系列不成功的委託書之爭中,挑戰董事會。到了2011年6月,百健艾迪公司股價上漲後,伊坎出清持股,獲得90%的利潤,卻從來沒有奪得控制權。百健艾迪、梅德明、英克隆系統、艾米林製藥和安容製藥的規模都比健臻公司小多了,但是機會相同,伊坎會受到

生技工業的吸引，是因為生技工業像1980年代的油氣工業、也像1960年代的紡織工業一樣，資金充沛，新投資的報酬率平平無奇，規模比較大的老牌藥廠渴望找到新藥。開發新藥漫長的前置時間——生技公司可能要花十二到十五年的時間，才能推出新藥上市——研究試驗的失敗率居高不下，加上從研究變成藥品需要龐大的投資，表示大型製藥公司經常發現，購買新藥的風險比內部自行開發還低。[41] 生技公司開發新藥失利的話，股價都會遭到賣壓，迅速走低，伊坎就是利用這種恐懼心理，在比較陳舊藥品遭到常用藥競爭時，領先急於發現新機會的製藥公司。伊坎解釋自己的策略時，告訴《富比世》雜誌：「這些公司的公司派通常已經花掉太多資金，沒有足夠的資金完成已經開始的計畫，外面又有一位進不了門的追求者，我們幫忙把那扇門推開。」[42] 健臻公司沒有什麼不同。

原型目標

健臻公司是伊坎的經典目標：價值嚴重低估，業務受到一連串危機嚴重拖累，股東對經營者不滿，公司治理軟弱無力，又屬於需要改造的產業。2010年2月，伊坎宣布，他要提名四位董事，加入健臻公司的董事會。[43] 伊坎在宣布中，列明自己

的計畫，而且像他過去多次這樣做一樣，利用機會，強調自己在英克隆公司的成就：

> 鑒於健臻公司的公司派過去表現極差，我們的首要任務是設法幫忙修理壞掉的東西，我們聽過很多股東說，他們對現有的董事會非常沒有信心，認為董事會的成員應該大幅改造。

伊坎把健臻公司看成是新版的英克隆成就，準備在找到買主前，讓健臻公司起死回生。

到2010年3月底，伊坎額外吸進570萬股，使他的持股達到1千50萬股，平均買進價格為59.44美元。[44] 現在健臻公司代表伊坎投資組合中的17%。[45] 健臻公司在伊坎的壓力下，同意支出20億美元，買回自家公司的股票。[46] 此舉產生了伊坎所要的效果——公司股價上漲。就在健臻公司看來似乎要得到優勢之際，歐斯頓蘭丁的工廠停電，使大家再度把注意力投向健臻公司的製造問題上。停電進一步限制了雪瑞素和法布瑞酶的供應。伊坎認為，雪上加霜的是，健臻公司要到二十一天後，才揭露停電和藥品供應所受到的衝擊。

到了6月，伊坎發信給健臻公司的股東，為他推舉的董事辯護，這封信開頭就說：「你像我們一樣厭煩了嗎？看著你在

健臻公司的投資，因為公司派持續重複可以避免的失誤、因為他們處理公司生產問題的低劣表現而侵蝕，你厭煩了嗎？」主要問題是「嚴重的生產問題導致近期和長期股東價值大幅減損」。伊坎指責董事會「閉著眼睛開車」，形容特密爾「在這家公司裡稱王」。「公司的『搖錢樹』遺傳疾病用藥事業的營收和獲利永遠落後給競爭者，起因是生產管理不善和策略規畫差勁。此外，公司在美歐兩大最重要救命良藥市場上，在病人、醫生和主管機關中的信用嚴重削弱」。解決之道是「在改組後的董事會監督下，大幅改造健臻公司的經營階層，致力解決生產危機，在關係人之間，重建信任和信用」。為這件事負責的人就是所謂的「伊坎幫」，他們在擔任英克隆董事期間，推動一系列措施，造成公司股價在2006年10月到2008年11月賣給禮來大藥廠期間，上漲126%。這兩年間，英克隆的行動包括修復本身跟必治妥施貴寶的關係，增進本身旗艦藥品爾必得舒的銷售；刪減支出、重新配置資源、以及息訟止爭。伊坎的人馬密切合作，針對必治妥施貴寶每股60美元的併購出價，完成反出價行動，導致英克隆以每股70美元賣出，這一切都記載在公共記錄上。[47]

健臻公司在發給股東的委託書中回應指出，鄧納和伊坎在有藥品跟健臻公司競爭的其他生技公司擔任董事，因此，伊坎幫有利益衝突之嫌。[48] 有些股東似乎認真看待這種利益衝突，

認真到足以讓伊坎擔心伊坎幫選不上董事，伊坎為了避免選舉失利，就聯絡新近獲選健臻公司董事、同時也是市場派人士的洛夫‧惠華斯（Ralph Whitworth），看看他能不能把鄧納也拉進董事會，惠華斯告訴他，他不能把鄧納拉進去，卻可以挑選兩位獨立董事。惠華斯已經跟特密爾討論過這項建議，認為「你現在仍然把伊坎排除在外，讓他大發怨言，我們應該把一切平息下來，讓每一個人進來，團結合作」。[49] 伊坎同意惠華斯的條件，在過了幾天兩位新董事加入董事會後，撤回自己的提名名單。

如果特密爾覺得安心，時間應該也很短暫。雖然製藥業巨擘賽諾菲安萬特公司（Sanofi–Aventis）在競標時遭到伊坎反擊，卻顯然覺得，兩位市場派投資人進入健臻公司，為自己創造了大好良機，因此開始伺機而動。到了8月，賽諾菲安萬特跟健臻公司私下接觸，提議以每股69美元、總額185億美元的價格，併購健臻公司。健臻公司因為新聞界推測賽諾菲安萬特已經提出案子，因此漲到一年來的最高價70美元。健臻公司拒絕賽諾菲安萬特的提議後，賽諾菲安萬特的反應是提出以相同價格、敵意併購健臻公司的計畫，直接向股東訴求。然後在10月發布的新聞稿中，解釋公司已經發動敵意併購，原因是「（跟健臻公司合併）的打算處處碰壁，我們最近跟健臻公司的股東開會時，他們表示支持交易，對健臻公司不願意跟我們

進行建設性的討論感到不滿，這樣迫使我們別無選擇，只能直接對健臻公司股東提出建議案」。[50]

賽諾菲安萬特公司執行長克里斯．衛巴赫（Chris Viehbacher）接觸伊坎，伊坎告訴他：「你聽我說，這是一家好公司，低於80美元的賣出價格，我都懶得理會，如果得不到這個價錢，我不會支持任何計畫，事實上，我還會變成（特密爾的）盟友。」[51] 特密爾不希望把公司賣掉，卻在2011年1月，跟衛巴赫會晤，同意交易案的大綱，賽諾菲安萬特會把併購健臻公司股票的價格，從每股70美元，提高為74美元，總金額提高為201億美元，加上一項期待價值權（contingent value right），期待價值權是要交易到2020年的一種證券，最多可能使價值額外增加每股14美元，或使總金額額外增加38億美元，前提是健臻公司能夠達成好幾項野心勃勃的銷售目標。[52] 即使不含期待價值權，這項收購案也是生技產業有史以來第二大的併購案。

健臻公司是伊坎的經典傑作，他和惠華斯可能加速了這個案子的推動，但是就像某一篇報導所形容的一樣，一旦健臻公司因為歐斯頓蘭丁廠的問題摔跤，賣掉公司就變成「勢所難免」了。[53] 在報酬率下降、資金又過剩的產業中，股價暴跌使健臻公司變成比較大型製藥公司明顯的目標：[54]

這件事使他們跑到雷達幕上，大家開始計算數字，這些交易是這個領域生態的一部分，製藥大廠極為渴望找到新的營收來源，從這方面來看，生技製藥擁有美好的前景。

伊坎和惠華斯看出了收購的可能性，努力使勢不可免的事情變成現實。對伊坎來說，這場戰役很成功，他的6億美元部位在不到十八個月內，為他創造了40%的報酬率。

伊坎和金斯理寫下伊坎宣言後的四十年裡，他的哲學和策略都沒有多少變化，他的方法從企業掠奪升級為市場派投資，隨著他的資金增加，他的目標規模跟著變大，但是他仍然像1970年代一樣，試圖取得「『價值低估』股票的龐大部位」，設法「控制這種股票的命運」。他繼續活躍到1990年代，這時他在1980年代的很多同行都已經倒了下來，他還繼續騷擾上市公司，到2000年代，他的招牌市場派行動總是多了一點機會主義，他尋找迫使股價跌深到遠低於應有價值的危機，然後利用隨著股東焦慮而來的不安，取得控制權。

這種策略發揮了功效，伊坎可以自稱是優秀的價值型投資人，研究機構13D監視公司（*13D Monitor*）的資料指出，根據伊坎排定的Schedule 13D申報日期到他出脫持股的時間計算，到2013年6月30日為止，他的年化報酬率為29%，相形之下，S&P 500股價指數的年化報酬率只有6.9%。[55] 伊坎繼

續活躍，尋找新危機，不是為了危機而尋找危機，而是因為危機會創造急迫性和機會，危機愈嚴重愈好。2012年5月，他在森林製藥公司（Forest Laboratories）最賺錢的抗憂鬱藥立普能（Lexapro）專利到期後兩個月，買進這家生物科技公司的股票。同一個月裡，他基於天然氣價格暴跌，乞沙比克能源公司（Chesapeake Energy）可能遭到龐大債務壓垮，重新買回這家天然氣業者的股票，然後在這檔股票從一年最高價崩跌55%後，致函該公司的董事會，同時附上他的 Schedule 13D，表示他相信乞沙比克「蒐羅了一些世界上最好的油氣資產」，但是「今天低落的股價不能反映這些資產的價值，股價會低迷不振，起因其實是隨著企業策略不斷改變、資本融資缺口大得驚人、公司治理不佳、以及冒險行為不受約制而來的龐大風險所致」。[56] 伊坎像平常一樣，總是主張股東參與，而且會利用機會，指出自己的許多成就：[57]

　　我們相信，董事會中的股東代表，是為公司灌輸可靠性的強力工具，即使股東代表扮演少數派的角色，仍然如此。這點在我們擁有少數派董事會代表的很多公司裡，已經得到證明，這些公司包括摩托羅拉、百健（Biogen）、健臻、海恩時富（Hain Celestial）的公司。

回歸市場派主義

　　伊坎的報酬率特別高，市場派投資的報酬率大致也很高，在短期和長期間，都以很大的差距，打敗大盤（和市場派名聲大異其趣的是，市場派投資人通常是長期投資人，從事一次市場派投資的期間平均是兩年多一點）。[58] 申報Schedule 13D——經常是第一次公開揭露有意從事市場派投資的意願——通常是正面的催化事件，短期內會推升目標公司的股價。2007年內，財務研究專家愛波‧柯萊恩（April Klein）和艾曼紐‧蘇爾（Emanuel Zur）發現，「對抗性」市場派之戰——申報Schedule 13D時聲明有意影響公司派決策的市場派——通常「在申報Schedule 13D前後的日子裡，會為目標公司引發明顯的正面市場反應」，而且「在後來的一年裡，產生明顯的正報酬率」。平均說來，目標股票會立刻出現比大盤報酬率高出7%的報酬率。[59] 然後，在申報Schedule 13D後的期間裡，目標公司會產生勝過大盤10.2%的報酬率，在隨後的一年裡，再創造比大盤高出11.4%的額外報酬率。[60] 2008年，艾倫‧布拉夫（Alon Brav）、姜緯、蘭德爾‧湯瑪斯（Randall Thomas）和法蘭克‧帕諾伊（Frank Partnoy）也評估過市場派投資的短期影響，他們檢視Schedule 13D申報前二十天和後二十天的股價表現，[61] 發現申報前十天到前一天，股價會上漲

大約3.2%，申報日和隔天，會比大盤躍漲大約2%，申報後還會有比大盤多出2%的額外報酬率，總計二十天內，總共會有7.2%的報酬率。圖9.1所示，即為申報前後短暫時段的高於大盤的「異常」報酬率。

報酬率會因為市場派行動的不同，而有所差別，布拉夫等人發現，尋求把目標公司賣出的市場派行動創造的報酬率最高，比大盤報酬率高出10.94%。跟市場派行動有關的企業策略，例如，促使過度多角化的公司重新聚焦，賣掉非基本資產的策略，也會創造比大盤報酬率高出4.37%的報酬率，除了表明希望改善股東價值、效率或純粹因為價值低估策略，沒有表明其他目標的市場派行動，會創造出高於大盤4.99%的報酬率。布拉夫等人發現針對資本結構和公司治理而發動的市場派作為，幾乎不能創造多餘的報酬率。然而，其他研究人員發現，公司治理改革導致公司出售的情況，會創造出最大的溢酬。[62] 這項研究檢視以市場派的目的為基準，研究市場派的策略，發現市場派大致都能達成特定目標，例如，聚焦在企業策略的市場派行動會創造出能夠獲利的公司，公司的營收會成長，利潤率會增加，資產報酬率會改善。尋求把公司賣掉的市場派行動最後造成公司出售的比率，經常比追求一般目標和較高價格的市場派行動高出兩倍以上（要求目標公司自行出售的市場派行動，創造的平均報酬率高於大盤報酬率24.6%）。聚

焦在資本結構的市場派行動會促使配息比率提高10%以上，還會促使公司減少債務。最後，和一般目標為焦點的公司派行動相比，跟公司治理有關的市場派行動會促使代理成本減少，因為目標公司通常會減少資產（請回想顏森的發現：代理成本造成經營團隊浪費額外的現金，也會犧牲獲利能力，增加資產）。

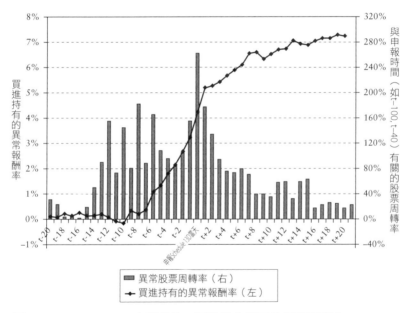

圖9.1　Schedule 13D申報前後，買進持有股票的超額報酬率

前文說過，嚴重低估股票的報酬率非常強勁，市場派行動的報酬率中，有多少比率純粹出自挑選價值低估的股票呢？換一種方式來問，市場派行動真的會創造價值、產生超出便宜股票報酬率的超額報酬率嗎？耶魯大學的班傑明·索拉茲（Benjamin Solarz）2009年時，考慮過這個問題。[63] 他檢視市場派的投資組合，追蹤「市場派行動」和並未導致市場派行動的「被動投資」之間的表現，得到的結論是在頭兩個月內，市場派投資組合會比被動投資多賺3.8%的報酬率，在兩年內，賺到的超額報酬率十分驚人，高達18.4%。圖9.2顯示市場派和被動投資組合六十一天短期內的報酬率。

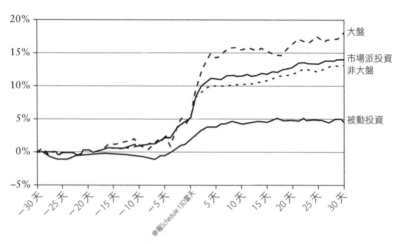

圖9.2　短期內，市場派投資績效勝過被動投資

圖9.3顯示市場派和被動投資組合二十五個月比較長期的
報酬率。

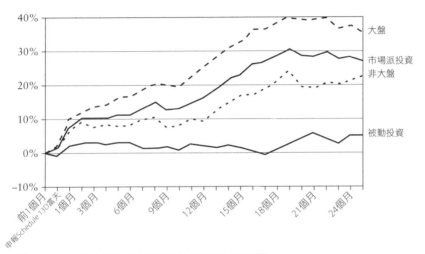

圖9.3　市場派投資的長期績效勝過被動投資

　　布拉夫等人也檢視這個問題，發現多項證據顯示市場派行
動會產生選股因素之外滋生的績效。第一，他們發現，市場派
利用委託書大戰、訴訟、敵意併購出價、威脅要發動委託書大
戰或訴訟、發動公開批評、甚至發動換掉公司派的行動等方法
的敵意、侵略性或對抗性行動，創造的報酬率會比相當友善的
行動高（前者為11.8%，後者為5.3%）。他們也發現，對於市
場派宣布，要針對某公司推動改變企業策略或把公司賣掉的計

畫，比起市場派發表聲明，認為公司股票價值低估的說法，市場對前者的反應會積極多了。索拉茲發現，這一點可能是因為市場派比較常把目標公司賣掉，賣掉的價格又比同類公司高。如果市場派只是挑選嚴重低估的股票，那麼我們應該不會預期這種宣布會帶來比較高的報酬率。市場派鎖定的公司即使在市場派取得目標公司的控制權，準備賣掉目標公司後，仍然會出現比較優異的股價表現。圖9.4顯示，即使在目標公司賣掉後，市場派的行動仍然能夠改善股價表現，但是目標公司的出售會產生非常高的報酬率。

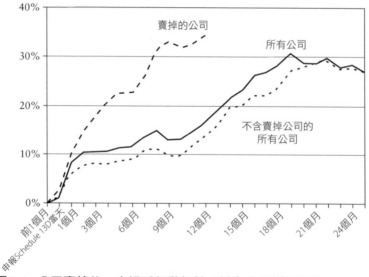

圖9.4 公司賣掉後，市場派行動仍然可以為公司增加價值

索拉茲在圖中以價值低估股票為對比，發現無論目標公司是否賣掉，市場派投資績效都會超越被動投資。

　　市場派是否改善了目標公司的基本面？看來確實如此。索拉茲發現利潤率和資產報酬率都有改善，配息比率提高，借貸下降、資產也減少。布拉夫等人也發現，目標公司的資產報酬率（即息前稅前折舊前獲利對資產的比率）小幅改善，股東權益報酬率大幅改善，顯示目標公司承接債務，控制資產負債表，這些公司也減少固定資產的投資，降低資本支出。布拉夫等人也指出，市場派在降低經理人薪酬、把執行長趕下台方面，經常也很成功，這種事對股東的獲益有相當直接的影響。布拉夫等人指出，市場派採取行動後，執行長的每年薪酬大約降低80萬到100萬美元，這一點對真值會有重大影響。[64]

　　假設因為市場派行動的關係，所有最高級經理人年度薪酬共減少400萬到500萬美元，這些錢流入股東口袋（假設沒有稅務之類的問題），那麼這種所得流量的現值在5千萬美元之譜，對一般的目標公司（我們的樣本公司平均總市值為7億600萬美元）而言，這筆錢占相當高等比率。

　　布拉夫等人像索拉茲一樣，觀察到市場派行動前後整體配息政策的明顯變化。市場派行動前，目標公司的配息總額跟

同類公司大致沒有不同，市場派行動一年後，差距卻明顯變大（高出1.66個百分點。）如果把布拉夫等人樣本中14.5%清算、賣掉或下市的公司定義為完全配息給股東，那麼市場派行動後的發放比率，就比一般發放指標所顯示的高多了。波伊森（Boyson）和穆拉迪恩（Mooradian）也發現類似的結果，顯示市場派大幅改善目標公司的短期和長期績效。[65] 績效改善的現象包括持有的現金減少，進一步證明市場派降低了跟自由現金流量有關的代理成本。

研究清楚顯示，市場派投資人、尤其是追逐積極、明確目標，意圖改善目標公司短期市場表現和長期營運績效的市場派投資人，更是如此。[66] 和比較不積極的市場派與類似被動派投資人獲得的報酬率相比，他們在追求過程中，會交出強勁的報酬率給自己的投資人。雖然Schedule 13D申報預示短期市場表現，認真投資人所運用的紀律——如改善公司治理、減少代理成本——卻表示也會帶來比較好的長期營運績效，個中原因可能是代理成本——經理人薪酬、多角化經營和囤積現金等做法會降低公司的價值。市場派投資人的利益和其他股東的利益一致，因此，會設法釋出隱藏的價值。

葛拉漢形容股票行情對真值的折價，好比評估公司派績效的晴雨計，如果股價對真值嚴重折價，公司派應該「採取所有適當措施，矯正市價和真值之間的明顯差距，包括重新考慮公

司政策，對股東坦承繼續經營下去的決定確實有理」。[67] 公司派不友善時，股東應該實現自己身為企業東主的權利，要求重新考慮政策。一群持股很多的股東要保護自己的重大利益，代表一般股東的利益時，「從一般股東那裡得到的尊重和傾聽，應該比迄今為止市場派大致上所得到的尊崇還多」。[68]

> 如果他們了解自己身為企業東主的權利，我們應該不會看到現金充沛的可觀財富，而且他們的經營者應該不會隨意把他們的利益拼命送掉。

這項研究證明葛拉漢的立論。積極任事的股東可以促請經理人創造股東價值、而不是追求其他目標。任何股東都可以做好這件事，但是，就像葛拉漢說的一樣，需要股東了解自己身為「擁有者」的力量。市場派投資人對董事會施壓，要求移除表現不好的經理人、停止推動摧毀價值的併購案、吐出過量的現金，推動資本結構數位化，或是施壓要求把公司賣掉，這些行動的目的都是要改善股東價值。公司身為一種投資組合，卻擁有招徠市場派下手的條件時，可以提供不成比例、又能打敗大盤的報酬率。市場派利用這些特性，藉著吸進這些股價遭到壓低公司的少數股權，然後推動改革、期望迅速解決，進而降低風險。這種鼓動風潮的方式、也就是擁有明確目標的市場派

積極行動，似乎會改善目標公司的短期市場表現和長期營運績效，改善程度超過深度超值股純粹回歸平均數的幅度。市場的反應確實就是這樣，在 Schedule 13D 申報時，股價迅速上漲，其中的機會在於趕在市場派出現前，先看出這些目標公司的存在，下一章我們會檢討這樣做的簡單方法。

第十章

深度超值的應用
——如何看出市場派可能進駐的價值低估目標

葛拉漢：「評估一流公司時，公司派是最重要的因素之一，公司派對於二流公司的股價影響很大。公司派不見得能夠長期控制二流公司的價值，因為如果公司派相當無能，一些力量就會發揮作用，改善公司派，從而改善公司的價值。」

主席：「你在特殊狀況下買進巨額股票時，通常是否設法取得公司控制權？」

葛拉漢：「並非如此，那種情況非常特殊，我要說的是，過去幾年內，我們大約可能投資過四百家公司，我們曾經有興趣取得控制權的公司不超過三、四家。」

——1955年3月3日，葛拉漢在美國第八十四屆國會參議院銀行與匯率委員會中，就影響股票買賣因素舉行的第一次委員會議聽證會中，以《股市研究》為主題發表的證詞。[1]

幸福的家庭都是相似的，而不幸的家庭各有各的不幸。

——托爾斯泰，《安娜·卡列尼娜》

巴菲特的「優質公司」像托爾斯泰的幸福家庭一樣，代表一種理想，在這種理想中，任何缺點會創造低於最適當水準的真值，市價通常會比這種低於最適當價值的價值更為低落。市場派投資人尋找這些不幸的家庭──並未擁有巴菲特的「優質公司」所有特質的「非優質公司」──因為其中有改善真值的機會，方法是藉著消除缺點，提升公司真值，到達比較接近公司全部「優質公司」潛力的水準，並且在過程中，消除股價的折價。伊坎曾經把這種做法稱為套利，類似他擔任選擇權交易員時所從事的套利。[2]

我今天的做法仍然十分接近相同的理念。你買進一檔便宜的公司股票，再檢視這家公司的資產價值，它變得有點複雜。基本上，你尋找這些股票價格比較便宜的主因時，經常會發現主因是公司派非常糟糕。從某個角度來說，這種做法像是套利，你介入一家公司，買進這家公司的很多股票，然後設法改變這家公司。

研究顯示，市場派鎖定的典型公司最近的股價表現都不好，估值低落、抱著金額龐大的現金，找不到多少成長機會。布拉夫等人評估過2001年到2005年間市場派介入的行為後，[3]發現典型的市場派目標都是價值嚴重低估、產生的現金超過

市場派並沒有鎖定的類似公司。雖然這種公司產生相當高的現金流量，但是從股利率和配息比率、亦即從股息金額占企業所創造的現金比率來看，發放的股息通常相當低。因此，和這些公司的其他資產與業務規模相比，他們的資產負債表中，都會積聚金額龐大的現金。其他研究人員檢視1994年到2005年間的市場派活動後，也用同樣的名詞，形容典型的市場派投資目標，說這種公司是「滿手現金、成長展望不佳、可能有著自由現金流量代理成本問題的金牛」。[4] 顏森的理論指出，自由現金流量會在股東和公司派之間，就配息政策產生利益衝突。顏森假設公司派偏愛把現金再投資在增加資產上，即使再投資的資金產生的報酬率低於公司的成本，或浪費在「組織的低效率上」，公司派還是這樣做，股東希望這些現金能夠發還他們。[5] 1960年代時，這個問題困擾紡織工業，引誘巴菲特鎖定菸屁股波克夏公司。到了1980年代，這個問題也在油氣工業中流行，促使皮肯斯嘗試改造海灣石油和其他油氣公司，到了2000年代初期，伊坎對生技工業也有類似怨言。有兩種價值標準、就是葛拉漢的流動資產淨值規則和企業乘數規則，十分適於用來找出吸引市場派的特性——如價值嚴重低估、抱持大量現金、配息比率低落。下面我們要檢視這兩大規則，以便看出價值嚴重低估的市場派目標。

菸屁股、流動資產淨值與清算價值

1996年，大衛‧艾恩洪（David Einhorn）創立綠燈資本公司（Greenlight Capital），管理略低於90萬美元的資產。他在名叫安東尼公司（C. R. Anthony）的葛拉漢式小型淨流動資產價值股票上，創造了初期的成就。小小的安東尼公司是一家零售商，在那斯達克股市掛牌，最近才從破產中復原，股票交易價格等於3千600萬美元流動資產淨值的一半。1996年5月底，綠燈資本開張第一個月，艾恩洪動用他所擁有資金的15%——大約13萬5千美元，買進安東尼公司。艾恩洪建立部位後不久，命運女神對他微笑，因為斯太吉商店公司（Stage Stores, Inc.）找上安東尼公司，洽談併購事宜，到這一年年底，安東尼公司已經為艾恩洪15%的持股，創造500%的報酬率，這一年裡獲得37%報酬率的綠燈資本發展一帆風順，招徠1千300萬美元的管理資產。[6] 雖然艾恩洪的安東尼公司的報酬率特別高，但是符合葛拉漢流動資產淨值標準的股票報酬率通常都很高，請回想第二章裡，葛拉漢估計自己的淨流動資產價值股票策略，他的葛拉漢－紐曼投資管理公司三十年的投資生涯中，平均每年創造20%的報酬率，把最初1萬美元的投資，變成237萬4千美元。圖10.1所示，是1970年12月到2013年12月的整個期間，葛拉漢的流動資產淨值標準的報酬率。

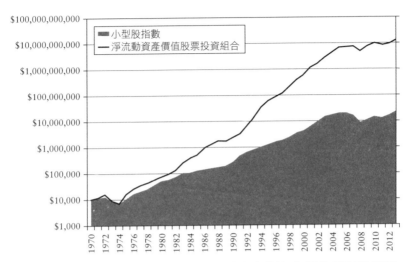

圖 10.1　1973年至2013年間，葛拉漢式流動資產淨值規則與類似
　　　　　小型股指數報酬率比較

　　以流動資產淨值策略38.7%的複合年度成長率計算，當初
1萬美元的投資在四十四年內，會變成令人震驚不已的127億
美元，同期內，小型股指標以19.7%的複合年成長率計算，只
能把期初的投資變成2千240萬美元。流動資產淨值策略的複
合報酬率在兩方面都令人難以置信，一方面是像天文數字一樣
讓人無法相信，一方面是不可能達成這種成就，照葛拉漢的說
法，這種策略的問題在於「在應用時受到嚴格限制」，因為流
動資產淨值股票都太小，流動性不佳，又不是經常出現，而且

通常會在全面性的多頭市場中消失無蹤，只有在空頭市場低點時才會大量出現。圖10.1中的模擬因為不必實際買進股票，會大幅高估實際上可以投資在這種策略中的資本。如果我們假設投資在每一檔流動資產淨值型投資機會中的資金金額相等，要在2014年裡，把超過100萬美元的資金投資下去，應該會非常困難。1996年5月時，艾恩洪的13萬5千美元部位，可能代表安東尼公司極少流通在外股票中大部分可以買到的股票。無論如何，對於管理個人帳戶的個人投資者來說，淨流動資產價值型策略仍然像葛拉漢在1976年時所形容的一樣，是「萬無一失的系統性投資方法──而且再次不是以個別成果為基礎、而是以可以預期的集體成果為基礎的投資方法」。這種方法也一直都是市場派投資人偏愛的價值型投資法。經典的葛拉漢式淨流動資產價值股票雖然規模很小，又不是經常可以找到，卻符合市場派所尋找目標的很多標準。葛拉漢希望這條規則可以大致代表清算價值，因此，我們可以強烈主張，股價對這種價值大幅折價的股票，就是嚴重低估的股票。因為根據定義，按照此一標準評估的真值大都是在流動資產──包括現金、以及存貨和應收帳款之類最容易轉變成現金的其他資產──中發現，價值低估的股票也是擁有流動資產負債表和低落配息比率的股票。這些特性加上可能不滿公司派的股東基礎，使淨流動資產價值股票變成很吸引市場派的目標。

照葛拉漢的說法，對清算價值折價的股票是市場認定倒閉後價值超過繼續生存的股票，因此，淨流動資產價值股票的股東用暗示或明示的方法，表達他們對公司繼續經營的極度不滿。市場派消除股價折價最直接的方法，可能是清算公司，不過這種情形通常是罕見的結果，發生在淨流動資產價值股票上的可能性大概只有二十分之一，可以改善配息比率、卻稍微間接一點的方法是部分清算。研究顯示，如果投資人鎖定低配息比率淨流動資產價值股票，績效會勝過鎖定較高配息比率淨流動資產價值股票的投資人。我們已經知道，葛拉漢雖然建議投資人偏愛有獲利、又有配息的淨流動資產價值股票，事實上，虧損的淨流動資產價值股票績效通常勝過賺錢的股票，不配息的淨流動資產價值股票績效勝過配息的淨流動資產價值股票。淨流動資產價值股票的主要問題是很稀少、很小型，難以找到，一旦出現時，經常太小，不能吸收多少資金。

第二種策略是企業乘數或併購乘數規則，這種策略像葛拉漢的淨流動資產價值哲學一樣，擁抱相同的基本哲學，買進擁有流動資產負債表、交易價格對真值大幅折價，但是比較容易上漲、又便於辨認的價值低估大型股。

市場派與併購乘數

丹尼爾‧羅布（Daniel Loeb）1995年創立第三點管理公司（Third Point Management），管理的資產只有330萬美元，到2013年，他管理的資產已經膨脹到大約140億美元，還創下年化報酬率高達17.8%的記錄。[7] 羅布有一種做法很出名，就是善用市場派人士羅伯‧查普曼（Robert Chapman Jr.）所創、在Schedule 13D中附加一封致公司派的信，這種鼓動人心的方法起源於伊坎的媒體宣傳。羅布的信函用生動、辛辣、冷嘲熱諷的文字寫就，意在吸引大家注意羅布的宣傳。有人形容他是「亨特‧湯普森的化身、善於寫信的市場派」，說他像創立剛左實驗新聞寫作風格的美國記者兼作家湯普森。剛左新聞如同作家湯姆‧伍爾夫（Tom Wolfe）說的一樣，利用「荒誕不經的想像和更荒誕不經的文字」，[8] 提供大眾消遣和娛樂，同時從事尖銳的社會觀察。羅布像湯普森一樣，利用刻薄的文字，揭發他認為可惡的行為或狀況，他說過，只有在別無其他法律途徑可走時，他才會求助於毒辣的信件：[9]

樹立「毒藥丸」或「分期分年改選董事制度」之類不自然障礙，使股東無法要求召開臨時股東會的公司，讓我們別無他法，只能利用社會壓力一途，這種現象是他們咎由自

取，我們只希望盡快付諸投票公決。

這種信件有兩種作用，第一、當作行銷小冊，吸引其他投資人注意公司的價值低估，摘要說明透過改造或歸還本金之類的方法，消除對價值的折價。另一個目的是讓公司派困窘，開始採用羅布提供的對策。

羅布在2000年9月，把第一封附在Schedule 13D的信函，發給農業品牌國際公司（Agribrands International）執行長威廉·史提里茲（William Stiritz），這封信是研究寫信藝術的範本。當時農業品牌國際已經同意接受拉爾可公司（Ralcorp）的併購，根據併購協議，農業品牌國際股東1股會換到3股合併後新公司的股票，拉爾可公司股東會收到1股新公司的股票；農業品牌國際股東也可以收到每股39美元的現金，拉爾可公司股東可以收到每股15美元的現金，這樣表示農業品牌國際公司的隱含併購價格為4億2千萬美元。因為農業品牌國際的資產負債表中有1億6千萬美元的現金，每年的息前稅前折舊前獲利為9千萬美元，等於拉爾可公司認為，農業品牌國際公司的事業併購價值不到息前稅前折舊前獲利的三倍，可以說是非常低的出價。此外，羅布認為，這筆交易在戰略上沒有道理。

羅布在信中指責說，從低落的企業乘數和本益比的角度來

看這項併購案，顯示買方所提議的併購價格沒有反映農業品牌國際完整的公平價值：[10]

目前的價格只代表農業品牌國際息前稅前折舊前獲利企業價值的二・九倍，也只代表信誠證券公司（Prudential Securities）所估本會計年度（2000 年 8 月 31 日截止）預估盈餘的九・二倍，以及下一年度預估盈餘的七・九倍。這些估計都沒有考慮公司為你們投保 1 億 200 萬美元的壽險中，有著 1 千萬美元的退保現金價值；此外，公司在對羅奇國際（Roche Holding AG）和另五家公司集體訴訟案中，控告他們壟斷強化動物飼料與加工食品用維他命的價格，最後以 2 億 4 千 200 萬美元和解，併購協議中也沒有考慮公司有權從和解金額中分得的部分。

為了提高併購價格，羅布提議推動第二次出售程序，或好幾種可能的資本重組方式，包括融資資本結構調整、荷蘭式降價拍賣或配發特別股息。他在結論中指出，他擁有足夠的股權，可以阻止這項併購案，呼籲公司派考慮實現價值的其他可能性：[11]

我們在反對拉爾可公司併購案中並不孤單，根據我們跟

其他一樣氣惱的大股東之間的非正式談話，我們認為，你們不可能得到必要的三分之二多數票，以便批准這筆交易……因此，我們敦促你們放棄500萬美元的分手費，推動公司的正式出售，考慮其他可行之道，如融資併購或資本重組，以便盡量提高股東價值。

　　羅布的信函達成了預期的效果。當年12月，農業品牌國際停止跟拉爾可公司合併，開始跟嘉吉公司（Cargill）洽談，由嘉吉以每股54.5美元，也就是比拉爾可公司所提現金併購價格溢價40%。新價格等於把農業品牌國際的價值評定為5億8千萬美元，把農業品牌國際的企業價值提高到接近息前稅前折舊前獲利的五倍。嘉吉的出價為第三點管理公司的1千860萬美元的部位，帶來900萬美元的獲利，在略少於三個月的時間裡，為該公司創造了40%的報酬率。2001年4月，羅布發了一封後續信函給史提里茲，尊敬和支持他「選擇我在2000年9月8日所發信函中建議的行動方針」。[12] 雖然我們不可能知道羅布原始信函的影響如何，但他的時機卻非常不可思議，的確讓他有理由宣稱他確實先發制人，打斷了原始的併購案，阻止了最後的合併。

　　羅布所說，以不到企業價值三倍的價格併購農業品牌國際，是低估該公司價值的分析，幾乎確實正確無誤，我們在前

面章節中已經看過，不論是根據息前稅前獲利、還是根據息前稅前折舊前獲利決定的企業乘數，都是最具有預測性的基本面價值標準，圖10.2所示，是1951年1月到2013年12月的整個期間裡，根據企業乘數（企業價值除以息前稅前獲利所得數值）排序的十分位價值股投資組合的總市值加權報酬率。投資組合中的股票是從紐約證券交易所、那斯達克股市、或美國證券交易所（American Stock Exchange）掛牌股票中，總市值最大的前40%股票中每年選取而得。為了說明起見，這裡必須指出，截至2013年12月，選股範圍中總市值最小的股票，總市值為18億美元，因此，選股範圍相當於羅素1000指數（Russell 1000 Index）成分股。我們基於兩個原因，要求這麼高的總市值分界線，以及要求為投資組合進行進一步的總市值加權。第一，比較小型的股票內外盤差價可能比較大，難以用市價交易，反而可能要用比較高的價格買進、比較低的價格賣出，高估了現實世界中可能得到的報酬率。第二，比較大型的股票比較可以投資，淨流動資產價值股票的問題是總市值太小，因此，模擬的報酬率無法反映真正投資人的經驗。比較大型的股票比較可能提供足夠的交易量，讓比較大型的投資人交易。我們計算價值股投資組合的表現時，是從每年的1月1日開始計算，然後拿這樣得到的績效，跟我們選擇投資組合成分股的整個總市值加權股票天地（亦即所有股票）的績效比較。

圖10.2顯示，價值股十分位投資組合的績效長期一貫勝過所有股票構成的大市，整個期間裡，價值股投資組合的複合年度成長率為12.5%，勝過所有股票的8.36%，等於在六十三年內，把期初投資在價值股投資組合的1萬美元，變成1千490萬美元，相形之下，如果期初把1萬美元投資在所有股票（大市）中，則只有變成145萬美元。

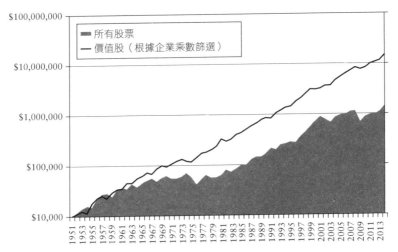

圖10.2　1951年至2013年間，價值股和總市值加權所有股票投資績效的比較（價值股根據企業乘數篩選）

所有股票，在這裡代表大盤和投資範圍內的所有股票。截至建立最後一檔投資組合的 2012 年 12 月 31 日為止，所有股票的天地大約包括 1 千 140 檔股票，這點表示，根據價值十分位建立的投資組合包括一百多檔股票，對大部分投資人都太多。我們希望在價值十分位中，找到表現最好的股票，避開績效不佳的股票。我們在減少投資組合的規模時，會碰到一種風險，不管這種風險是好是壞，我們都會碰到任何個股的績效對投資組合的整體績效產生較大影響的風險，為了進行這次評估，我們簡單地把價值股投資組合分為兩半，以便比較績效，兩個部分各自包括略低於 60 檔的股票。雖然這樣的投資組合仍然很大——對大部分個人投資者來說，仍然太大——卻可以顯示標準的用處，而且不會有任何一檔股票對結果會有過高的影響。

價值股的素質高低

我們可以用很多方法，進一步把投資範圍，縮小到變成比較便於管理的投資組合，其中一種方法像神奇公式一樣，運用巴菲特式的素質標準。我們已經看過，神奇公式不同的素質標準——投入資本報酬率——不會提高企業乘數的績效。我們可以測試的另一個素質標準，意在追求達成像投入資本報酬率一樣的目的，這個標準叫作羅伯·諾維馬克斯比率（Robert Novy–Marx's ratio），是以毛利除以總資產而得：[13]

$$毛利對總資產比率 = \frac{營收-銷售貨品普通股}{總資產}$$

諾維馬克斯拿葛林布雷的標準來比較後,發現自己的比率在單獨運用的情況下,能夠找出績效超越大盤的股票:[14]

毛利對總資產比率像淨值股價比(book-to-market)一樣,大致同樣具有預測橫斷面預期報酬的能力。

諾維馬克斯的毛利對總資產比率標準要獎勵的股票,是每1美元總資產能夠創造比較多毛利的股票。這點表示,這個標準和葛林布雷的投入資本報酬率衡量的東西類似,都是衡量企業的表現,但是兩者仍然有所不同,兩個比率之間,有好幾個微妙的差別,第一,諾維馬克斯的毛利對總資產比率從損益表的最上方,衡量企業的獲利能力,投入資本報酬率比率利用損益表底下數值算出的息前稅前獲利,評量企業的獲利能力。因此,諾維馬克斯主張:毛利是衡量真正經濟獲利能力「比較乾淨」的標準:[15]

在損益表上愈往下走,獲利能力指標會受到更多地汙染,跟真正的經濟獲利能力愈沒有關係。例如,擁有較低生

產成本和較高銷售額的公司，跟競爭者相比時，獲利能力的確比較高，即使如此，這種公司的盈餘仍然可能比競爭對手少。如果這家公司利用積極的廣告，或是發給銷售人員佣金，迅速提高銷售額，即使這樣做是最優化行動，卻仍然可能使底線的所得降低，到達低於獲利能力較差競爭對手的程度。同樣地，如果公司花錢推動研究發展，進一步提高自己的生產優勢，或在組織性資本中投資，幫助自己維持競爭力，都會造成當期盈餘減少。此外，公司推動資本支出，直接提高公司營運規模，競爭者卻沒有這樣做時，會造成公司的自由現金流量進一步減少。這些事實都顯示，公司動用毛利來建構實際上代表生產力的設施。

第二個差別是兩種比率採用的分母不同，葛林布雷投入資本報酬率標準的分母是「投資資本」，諾維馬克斯比率採用的分母是總資產。總資產像葛林布雷的「投資資本」一樣，是獨立於公司派所採用的資本結構之外，因此相當於同樣獨立於公司資本結構之外的毛利指標，這個指標和葛林布雷比率不同的地方，在於處理現金時，跟處理其他資產一樣，葛林布雷卻把淨現金減掉，得到投資資本，這點表示，諾維馬克斯比率會懲罰抱著很多現金的公司，葛林布雷的指標卻會以比較好的比率，獎勵這種公司。從獨立的基礎來看，雖然諾維馬克斯比率

懲罰抱著現金的公司可能沒有道理，在利用企業乘數選擇的一套價值股中，卻可能很有用。請回想一下，企業乘數的問題之一，是可以找出很多抱著「現金箱」的小型股，和他們的總市值相比，這些公司抱著相當大量的現金，原因經常是他們的主要業務已經賣掉，或者業務是正在流失的遺產，雖然這些股票因為抱著滿手現金，因此下檔風險非常小，卻也沒有什麼上檔利潤。毛利對總資產比率會懲罰抱著現金的公司，因此，在剔除現金箱公司、找出價值低估、報酬率居高的企業方面特別有用，問題在於這些微小的差別會不會造成價值低估股票的報酬率大不相同呢？圖10.3所示，是根據圖10.2中股票建構的價值股投資組合，經過進一步除以諾維馬克斯毛利占總資產比率所得到的績效。「優質價值股」投資組合包括上述價值股投資組合中一半的股票，都是毛利對總資產比率最高的上半部股票，「低質價值股」包括另一半的股票，都是毛利對總資產比率最低的股票。

　　所有價值股像前面一樣，包括在價值十分位投資組合中的股票總共有114檔，複合報酬率為12.5%，所有股票的複合報酬率為8.36%，低質價值股績效不如包括所有價值股的投資組合，整個期間裡的複合報酬率為10.79%，優質價值股的績效比較好，在整個期間內，創造了13.37%的複合報酬率。複合平均績效的差別雖然很小，但是在整個六十三年的評估期間，

優質價值股投資組合會把期初的1萬美元，變成將近2千400萬美元，低質價值股投資組合只能把1萬美元，變成570萬美元。優質價值股的資本報酬率，是低質價值股的四倍多，圖10.3似乎顯示，利用諾維馬克斯的毛利對總資產比率，找出價值股十分位中的優質股票，的確是好主意，這樣做似乎也對本書所說優質股票表現勝過低質股票的主題不利。

然而，這個結論有幾個問題，第一，優質價值股投資組合並非持續一貫勝過低質價值股投資組合。圖10.3顯示，從開始到1982年間，也就是整個檢視期間的前半部，優質價值股投資組合的表現，和低質價值股投資組合相比略輸一籌。所有優質價值股投資組合確實令人刮目相看的表現，都是在後半期間出現。此外，優質投資組合在總共六十三年的檢視期間裡，有二十七年的績效不如低質投資組合，這點表示，低質投資組合在整整43%的歲月裡，是比較好的投資。令人注目的是，在後半部的資料中，優質投資組合的複合表現勝過低質投資組合時，優質投資組合三十二年的實際績效中，有十七年不如低質投資組合，績效較差的歲月超過一半。如果以移動平均五年績效計算，優質投資組合績效也不如低質投資組合的歲月，占了31%。和低質價值股投資組合相比，優質價值股投資組合的績效缺乏一貫性，不能激發大家依賴優質投資組合打敗低質投資組合的信心。優質指標績效的第二個問題是無法在國際股市

中複製，這點顯示，素質與報酬率之間的關係可能具有隨機性質，如果我們檢視夠多的指標，我們預期自己會看到好幾個錯誤的正面指標——看到似乎可以預測報酬率，卻只是隨機結果的指標，無法在檢視的資料之外繼續未卜先知，這種情形可能是一種虛假的相關性。雖然有一些很好的理由，說明為什麼毛利對總資產比率應該可以看出優質價值股，而且有一些薄弱的證據，讓人用來看出優質價值股，但是證據或較佳的績效不夠多，不能確切無疑地斷定：這種比率挑選出的優質價值股，將來一定會擊敗低質價值股。

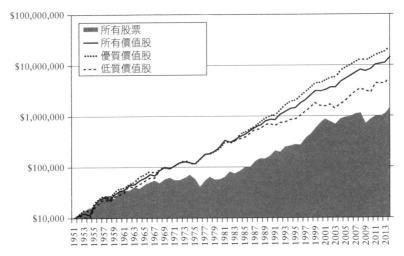

圖 10.3　1951 年至 2013 年間，所有價值股、優質價值股、低質價值股、總市值加權所有股票績效比較

深度超值股票

我們已經知道，企業乘數是找出價值低估股票最好的標準，也是把股票分為價值高估股票和價值低估股票最好的標準。諾維馬克斯利用他的標準，只宣稱優異績效符合依據股價淨值比為準挑出的價值股。就像我們在第四章中看過的一樣，股價淨值比預測報酬率的能力只能算是中等，在分別價值高估和價值低估股票方面，能力也不是特別強。或許最簡單的方法是最好的解決之道：就是利用企業乘數這種評價基礎，為價值股投資組合分類，因為企業乘數在辨認和區分股市中價值低估和高估股票上極為有用，如果這種標準不能用在價值十分位中，進一步找出價值低估股票，一定會成為大家注目的事情。圖10.4所示，又是根據圖10.2中價值股投資組合建構的股票投資組合績效，我們利用企業乘數，把其中的股票進一步分為兩半。這裡我們要把「深度超值」定義為便宜之最，也就是價值十分位中最便宜的一半，因此，「深度超值股票」投資組合中包含的股票，是擁有最高息前稅前獲利對企業價值比率的一半股票，「熱門價值股」投資組合包含上述比率最低的一半股票。

所有價值股投資組合仍然創造出12.5%的複合報酬率，高於所有股票8.36%的複合報酬率；熱門價值股投資組合，也就是價值股中比較昂貴的一半股票，在整個期間裡的複合報酬率

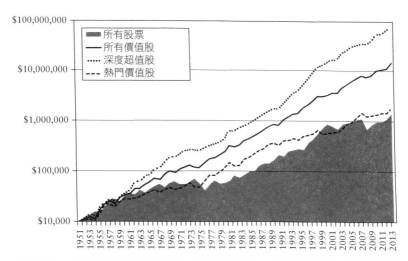

圖10.4　1951年至2013年間，所有價值股、深度超值股、熱門價值
股和總市值加權所有股票的績效比較

為8.84％，績效不如所有價值股的投資組合；深度超質股投資
組合的績效大幅領先，在整個期間裡，創下15.72％的複合報
酬率。深度超質股票投資組合的優異表現造成期末資金的重
大差異。在整個六十三年期間，期初投資1萬美元在所有股票
中，到期末會變成145萬美元，投資在所有價值股中，會變成
1千490萬美元，投資在熱門價值股中，會變成190萬美元，
投資在深度超值股票中，會變成高達8千540萬美元。表10.1
所示，是所有價值股、熱門價值股投資組合和深度超質股投資
組合整個期間的績效統計。

表10.1 所有價值股、深度超值股、熱門價值股績效統計（1951年至2013年）

	深度超值股 投資組合	熱門價值股 投資組合	所有價值股 投資組合
複合年度成長率	15.72%	8.84%	8.36%
算術平均	16.22%	9.61%	12.91%
標準差	13.63%	14.40%	14.35%
夏普比率	1.28	0.64	0.92

　　圖10.4和表10.1顯示，深度超值股票投資組合在整個期間裡績效都超前，但是在每一個十年裡是否都如此？在素質標準衡量不出來的地方，價值標準卻表現突出，創造出極為持續一貫的績效。表10.2所示，是所有價值股投資組合、熱門價值股和深度超值股投資組合每一個十年的績效統計。

　　圖10.5所示，是每一種投資組合在每一個十年裡的複合年度成長率。

　　表10.2和圖10.5顯示，深度超值股投資組合的表現持續一貫勝過熱門價值股投資組合和所有價值股投資組合，只有1970年到1979年間，深度超值股投資組合績效落後。

　　我們可以把平均企業乘數分解到每一年的每一種投資組合中，以便更了解績效的動力來源。圖10.6所示，是熱門價值股投資組合和深度超值股投資組合在研究期間每一年裡各自的平

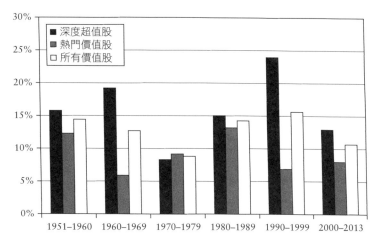

圖10.5　1951年至2013年間，總市值加權所有價值股、深度超值
　　　　股、熱門價值股十年複合績效比較

均企業乘數。

　　圖10.6清楚顯示，為什麼深度超值股投資組合績效全面
勝過熱門價值股投資組合。每一年裡，價值低估股投資組合的
平均企業乘數基礎，都比熱門價值股投資組合便宜很多。整個
期間裡，熱門價值股投資組合持股的平均企業乘數為8.2，深
度超值股投資組合持股的平均企業乘數不到上述數值的一半，
只有3.91。這張圖可能也說明了1970年代期間，深度超值股
投資組合績效不如熱門價值股投資組合的原因，當時這兩種投
資組合都接近估值的低點——只有1950年代較低——深度超

表10.2　1951年至2013年間，所有價值股、深度超值股和熱門價值股十年期績效統計

	深度超值股 投資組合	熱門價值股 投資組合	所有價值股 投資組合
1951–1959			
複合年度成長率	15.74%	12.30%	14.39%
算術平均	15.82%	14.34%	15.82%
標準差	20.40%	23.63%	21.47%
夏普比率	0.85	0.61	0.74
1960–1969			
複合年度成長率	19.24%	5.90%	12.71%
算術平均	18.16%	4.65%	11.40%
標準差	15.42%	9.89%	14.38%
夏普比率	1.18	0.47	0.79
1970–1979			
複合年度成長率	8.27%	9.13%	8.82%
算術平均	9.44%	11.12%	10.28%
標準差	7.86%	14.35%	11.30%
夏普比率	1.20	0.77	0.91
1980–1989			
複合年度成長率	14.92%	13.10%	14.18%
算術平均	15.21%	13.14%	14.18%
標準差	11.69%	13.91%	12.55%
夏普比率	1.30	0.95	1.13
1990–1999			
複合年度成長率	23.95%	6.92%	15.52%
算術平均	22.91%	5.09%	14.00%
標準差	10.99%	12.56%	14.68%
夏普比率	2.08	0.41	0.95
2000–2013			
複合年度成長率	12.97%	8.00%	10.69%
算術平均	14.92%	9.73%	12.32%
標準差	12.97%	11.41%	12.27%
夏普比率	1.15	0.85	1.00

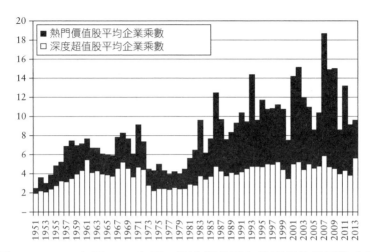

圖10.6 1951年至2013年間,深度超值股和熱門價值股平均企業乘數

值股投資組合和熱門價值股投資組合平均企業乘數的差距最接近,和1970年代至1990年代期間正好相反,整個1990年代裡,深度超值股和熱門價值股兩種投資組合的企業乘數差距最大,深度超值股投資組合的績效領先幅度也最大。

最後,我們可以根據諾維馬克斯的毛利對總資產比率,評估這些投資組合。圖10.7所示,是研究期間每一年裡,熱門價值股投資組合和深度超值股投資組合各自的平均毛利對總資產比率。

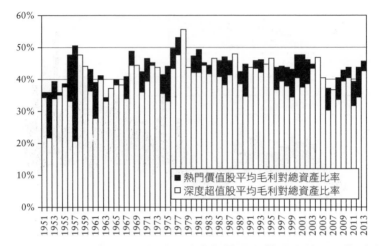

**圖10.7 1951年至2013年間,深度超值股和熱門價值股平均毛利
對總資產比率**

　　我們可以看出,圖10.7中的熱門價值股投資組合所包含的
股票,諾維馬克斯比率都略微高一點,在六十三年中的四十九
年裡,熱門價值股投資組合中的股票,毛利對總資產比率都比
較高,在整個期間裡,熱門價值股投資組合中的股票,投資在
總資產中的每1美元投資,平均創造43%的毛利,深度超值股
投資組合中的股票每1美元投資,平均創造的毛利為39%。我
們可以從這種分析中斷定,深度超值股投資組合勝過熱門價值
股投資組合的績效,不是深度超值股投資組合持有較優質股票
的函數。雖然這種投資組合包括的股票,根據諾維馬克斯比率

評估的素質通常大致類似，但熱門價值股投資組合在大部分的歲月裡，素質都稍高一點，平均素質也略微高一點，但是熱門價值股投資組合的績效仍然落後。

我們以總市值加權為準，評估報酬率，因為大部分股價指數，如S&P 500指數、羅素1000指數都是根據總市值加權，這點表示，所有股票投資組合是這些總市值加權股價指數合理的代表，不同投資組合的報酬率可以互相比較。建構一個總市值加權的股市指數很有道理，然而，我們不會依據總市值加權，建構一個投資組合，這樣表示我們必須根據投資組合中每檔股票的大小，配置資金。建構投資組合最簡單的方法是賦予每一檔股票相等的權數，如果我們不根據總市值，為每一個投資組合中的股票加權，而是賦予每一檔股票相等的權數，我們將看到績效會大幅改善。圖10.8所示，是對深度超值股投資組合進行相等加權和總市值加權，以便比較兩種加權方式所產生的影響。

為同一個深度超值股票投資組合進行簡單的相等加權，在整個期間裡，會產生高達21.3%的超高複合年度成長率，每年比總市值加權的投資組合，平均多創造5.58%的報酬率。在整個六十三年期間裡，期初投資的1萬美元，最後會成長到16億美元，幾乎是類似總市值加權投資組合的十九倍，這種情形可能是模擬超越現實的另一個例子。以這麼多資金來說，相等加

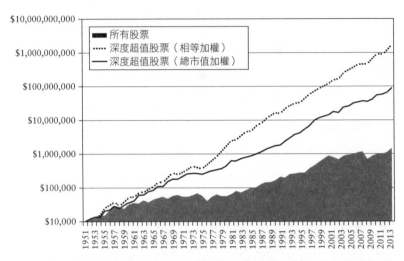

圖10.8　1951年至2013年間，（根據企業乘數）總市值加權與相等加權深度超值股票與所有股票的績效比較

權的深度超值股投資組合應該會成長到衝破這種策略的上限。

　　這種檢視顯示，用一般的真值為基準，或是用特殊的企業乘數為基準，檢視股票的確很有用。我們已經知道，利用企業乘數在一般股市中尋找價值低估股票很好用，根據企業乘數建構的十分位股票投資組合，績效會按順序排名，價值最低估的績效最高，價值最高估的績效最差。我們現在可以看出來，如果我們只檢視價值十分位，我們會發現，即使是在這種地方，估值比率最低的股票投資組合，績效都勝過最昂貴的價值股。諾維馬克斯用來衡量股票素質的毛利對總資產比率，似乎是比

較好的素質評估指標中的一種，能夠找出一般股市中績效勝過大盤的股票。資料中也有一些稍弱的證據，證明這個指標曾經找到績效勝過其他價值股的優質價值股，但是不能斷定將來是否會繼續如此。總之，這種股票表現不如規模類似、完全只根據估值為基準而選出的股票投資組合，這樣似乎證實了估值在決定投資績效上非常重要、甚至比素質還重要的命題。

企業乘數像葛拉漢的淨流動資產價值股票規則一樣，能夠看出符合市場派所尋找目標中符合很多標準的股票，然而，企業乘數有一點和淨流動資產價值股票規則不同，就是具有可以沿用到大型股的優勢，請回想一下，企業乘數所要尋找的股票，是息前稅前獲利或息前稅前折舊前獲利對企業價值比率很高的股票——企業價值是總市值減淨現金，加負債、任何特別股、少數股東權益，而且可能包含提撥不足額的退休金成本，是一般認定併購整個公司時的真正成本，實際的影響是企業乘數有利於和企業所創造的盈餘相比、擁有高水準現金和低水準債務的公司。雖然投資人通常認為，這些特性是正面因素，企業卻可能積聚比企業規模高出太多的現金。顏森所說自由現金流量的代理成本，說明了經理人股東之間的緊張關係，因為經理人希望保留現金，以便增加資產，維持更低的配息比率；股東卻希望配息比率提高、現金拿來配息。因此，企業乘數或許可以找到很多價值低估、擁有所謂的「懶惰」資產負債表和隱

藏或未實現潛力的公司。市場派鎖定這些價值低估、現金充裕的公司，追求改善真值，提高配息比率，拉近對市場價格的折價。

深度超值市場派

> 喜愛囤積現金的人為了替自己的行為合理化，喜歡假設：「如果你配發現金給股東，那不就表示你們公司不再成長，因為你的現金沒有妥善用途？」我的第一個想法是，連續多年不放出積聚在資產負債表上的千百億美元，豈不是也透露沒有能力為現金找到妥善用途嗎？
>
> ——艾恩洪，〈蘋果公司應發行i特別股，釋出價值〉

從本質來看，通常市場派所提要求都支持下述觀點：市場派尋求擁有高度流動性資產負債表的價值低估公司提高配息比率時，會改善真值，封閉市場價格的折價。市場派通常不會只關注一個缺點，會用「經營不善」來代表諸多罪過。布拉夫等人發現，市場派宣戰時宣稱的主要目標通常可分為七種，每一種都聚焦在一種明顯的錯誤，補救這種錯誤後，可以改善公司的真值，以及封閉市場價格的折價。這些目標不會互相排斥，意即一項市場派行動可以解決多項問題。下面根據最常見到最不常見的順序，依次列出這些錯誤：

一、**價值低估**：市場派只打出「追求股東價值最大化」的招牌。超過一半的市場派行動——布拉夫等人研究的案例中，有50.7%的市場派打著這種名號。

二、**營運效率低落**：市場派主打一般的營運效率低落、建議降低成本或提高租稅效率。

三、**配息低落與資本額過大**：市場派尋求減少過高的現金，增加舉債，或以股息或買回股票的方式，增加配息給股東。反之，市場派會要求停止或減少發行新股和重整債務。

四、**過度多角化**：如果目標是過度多角化，市場派會建議分拆事業處或重新凝聚企業策略。如果目標是併購標的，市場派不是要求停止併購，就是希望提高併購目標的價格。

五、**獨立**：市場派試圖入主目標公司，或是逼迫目標公司賣給第三者。

六、**治理不佳**：市場派試圖藉著撤銷併購防禦手段（解除董事會的機密性或撤銷毒藥丸）；逼退執行長或董事長；挑戰董事會的獨立性與公平代表性；尋求更好的揭露，質疑可能的詐欺；挑戰經理人薪酬水準或績效待遇制度的敏感程度。

七、**資本額不足**：市場派試圖提供資金，供脫離破產或財

務困難的公司追求業務成長或企業改造，換取董事會中友善的代表性。

除了常見的「價值低估」、以及通常婉轉表示降低成本的「營運效率」之外，市場派最常見的第三種要求是提高配息，甚至要求目標公司承接更多的債務。下一個最常見的不滿是過度多角化，在這種情況下，市場派不是要求業務重新聚焦，就是要求停止進一步的多角化，或是設法阻止目標公司推動併購，如果問題是顏森所說的自由現金流量代理衝突，這些都是我們預期會看到的要求。布拉夫等人也指出，一般的治理問題也是市場派介入的常見原因，這些問題包括撤銷併購防禦手段、逼退執行長、提升董事會獨立性、刪減經理人薪酬……等等。

2013年初，艾恩洪開始鼓吹蘋果公司把巨額現金庫存配發出來，艾恩洪在索恩投資人研討會（Ira W. Sohn Conference）上演說時指出，蘋果公司的資產負債表上保有將近1千370億美元的現金，持有的現金「只比S&P 500指數成分股中最大的十七家公司資本額少」，這麼大筆的現金「顯示蘋果的資本配置有一個基本缺陷」。[16] 艾恩洪說持有這麼多現金的問題是機會成本問題，這些現金只能賺到少少的利息，報酬率低於通貨膨脹率。艾恩洪把這些現金比喻成「腐爛中的存貨」，認為這

些錢的實質價值每天都略為下降。[17]

更糟的是，其報酬率遠低於資金成本。以資產負債表上全都是股本的公司來說，資金成本特別高，因為昂貴的股本支持業務和外國的現金。

財務理論認為，沒有槓桿或淨現金的資產負債表應該獲得比較高的本益比，在實務上，市場會對這種過度保守的長期資金管理水準，予以折價。

不但這些現金賺的報酬率低於資金成本，將來的獲利再投資時，顯然也很可能只能賺取低落的報酬率，因此，市場不但把放在資產負債表的現金折價，也基於未來現金流量再投資時，預期會得到低於最高水準的投資報酬率，因而壓低其本益比。

艾恩洪認為，以10％的資金成本計算，這些現金每年的機會成本接近137億美元，或等於每股14美元。他的解決之道是蘋果公司發給現有股東「i特別股」，也就是高殖利率的特別股，艾恩洪說，這種特別股會讓蘋果公司藉著減少「膨脹資產負債表」中的現金，「釋出大量股東價值」。[18]市場派人士中，不是只有他不滿蘋果公司驚人的現金庫存，艾恩洪在索恩投資人研討會中公開自己的看法後不久，伊坎也在發給蘋果執

行長提姆・庫克（Tim Cook）的公開信中，建議蘋果透過1千500億美元的股票買回計畫，把現金歸還股東：[19]

　　我們見面時，你同意我們所說股價低估的看法。我們認為，像這麼嚴重的不合理低估經常是短期的異常，比較大規模買回的時機仍然很成熟，但是機會不會永遠延續。到目前為止，董事會的行動（三年內動用600億美元買回股票的計畫）看來像是大規模買回，實際上卻不夠大，因為蘋果的資產負債表上現在保有1千470億美元的現金，而且明年會產生510億美元的息前稅前獲利（華爾街的一致估計）。
　　……
　　從這麼大的價值缺口、從資產負債表上這麼驚人的現金數量來看，我們發現很難想像為什麼董事會不願意更積極地行動，不肯立刻宣布1千500億美元的要約收購（舉借債務，或合併利用債務和資產負債表上的現金，作為資金來源）。

　　伊坎認為，如果蘋果公司決定以現在3%的利率，借貸全部的1千500億美元，再提出每股525美元的要約，結果應該是立刻會把每股盈餘提高33%，假設倍數沒有擴張，股票價值會對應增加33%。伊坎認為，隨後的三年裡，假設蘋果的息前

稅前獲利維持7.5%的年成長率，息前稅前獲利率乘數從2013年的七倍變成十一倍，那麼蘋果的股價會從525美元，漲到1千250美元。艾恩洪演講時，也主張蘋果公司推動買回，只是他建議的買回規模為伊坎的一半，而且不要求公司舉債。為什麼艾恩洪和伊坎熱中於促請蘋果認清庫存現金的問題？

有個例子說明總市值過大可能影響真值，同時展現企業乘數的用處。假設有一家叫作柳橙的公司，總市值為5億美元，每年獲利為3千700萬美元，創造5千萬美元的息前稅前獲利（也假設資本支出配合折舊和攤提，因此，息前稅前獲利等於營運現金流量，盈餘等於自由現金流量）。資產負債表載有1億5千萬美元的淨現金和約當現金，我們也假設長期公債殖利率為3%。表10.3所示，是柳橙公司的財報、統計和各種比率的摘要。

這家公司的本益比為十四倍（5億美元÷3千700萬美元），這樣等於7.4%的盈餘殖利率（3千700萬美元÷5億美元），表示股價相當便宜，因為這個殖利率有長期公債3%殖利率（但公債沒有企業、營運這類風險）的兩倍多。這家公司總資產的成長率略超過31%（7千萬美元÷2億2千500萬美元，這2億2千500萬美元包括1億5千萬美元淨現金與約當現金，7千500萬美元的其他資產），與長期公債相較報酬率要好十倍，可說是漂亮得很。這樣的成長率很完美。柳橙公司用企業

表10.3　柳橙公司財報、統計與各種比率摘要

資產負債表摘要	
淨現金與約當現金	1.5億美元
其他資產	7千500萬美元
總資產	2.25億美元
損益表摘要	
毛利	7千萬美元
息前稅前獲利	5千萬美元
淨利	3千700萬美元
其他統計與比率	
總市值	5億美元
企業價值	3.5億美元
本益比	14倍
盈餘殖利率	7.4%
企業乘數	7倍
資產毛利率	93%
長期公債利率	3%

乘數計算的數字更引人入勝，這家公司交易價的企業乘數為七倍（3億5千萬美元÷5千萬美元），因為資產負債表上的現金比率非常高，也因為絕佳的創造現金流量能力，這家公司可以輕鬆地把大部分或全部現金歸還給股東。

艾恩洪指出，要算出這樣做可以釋出多少價值，必須猜測市場已經為這些現金，賦予這家公司多少信用。如果市場並未賦予這家公司任何信用，這家公司藉著歸還所有現金的方式，進行改造，那麼該公司歸還的現金就會有價值，表示股息會釋出全部的1億5千萬美元。如果資產報酬率提高到93%（7千萬美元÷7千500萬美元），這種情就會出現，證明十四倍以上的本益比可能有理，表示總市值仍然維持5億美元不變，股東收到1億5千萬美元，還保有總市值同樣是5億美元的股票。不過請注意，市場已經為公司的現金，賦予公司若干程度的信用，因此，釋出的金額應該會減少。[20]

> 我們無從確定市場會賦予公司多少信用，因此，無法知道釋出的價值會有多少，但是幅度不會低於零，也不會超過分配的現金價值。

> 必須注意的是，這樣做會反映蘋果採用較佳資本配置政策，以致這些現金和未來的現金不會永遠困住，市場因此可能以比較高的本益比，獎勵蘋果的程度。

艾恩洪認為，這種分析對資本化不當的公司最有用，因為真值的觀念「假設企業產生的現金流量會得到最適當的運用，以便把公司的資金成本降到最低。」在實務上，大部分上市公

司的資本化都很適當，因此是以符合真值的市場估值交易。然而，如果公司的資本化不適當，資金成本沒有降到最低，在這種情況下，可以用減少過剩現金的方法，改善真值，這樣做也可以消除公司市場價格的折價，以接近完全反映真值的價格交易。企業乘數的用處是可以精確看出這種價值低估、真值沒有利用的公司。如果沒有市場派出面改善沒有利用的真值，其他矯正性的力量會在市場價格上發揮作用，同時創造完美的報酬率。

艾恩洪和伊坎努力促請蘋果公司，配發1千500億美元過剩資本行動的結局，清楚顯示了這種觀念的力量。兩人用寫信和會晤蘋果執行長庫克的方式，敦促蘋果公司六個月後，蘋果終於在2013年開始推動買回股票的計畫。到2014年2月，蘋果已經買回價值400億美元的股票，創下所有公司在一年內買回金額最多股票的記錄。[21] 不久之後，伊坎撤回他敦請蘋果推動更大規模買回股票的建議，在寫給蘋果股東的公開信中寫道：「我們看不出有什麼理由，再堅持我們沒有約束力的建議，尤其是在公司已經極為接近達成我們所要求的買回目標時，更是如此。」[22] 伊坎撤回自己的計畫後，當年4月，蘋果公司宣布，公司實際上要用增加買回和提高股息的方式，退回1千300億美元的資本，已經開始起漲的蘋果股價躍升而上。2014年的宣布歸還資本的計畫後，蘋果從2013年5月的

低點388美元,漲到604美元,在略短於一年的時間裡,暴漲56%,創下股市最大型公司的驚人漲幅記錄。《華爾街日報》在一篇報導中指出「伊坎再度證明,即使他吃了敗仗,他還是能夠賺到可觀的利潤」。[23]

結論

金融界幾乎沒有利他主義,對抗公司派的戰爭要耗費時間、精力和金錢。我們幾乎不能指望個人會動用這一切,目的只是為了矯正現狀。在這種事情上,最驚人、最有信用的行動是一群大股東的行為,他們有必要保護自己的重大利益,因而受到驅策,為整體股東的利益而行動。可想而知,在高級經理人和所有權人利益可能遭到反對的情況下,從一般股東那裡得到的尊重和傾聽,應該比迄今為止市場派大致上所得到的尊崇還多。

——葛拉漢,《證券分析》

葛拉漢憑著天才和經驗,直覺地了解別人七十五年後,才靠著經驗說明的事情。股票在景氣循環最高峰、看來最有吸引力時,卻代表最糟糕的風險報酬比率,在景氣循環底部、看來

最沒有吸引力時，卻代表最好的機會。嚴重低估公司似乎極為缺乏吸引力——可能是因為表現出極為沒有吸引力的樣子——才會提供非常有吸引力的報酬率。大家經常發現這種公司陷入危機，股價慘跌，盈餘減退，看來好像毒藥一樣。最極端的情形是甚至可能走向清算，還在這種過程中虧損，這就是這種股票股價便宜的原因。就像葛拉漢在《證券分析》中說的一樣：[24]

如果獲利大幅增加，股價顯然不會這麼低，反對購買這種股票的原因是這種公司的盈餘很可能或至少可能衰退，或虧損會持續下去，資源會消失無蹤，真值最後會變成比買進價格還低。

投資人如果忽略所考慮股票的真正弊病，只考慮價值低估的基本狀況時，就會知道命運之輪比較可能拉抬這種股票，比較不可能摧毀這些股票，這就是回歸平均數，而且回歸平均數十分普遍，即使我們並不特別擅於憑直覺了解這種事情的影響，情形仍然如此。就像葛拉漢作證時說的一樣，這是業界的一種神祕現象，對他和對每一個人都一樣神祕。[25] 我們沒有集中精神，注意嚴重低估股票的經歷，反而因為危機而分心，犯了認知錯誤。容易犯這種錯誤的原因，是因為不正確的決定，也就是排斥價值低估股票的決定，會讓人覺得自己做對了；正

確的決定，也就是購買盈餘很少或正在衰退的股票，會讓人覺得自己做錯了。推斷是一種本能，回歸平均數卻不是本能，我們推斷盈餘衰退股票的基本面表現時，會斷定股票的真值最後會變成低於買進價格，但是資料顯示的情形卻不是這樣。

　　研究顯示的第一點是：估值比盈餘趨勢重要，便宜、低成長或毫無成長的投資組合，績效有系統地大幅超越昂貴、高成長的投資組合。第二，這個研究更違反直覺的發現是：即使在價值股投資組合中，高成長一樣會帶來低落的表現，低成長或毫無成長會帶來優越的表現。對很多價值型投資人來說，這點是意外的發現。我們直覺受到高成長吸引，假設高成長價值股是廉價供應的優質股票，我們也可能假設投資資本的高報酬率，符合巴菲特對優質企業的要求，問題在於資料顯示高成長和高報酬股票通常會讓人失望。競爭會對高報酬率發揮作用，把領先的股票拉回團體中，能夠對抗競爭的企業很罕見，而且研究顯示，事前預測極為困難。巴菲特展現出超群的能力，能夠找到永續存在的經濟護城河，和持續居高不下的資本報酬率，這點配合能幹和誠實的公司派，是他為「優質公司」訂定的條件之一。然而，資料顯示，對於沒有巴菲特那種才能的人來說，低成長或毫無成長價值股是最持續一貫的下注標的，看來即使估值相當，但企業基本面趨勢愈難看，報酬率似乎愈高，這就是超值投資法。

深度超值股票經常在驚險的情況中出現，甚至在醜聞纏身的情況中出現，想一想巴菲特經營巴菲特投資合夥組織時，在驚險危疑的情況下，追求美國運通公司股票的情況。但是醜聞和危機不代表危難，這些公司並沒有陷入危難中，這些公司通常都擁有豐沛的現金，公司也賺錢，卻沒有成長，或是盈餘趨勢讓人不注意，因此，變成嚴重低估的股票，這種股票擁有未實現的盈餘，這是深度超值和市場派經常聯手的原因。1934年，葛拉漢認為深度超值因為藉口，促使「股東質疑企業繼續經營是否合乎股東的利益」，而且「公司派必須採取所有適當的手段，矯正市價和真值之間的明顯差距，包括重新考慮經營政策、抱持坦誠的態度，向股東證明繼續經營下去的決定確實有理」。[26] 葛拉漢敦促投資人要變成擁有「所有權人意識」的投資者。[27]

　　有關市場派的研究支持葛拉漢的論點，勇於任事的股東可以促請經理人專心創造股東價值，而非追求其他目標，降低代理成本。市場派股東可能追求很多目標，不見得會致力改善真值或消除市場行情的折價，但是市場派投資人只祈求公司提供報酬率。市場派投資人和其他形式的市場派股東之間的差異，是普通捕鯨和《白鯨記》中那種捕鯨之間的差別，任務是鯨魚、是嚴重的價值低估，而不是白鯨、不是市場派股東追求的東西，這樣會導致市場派投資人追求的目的有異於市場派股

東。市場派投資人會對董事會施壓，要求撤換績效不佳的經理人、停止以併購活動摧毀公司價值、吐出過剩的現金、推動資本結構最優化，或是對公司施壓，要公司自行求售，所有這一切，目的都只是為了改善股東價值。

適於市場派活動的公司構成的投資組合，會提供以不成比例打敗大盤的報酬率，市場派利用這些特性，吸納這種備受打壓股票龐大的少數部位，再鼓動變革。這樣的激勵似乎會改善短期的市場表現，也會改善目標公司比較長期的營運績效，到了超越純粹為深度超值提供報酬的程度。市場的反應是信以為真，在Schedule 13D出現時，迅速撲上。市場派靠著投資目標公司，然後供應這種催化劑，攫取報酬率。市場派行為愈「激進」，例如出售公司、買回股票、分拆資產、逼退執行長，報酬來得愈快、愈好。最高的報酬率跟公司直接出售有關，這種做法會提供完整的控制性溢酬，市場派取得公司控制權後，會像私募基金要讓上市公司下市一樣，採取很多基本行動，通常的作為也是改變舊公司派的做法。伊坎吹噓過：「我們做融資併購家做的事情，但我們這樣做卻是為了造福所有股東。」[28]

有人形容伊坎是「終極的反向投資大師」，也是「終結所有反向投資者的反向投資大師」，[29] 形容他偏愛的目標看來像「路死動物一樣開胃」。[30] 獨立投資銀行摩里斯公司（Moelis & Company）創辦人兼投資銀行家肯恩・摩里斯（Ken Moelis）

說過，伊坎已經超越跟趨勢對賭的程度了：[31]

他會在時機最糟糕、沒有理由看好、沒有人同意他看法的時刻買進。

我們已經看到，研究支持這種賭博，從這一點來看，伊坎的持股十分理性，就像他解釋的一樣：[32]

共識的思考通常會錯誤，如果你附和趨勢，其中的動能總是會讓你失敗，因此，我買的公司不是熱門股，通常又已經失去大家的歡心，如果整個產業都失寵，情形甚至還更好。

金斯理坐在百老匯二十五號，探討伊坎宣言所說市場派策略大約三十八年後，2013年7月，伊坎在創造超額報酬研討會上現身，談論自己的最新投資。國家廣播公司商業台的史考特‧韋普納（Scott Wapner）專訪他，問他為什麼在戴爾公司創辦人麥克‧戴爾（Michael Dell）提議買下全部股份時，還追逐這家個人電腦訂製業者，韋普納問道：「有些人觀察整個情勢後說：『你不是真的想要戴爾公司吧？你為什麼想要這家公司？這家公司已經瀕臨死亡，你只是想讓戴爾提高收購價

吧？』」七十七歲的伊坎宣稱自己的投資哲學仍然不變：[33]

> 如果你看我的平生經歷，你就會知道我高明的地方不是
> 買進企業，我不是付零售價買進的人，我在一般人嚇壞了的
> 時候介入，這樣做其實是實踐葛拉漢和杜德古老的哲學，你
> 在沒有人喜歡、但公司仍然沒問題時介入……很多分析師錯
> 看了這件事。

伊坎像過去多次承認的一樣，承認他的伊坎宣言是以葛拉
漢和杜德的《證券分析》為知識基礎，並且透露他的招牌深度
超值市場派做法就像價值型投資一樣古老。

注釋

第一章 伊坎的宣言

1. Mark Stevens. *King Icahn*. (New York: Penguin Group) 1993.
2. Spencer Jakab. "Fears of return to the 1970s are overdone," *Financial Times*, April 29, 2011. Available at ttp://www.ft.com/intl/cms/s/0/8f773248-727f-11e0-96bf-00144feabdc0.html#axzz29bATsOYq.
3. Tom Lauricella. "Flashbacks of the 1970s for Stock-Market Vets." *The Wall Street Journal*, April 18, 2009. Available at http://online.wsj.com/article/SB124001598168 631027.html.
4. Stevens, 1993.
5. Ibid.
6. Adolf Augustus Berle and Gardiner Coit Means. *The Modern Corporation and Private Property*. (New Brunswick: Transaction Publishers) 1932.
7. Ibid.
8. Ibid.
9. Anon, "'If He Ruled the World': Carl Icahn's Take on Time Warner and Corporate America," nowledge@Wharton, February 22, 2006, Available at http://knowledge.wharton.upenn.edu/article.cfm?articleid=1392.
10. Warren Buffett. "Chairman's Letter." *Berkshire Hathaway, Inc. Annual Report*, 1984.
11. Stevens, 1993.
12. Ibid.
13. Ibid.
14. Ibid.
15. Ibid.
16. Ibid.
17. Ibid.
18. Ibid.
19. Ibid.
20. Ibid.

21. Ibid.

22. Ibid.

23. Benjamin Graham and David Dodd. *Security Analysis*. (New York: *McGraw Hill*) 1934.

24. Ibid.

25. Ibid.

26. Berle and Means.

27. Graham and Dodd, 1934.

28. Ibid.

29. Ibid.

30. Ibid.

31. Ibid

32. Benjamin Graham. "Inflated Treasuries and Deflated Stockholders." *Forbes*, 1932. Available at http://www.forbes.com/forbes/1999/1227/6415400a.html.

33. Diana B. Henriques. *The White Sharks of Wall Street: Thomas Mellon Evans and the Original Corporate Raiders*. (New York: Lisa Drew Books) 2000.

34. *Time Magazine*. "Young Tom Evans." March 27, 1944. Available at http://www.time.com/time/magazine/article/0,9171,803258,00.html.

35. Ibid.

36. Warren Buffett. "Partnership Letters." Buffett Partnership. Available at http://csinvesting.org/wp-content/uploads/2012/05/dempster_mills_manufacturing_case_study_bpls.pdf.

37. Alice Schroeder. *The Snowball*. (New York: Bantam) 2009.

第二章　葛拉漢的反直覺投資法則

1. United States Government Printing Office. Washington. 1955. Available at http://www4.gsb.columbia.edu/filemgr?file_id=131668.

2. Benjamin Graham and David Dodd. *Security Analysis: The Classic 1934 Edition*. (New York: McGraw Hill) 1934.

3. Benjamin Graham. *The Intelligent Investor: A Book of Practical Counsel*. (New York: HarperBusiness) 2006. (First published 1949).

4. Benjamin Graham. "Inflated Treasuries and Deflated Stockholders." *Forbes*, 1932. Available at http://www.forbes.com/forbes/1999/1227/6415400a.html.

5. Benjamin Graham. "Should Rich but Losing Corporations Be Liquidated?" *Forbes*, 1932. Available at http://www.forbes.com/forbes/1999/1227/6415410a.html.

6. Graham and Dodd.

7. Graham, "Inflated Treasuries." 1932.

8. Ibid.

9. Benjamin Graham. "Should Rich but Losing Corporations Be Liquidated?" *Forbes*, 1932. Available at http://www.forbes.com/forbes/1999/1227/6415410a.html.

10. Graham and Dodd.

11. Ibid.

12. Ibid.

13. Seth A. Klarman. *Margin of Safety: Risk-Averse Value Investing Strategies for the Thoughtful Investor* (New York: HarperCollins) 1991.

14. "Marty Whitman on Graham and Dodd." July 2008. Available at http:// www.youtube.com/watch?v=Hlj3fMUx73c.

15. Warren Buffett. "Chairman's Letter." *Berkshire Hathaway, Inc., Annual Report.* 1989.

16. Graham, 1976.

17. Henry R. Oppenheimer. "Ben Graham's Net Current Asset Values: A Performance Update." *Financial Analysts Journal*, Vol. 42, No. 6 (1986), pp. 40–47.

18. Jeffrey Oxman, Sunil K. Mohanty, and Tobias Eric Carlisle. "Deep Value Investing and Unexplained Returns." (September 16, 2011) Midwest Finance Association 2012 Annual Meetings Paper. Available at SSRN: http://ssrn.com/abstract=1928694 or http://dx.doi.org/10.2139/ssrn.1928694.

19. John B. Bildersee, John J. Cheh, and Ajay Zutshi. "The Performance of Japanese Common Stocks in Relation to Their Net Current Asset Values." *Japan and the World Economy*, Vol. 5, No. 3 (1993), pp. 197–215.

20. Ying Xiao and Glen Arnold. *Testing Benjamin Graham's Net Current Asset Value Strategy in London*. Available at SSRN: http://ssrn.com/abstract=966188 or http://dx.doi.org/10.2139/ssrn.966188.

21. James Montier. "Graham's Net Nets: Outdated or Outstanding." *SG Equity Research.* Societe Generale, 30 September 2008.

22. Ibid.

23. Ibid.

24. United States Government Printing Office. Washington. 1955. Available at http:// www4.gsb.columbia.edu/filemgr?file_id=131668.

25. United States Government Printing Office. Washington. 1955. Available at http:// www4.gsb.columbia.edu/filemgr?file_id=131668.

26. Klarman, 1991.

27. Ibid.

28. Ibid.

29. Graham and Dodd, 1934.

30. Ibid.

31. Ibid.

32. Ibid.

33. Ibid.

34. Ibid.

35. Ibid.

36. Ibid.

37. Ibid.

38. Ibid.

39. Ibid.

40. Ibid.

41. Ibid.

第三章 從清算專家到作手

1. Alice Schroeder. *The Snowball*. (New York: Bantam Books) 2008.

2. Ibid.

3. Ibid.

4. Warren Buffett, "The Superinvestors of Graham-and-Doddsville." *Hermes, Columbia Business School Magazine*. Fall, 1984.

5. Schroeder, 2008.

6. Ibid.

7. Warren Buffett, "Partnership Letter: 1960." *Buffett Associates Limited*, 1961.

8. Ibid.

9. Ibid.

10. Janet Lowe. "Damn Right: Behind the Scenes with Berkshire Hathaway Billionaire Charlie Munger." (New York: Wiley, 2003).

11. Lowe, 2003.

12. Schroeder, 2008.

13. Ibid.

14. Ibid.

15. Philip Fisher. *Common Stocks and Uncommon Profits*. (New York: Wiley Investment Classics) 1996.

16. Fisher, 1996.

17. Schroeder, 2008.

18. Buffett, 1980.

19. Schroeder, 2008.

20. Warren Buffett. "Partnership Letter: 1967." *Buffett Associates Limited*, October 9, 1967.

21. Ibid.
22. "The Money Men: How Omaha Beats Wall Street." *Forbes Magazine*, November 1, 1969.
23. Warren Buffett. "Chairman's Letter." *Berkshire Hathaway, Inc. Annual Report*, 2013.
24. Lowe, 2003.
25. Schroeder, 2008.
26. Ibid.
27. Lowe, 2003.
28. Schroeder, 2008.
29. Warren Buffett. "Chairman's Letter." *Berkshire Hathaway, Inc. Annual Report*, 1983.
30. Buffett, 1983.
31. Warren Buffett. "Chairman's Letter." *Berkshire Hathaway, Inc. Annual Report*, 2007.
32. Warren Buffett. "Chairman's Letter." *Berkshire Hathaway, Inc. Annual Report*, 1989.
33. Ibid.
34. J. B. Williams. *The Theory of Investment Value*. (Burlington, Vermont: Fraser Publishing Co.) 1997.
35. Joseph A. Schumpeter. *From Capitalism, Socialism and Democracy*. (New York: Harper) 1975.
36. Warren Buffett. "Chairman's Letter." *Berkshire Hathaway, Inc. Annual Report*, 1992.
37. Warren Buffett. "Chairman's Letter." *Berkshire Hathaway, Inc. Annual Report*, 1981.
38. Warren Buffett and Carol Loomis, "Mr. Buffett on the Stock Market." *Forbes Magazine*, November 22, 1999. Available at http://money.cnn.com/magazines/fortune/fortune_archive/1999/11/22/269071/
39. Warren Buffett. "Chairman's Letter." *Berkshire Hathaway, Inc. Annual Report*, 1995.
40. Warren Buffett. "Chairman's Letter." *Berkshire Hathaway, Inc. Annual Report*, 2007.
41. Warren Buffett. "Chairman's Letter." *Berkshire Hathaway, Inc. Annual Report*, 2012.
42. Warren Buffett. "Chairman's Letter." *Berkshire Hathaway, Inc. Annual Report*, 1991.
43. Warren Buffett. "Chairman's Letter." *Berkshire Hathaway, Inc. Annual Report*, 1985.
44. Ibid.
45. Ibid.
46. Warren Buffett. "Chairman's Letter." *Berkshire Hathaway, Inc. Annual Report*, 1989.
47. Warren Buffett. "Chairman's Letter." *Berkshire Hathaway, Inc. Annual Report*, 1988.
48. Benjamin Graham and David Dodd. *Security Analysis: The Classic 1934 Edition*. (New York: *McGraw Hill*) 1934.

第四章　併購乘數

1. Steven Friedman. "Joel Greenblatt and Robert Goldstein of Gotham Asset Management, LLC." *Santangel's Review*, March 2011.
2. Benjamin Graham. "A Conversation with Benjamin Graham." *Financial Analysts Journal*, Vol. 32, No. 5 (1976), pp. 20–23.
3. Ibid.
4. Ibid.
5. J. Greenblatt, R. Pzena, and B. Newberg."How the small investor can beat the market." *The Journal of Portfolio Management*, Summer 1981, 48–52.
6. Ibid.
7. Joel Greenblatt. *You Can Be A Stock Market Genius*. (New York: Fireside) 1997.
8. Warren Buffett. "Chairman's Letter." *Berkshire Hathaway, Inc. Annual Report*, 1977.
9. Joel Greenblatt. *The Little Book that Beats the Market*. (Hoboken: Wiley) 2006.
10. Ibid.
11. Ibid.
12. Wesley Gray and Tobias Carlisle. *Quantitative Value: A Practitioner's Guide to Automating Intelligent Investment and Eliminating Behavioral Errors*. (Hoboken: Wiley Finance) 2012.
13. James Montier. "The Little Note that Beats the Market." *DrKW Macro Research*, March 9, 2006.
14. Ibid.
15. Gray and Carlisle, 2012.
16. Montier.
17. Ibid.
18. Eugene Fama and Kenneth French, "Q&A: Why Use Book Value To Sort Stocks?" *Dimensional Fama/French Forum*, 2011. Available at http://www.dimensional.com/famafrench/2011/06/qa-why-use-book-value-to-sort-stocks.html.
19. Aswath Damodaran. *Damodaran on Valuation: Security Analysis for Investment and Corporate Finance*. (New York: John Wiley & Sons) 2006.
20. Tim Loughran and Jay W. Wellman. "New Evidence on the Relation Between the Enterprise Multiple and Average Stock Returns (September 5, 2010)." Available at SSRN: http://ssrn.com/abstract=1481279 or http://dx.doi.org/10.2139/ssrn.1481279.
21. Warren Buffett. "Chairman's Letter." *Berkshire Hathaway, Inc. Annual Report*, 1992.
22. S. Bhojraj and C. M. C. Lee. "Who Is My Peer? A Valuation-Based Approach to the Selection of Comparable Firms," *Journal of Accounting Research* 40 (2002), 407–439.
23. Michael J. Mauboussin. *The Success Equation: Untangling Skill and Luck in Business,*

Sports and Investing. (Boston: Harvard Business Review Press), 2012.

24. Benjamin Graham and David Dodd. *Security Analysis: The Classic 1934 Edition.* (New York: McGraw Hill) 1934.

25. Mauboussin.

26. Ibid.

27. Graham and Dodd.

28. Mauboussin.

29. Ibid.

30. Janet Lowe. *The Rediscovered Benjamin Graham: Selected Writings of the Wall Street Legend.* (New York: John Wiley & Sons) 1999.

31. Mauboussin, 2007.

第五章　規律市場

1. Frank C. Babbitt (trans). *Plutarch: De Fortuna Romanorum. Moralia.* (Cambridge: Vol. IV of the Loeb Classical Library edition) 1936.

2. Ibid.

3. Carmina Burana.

4. William Shakespeare. *Henry V Act 3, Scene VI.* Available at ttp://www.onlineliterature. com/shakespeare/henryV/16.

5. Frank J. Miller (trans). *Seneca's Tragedies With an English Translation by Frank Justus Miller in Two Volumes II: Agamemnon, Thyestes, Hercules Octaeus, Phoenissae, Octavia.* (New York: G.P. Puttnam's Sons) 1917. Available at http://archive.org/details/ tragedieswitheng02seneuoft.

6. F. Galton. "Regression Towards Mediocrity in Hereditary Stature." *The Journal of the Anthropological Institute of Great Britain and Ireland.*15: 246–263, 1886.

7. J. M. Keynes. *The General Theory of Employment, Interest and Money* (New York: Palgrave Macmillan. 1936.

8. Werner F.M. De Bondt and Richard H. Thaler. "Does the Stock Market Overreact?" *Journal of Finance* 40 (3) (1985): 793–805.

9. W. De Bondt and R. Thaler. "Further Evidence on Investor Overreaction and Stock Market Seasonality," *Journal of Finance*, July, 42 (3) (1987), pp. 557–581.

10. Warren Buffett and Carol Loomis, "Mr. Buffett on the Stock Market." *Fortune Magazine*, November 1999. Available at http://money.cnn.com/magazines/fortune/ fortune_archive/1999/11/22/269071.

11. Warren Buffett, "Chairman's Letter." *Berkshire Hathaway, Inc. Annual Report*, 1987.

12. Buffett and Loomis, 1999.

13. Ibid.

14. Elroy Dimson, Paul Marsh, and Mike Staunton. *The Triumph of the Optimists: 101 Years of Global Investment Returns*. (Princeton: Princeton University Press) 2002.

15. Buttonwood. "Buttonwood's Notebook: The Growth Illusion." *The Economist*. August 28, 2009. Available at http://www.economist.com/blogs/ buttonwood/2009/08/the_growth_illusion.

16. William J. Bernstein. "Thick as a BRIC." *Efficient Frontier*, 2006. Available athttp://www.efficientfrontier.com/ef/0adhoc/bric.htm.

17. Jay Ritter. "Economic Growth and Equity Returns." Working Paper, University of Florida, November 2004.

18. Ibid.

19. Warren Buffett. "Chairman's Letter." *Berkshire Hathaway, Inc. Annual Report*, 1985.

20. Sebastien Brant. *The Ship of Fools*. Translated by Alexander Barclay. (Edinburgh: William Paterson) 1874. Available at http://www.gutenberg.org/files/20179/20179-h/images/t311.png.

21. Daniel Kahneman. "Daniel Kahneman—Autobiographical." *The Nobel Prizes 2002*, Editor Tore Frängsmyr, Nobel Foundation, Stockholm, 2003. Available at http://www.nobelprize.org/nobel_prizes/economic-sciences/laureates/2002/kahneman-bio.html.

22. J. Lakonishok, A. Shleifer, and R.W. Vishny. "Contrarian Investments,Extrapolation, and Risk." *Journal of Finance*, Vol. XLIX, No. 5, (1994) pp.1541–1578.

23. Suggested by *Value vs. Glamour: A Global Phenomenon (December 2012)*. The Brandes Institute, 2012. Available at http://www.brandes.com/Institute/Documents/White%20Paper-Value%20Vs.%20Glamour%202012.pdf.

24. Lakonishok et al., 1994.

第六章　熱門股交易

1. Adapted from *The American Heritage Science Dictionary*. (Boston: Houghton Mifflin Company) 2008.

2. Robert Sobel. *The Rise and Fall of the Conglomerate Kings*. (New York: Stein and Day) 1984.

3. Ibid.

4. David Bird. "Charles B. Thornton Dead at 68; Was a Litton Industries Founder." *The New York Times*, November 26, 1981.

5. Sobel, 1984.

6. Ibid.

7. Ibid.

8. Ibid.
9. Ibid.
10. Ibid.
11. Ibid.
12. Ibid.
13. Ibid.
14. Bird, 1981.
15. Sobel, 1984.
16. Warren Buffett. "Shareholder Letter," *Berkshire Hathaway, Inc. Annual Report*, 1982.
17. John Train. *The Money Masters*. (New York: Harper & Row) 1980.
18. Sobel, 1984.
19. Ibid.
20. Ibid.
21. Ibid.
22. Ibid.
23. Anonymous. "Lehman Brothers Collection: Litton Industries, Inc. Company History". *Harvard Business School Baker Library Historical Collection*, 1960. Available at http://www.library.hbs.edu/hc/lehman/company.html?company=litton _industries_inc.
24. Sobel, 1984.
25. Ibid.
26. Buffett, 1982.
27. Ibid.
28. Ibid.
29. Sobel, 1984.
30. Ibid.
31. Benjamin Graham and David Dodd. *Security Analysis: The Classic 1934 Edition*. (New York: McGraw-Hill) 1996.
32. Ibid.
33. Edward Chancellor. *Devil Take the Hindmost: A History of Financial Speculation* (New York: Penguin Group) 2000.
34. Ibid.
35. Ibid.
36. Ibid.
37. Sobel, 1984.
38. Ibid.
39. Justin Fox. *The Myth of the Rational Market: A History of Risk, Reward, and Delusion*

on Wall Street. (New York: HarperCollins) 2009.

40. John. C. Bogle. "Statement of John C. Bogle to the United States Senate Governmental Affairs Subcommittee," November 3, 2003. Available at http:// www. vanguard.com/bogle_site/sp20031103.html.

41. J. Lakonishok,A. Shleifer, and R.W.Vishny."Contrarian Investments, Extrapolation, and Risk." *Journal of Finance*, Vol. XLIX, No. 5, (1994) pp. 1541–1578.

42. Amos Tversky and Daniel Kahneman. "Judgment under Uncertainty: Heuristics and Biases." *Science*, New Series, Vol.185, No.4157. (Sep.27,1974), pp.1124–1131. http:// www.jstor.org/pss/1738360.

43. Leonard Mlodinow. *The Drunkard's Walk: How Randomness Rules Our Lives*. (New York: Pantheon Books) Reprint edition, 2009.

44. John B. Williams. *The Theory of Investment Value*. (Fraser Publishing Co.) 1997.

45. Roy Batchelor. "Bias in Macroeconomic Forecasts," *International Journal of Forecasting* 23 2, 189–203, April–June 2007.

46. William A. Sherden. *The Fortune Sellers: The Big Business of Buying and Selling Predictions*. (New York: John Wiley & Sons) 1999.

47. Chris Leithner. *Leithner Letter No. 163–166 26, July–26 October 2013*. Leithner & Company Pty. Ltd. Brisbane, 2013. I am grateful to Chris for highlighting these articles in his letter.

48. Jon E. Hilsenrath. "Economists' Forecasts Are Worst When They Might Be Most Useful." *The Wall Street Journal*, July 1, 2002.

49. Kahneman and Tversky, 1974.

50. Meena Krishnamsetty and Jake Mann. "Apple is the hedge fund king once again." *The Wall Street Journal MarketWatch*. May 16, 2013. Available at http://www.marketwatch. com/story/apple-is-the-hedge-fund-king-once-again-2013-05-16.

第七章　抓住下墜的刀

1. Yvonne van Dongen. *Brierley: The Man Behind The Corporate Legend*. (Auckland: Penguin Books (NZL) Ltd) 1990.

2. Ibid.

3. All conversions are from data on the *Reserve Bank of New Zealand* "Inflation Calculator" Extracted November 2013. Available at http://www.rbnz.govt.nz/monetary_policy/ inflation_calculator.

4. van Dongen, 1990.

5. Ibid.

6. Ibid.

7. Ibid.
8. Ibid.
9. Ibid.
10. Ibid.
11. Ibid.
12. Ibid.
13. Ibid.
14. Ibid.
15. Ibid.
16. Ibid.
17. Ibid.
18. Ibid.
19. Ibid.
20. Ibid.
21. Ibid.
22. Ibid.
23. Ibid.
24. Ibid.
25. Ibid.
26. Ibid.
27. Ibid.
28. Ibid.
29. Ibid.
30. Ibid.
31. Ibid.
32. Ibid.
33. Ibid.
34. Ibid.
35. Ibid.
36. Ibid.
37. Ibid.
38. Ibid.
39. Ibid.
40. Ibid.
41. Ibid.
42. Ibid.

43. Ibid.

44. Ibid.

45. Ibid.

46. Henry R. Oppenheimer. "Ben Graham's Net Current Asset Values: A Performance Update." *Financial Analysts Journal*, Vol. 42, No. 6 (1986), pp. 40–47.

47. Jeffrey Oxman, Sunil K. Mohanty, and Tobias Eric Carlisle. *Deep Value Investingand Unexplained Returns*. Midwest Finance Association 2012 Annual Meetings Paper. Available at SSRN: http://ssrn.com/abstract=1928694 or http://dx.doi.org/10.2139/ssrn.1928694.

48. Ibid.

49. Thomas J. Peters and Robert H. Waterman. *In Search of Excellence: Lessons from America's Best-Run Companies*. (New York: Harper and Row) 1982.

50. Ibid.

51. Ibid.

52. Michelle Clayman. "In Search of Excellence: The Investor's Veiwpoint." *Financial Analysts Journal*, May–June 1987, 54. Suggested by Damodaran, 2012.

53. Ibid.

54. Ibid.

55. Ibid.

56. Michelle Clayman, "Excellence Revisited." *Financial Analysts Journal*, May–June 1994, 61. Suggested by Damodaran, 2012.

57. Ibid.

58. Barry B. Bannister and Jesse Cantor. "In Search of "Un-Excellence"—An Endorsement of Value-style Investing" Stifel Financial Corp. July 16, 2013.

59. Ibid.

60. Meir Statman and Deniz Anginer. "Stocks of Admired Companies and Spurned Ones." SCU Leavey School of Business Research Paper No. 10-02. Available at SSRN: http://ssrn.com/abstract=1540757 or http://dx.doi.org/10.2139/ssrn.1540757 via Damodaran, 2012.

61. Aswath Damodaran. "Value Investing: Investing for Grown Ups?" (April 14, 2012). Available at SSRN: http://ssrn.com/abstract=2042657 or http://dx.doi.org/10.2139/ssrn.2042657.

62. Ibid.

63. Michael A. Bishop and J. D. Trout. "50 years of successful predictive modeling should be enough: Lessons for philosophy of science." *Philosophy of Science* 69.S3 (2002): S197–S208.

64. Ibid.
65. Rory Sutherland. "The Wiki Man: If you want to diet, I'm afraid you really do need one weird rule." *The Spectator*, April 13, 2013.
66. Benjamin Graham. "A Conversation with Benjamin Graham." *Financial Analysts Journal*, Vol. 32, No. 5 (1976), pp. 20–23.
67. Bishop and Trout, 2002.
68. Ibid.
69. Benjamin Graham and David Dodd. *Security Analysis: The Classic 1934 Edition*. (New York: McGraw-Hill) 1996.
70. Ibid.
71. Seth A. Klarman. *Margin of Safety: Risk-Averse Value Investing Strategies for the Thoughtful Investor*, (New York: HarperCollins) 1991.
72. Ibid.
73. Graham and Dodd, 1996.
74. James Montier. "Graham's Net Nets: Outdated or Outstanding." *SG Equity Research*. Societe Generale, 2008.
75. Montier, 2008.
76. Damodaran, 2012.
77. Graham, 1976.
78. Ibid.

第八章　上市公司爭奪戰

1. T. Boone Pickens, Jr. Boone. (Boston: Houghton Mifflin) 1989.
2. George P. Baker and George David Smith. *The New Financial Capitalists: Kohlberg Kravis Roberts and the Creation of Corporate Value*. (Cambridge: Cambridge University Press) 1998.
3. Pickens, 1989.
4. Ibid.
5. Ibid.
6. Ibid.
7. Michael C. Jensen, "Agency Costs of Free Cash Flow, Corporate Finance, and Takeovers." *American Economic Review*, May 1986, Vol. 76, No. 2, pp. 323–329.
8. Ibid.
9. Ibid.
10. Pickens, 1989.
11. Ibid.

12. Ibid.

13 Ibid.

14 Ibid.

15 Ibid.

16 Ibid.

17 Ibid.

18 Ibid.

19 Ibid.

20 Ibid.

21 Ibid.

22 Ibid.

23 Ibid.

24 Ibid.

25 Ibid.

26 Ibid.

27 Ibid.

28 Ibid.

29 Baker and Smith, 1998.

30 Jensen, 1986.

31 Ibid.

32 Ibid.

33 Ibid.

34 Warren Buffett. "Chairman's Letter." *Berkshire Hathaway, Inc. Annual Report*, 1990.

35 John J. McConnell and Chris J. Muscarella. "Corporate Capital Expenditure Decisions and the Market Value of the Firm." *Journal of Financial Economics*. Volume 14, Issue 3, September 1985, pp. 399–422.

36. Bernard Picchi. "Structure of the U.S. Oil Industry: Past and Future." *Salomon Brothers*. July 1985.

37. Alice Schroeder. *The Snowball*. (New York: Bantam Books) 2008.

38. Warren Buffett, "Chairman's Letter." *Berkshire Hathaway, Inc. Annual Report*, 1994.

39. Schroeder, 2008.

40 Ibid.

41 Ibid.

42 Ibid.

43 Ibid.

44 Ibid.

45 Ibid.

46 Ibid.

47 Ibid.

48 Ibid.

49 Warren Buffett, "Chairman's Letter." *Berkshire Hathaway, Inc. Annual Report*, 1985.

50 Ibid.

51 Ibid.

第九章　漢尼拔如何從勝利中獲利

1. Jim Edwards. "Genzyme's Triple Screwup: Factory Problem Ends Its Monopoly and Puts NDA on Hold." *CBS News MoneyWatch*, September 1, 2009. Available at http://www.cbsnews.com/8301-505123_162-42842754/genzymestriple-screwup-factory-problem-ends-its-monopoly-and-puts-nda-on-hold/?tag=bnetdomain.

2. Ibid.

3. Adam Feuerstein. "Genzyme's Termeer: Worst Biotech CEO of '09." *TheStreet.com*, November 17, 2009. Available at http://www.thestreet.com/story/10627877/1/genzymes-termeer-worst-biotech-ceo-of-09.html?cm_ven=GOOGLEN.

4. Edwards, September 1, 2009.

5. Jim Edwards. "Bring Me the Head of Genzyme CEO Henri Termeer!" CBS *News MoneyWatch*, November 17, 2009. Available at http://www.cbsnews.com/8301-505123_162-42843493/bring-me-the-head-of-genzyme-ceo-henritermeer/?tag=bnetdomain.

6. Edwards, November 17, 2009.

7. Robert Weisman. "More contamination troubles for Genzyme." The Boston Globe, November 14, 2009.

8. Edwards, November 17, 2009.

9. Feuerstein, November 17, 2009.

10. Ibid.

11. Ibid.

12. Ibid.

13. Ibid.

14. Andrew Pollack. "After Genzyme's Stumbles, a Struggle for Control." *The New York Times*, February 22, 2010. Available at http://www.nytimes.com/2010/02/23/business/23genzyme.html?pagewanted=all.

15. Ibid.

16. Ibid.

17. Ibid.

18. Ibid.
19. Tracy Staton. "Genzyme founder calls for CEO change." *FiercePharma*, December 18, 2009. Available at http://www.fiercepharma.com/story/genzyme-founder-calls-ceo-change/2009-12-18.
20. Toni Clarke. "Icahn considering proxy battle at Genzyme: Source." *Reuters*, January 7, 2010. Available at http://www.reuters.com/article/2010/01/07/us-genzyme-icahn-idUSTRE60643J20100107.
21. Steven Bertoni. "The Raider's Radar" Forbes, March 9, 2011. Available at http://www.forbes.com/forbes/2011/0328/billionaires-11-profile-carl-icahn-biotechtwa-raiders-radar.html.
22. Ibid.
23. Ibid.
24. Ibid.
25. Ibid.
26. Ibid.
27. Ibid.
28. Ibid.
29. Ibid.
30. Andrew Pollack. "Icahn Seeking U.S. Approval for Big Stake in ImClone." *The New York Times*, February 16, 2002. Available at http://www.nytimes.com/2002/02/16/business/icahn-seeking-us-approval-for-big-stake-in-imclone.html.
31. Ibid.
32. Kim Kahn. "Icahn's ImClone Interest." *CNNMoney*, February 15, 2002.
33. Jacob Goldstein. "Bristol-Myers's Sweetened ImClone Bid Turns Tables on Icahn." *The Wall Street Journal Health Blog*, September 23, 2008. Available at http://blogs.wsj.com/health/2008/09/23/bristol-myerss-sweetened-imclone-bidturns-tables-on-icahn.
34. Ibid.
35. Ibid.
36. Ibid.
37. Ibid.
38. ImClone Systems Incorporated, *Schedule 14D-9*, September 24, 2008 Available at http://www.sec.gov/Archives/edgar/data/765258/000104746908010243/a2188077zsc14d9c.htm.
39. ImClone Systems Incorporated, *Schedule 14D-9*, October 7, 2008. Available at http://www.sec.gov/Archives/edgar/data/765258/000114420408056317/v128157_sc14d9.htm.
40. Ibid.

41. Bill George. "Another View: Can Biotech Survive Icahn?" *The New York Times Dealbook*, June 3, 2010. Available at http://dealbook.nytimes.com/2010/06/03/another-view-can-biotech-survive-icahn/?ref=business.

42. Bertoni, March 9, 2011.

43. Carl Icahn, Schedule 14A Filing, February 23, 2010: http://www.sec.gov/Archives/edgar/data/732485/000091062710000037/dfan14a022210.txt.

44. Icahn Capital LP SEC Form 13F March 31, 2010 Available at http://www.sec.gov/Archives/edgar/data/1412093/000114036110021805/form13fhr.txt.

45. Ibid.

46. Howard Anderson. "Carl Icahn's Battle to Take Down Genzyme." *The Boston Globe*, June 2, 2010. Available at http://www.boston.com/bostonglobe/editorial_opinion/oped/articles/2010/06/02/carl_icahns_battle_to_take_down_genzyme.

47. Icahn Capital LP SEC Schedule 14A Filing Available at http://www.sec.gov/Archives/edgar/data/732485/000091062710000101/genzdfan14a060110.txt.

48. Genzyme Corporation SEC Form DEFA14A Available at http://www.sec.gov/Archives/edgar/data/732485/000110465910031820/a10-9595_20defa14a.htm.

49. Bertoni, March 9, 2011.

50. Sanofi-Aventis SEC SC To-T "Press Release." Available at http://www.sec.gov/Archives/edgar/data/732485/000119312510222490/dex99a5a.htm.

51. Bertoni, March 9, 2011.

52. Nina Sovich and Noelle Mennella. "Sanofi to buy Genzyme for more than $20 billion." Reuters, February 16, 2011. Available at http://www.reuters.com/article/2011/02/16/us-genzyme-sanofi-idUSTRE71E4XI20110216.

53. Robert Weisman. "Genzyme agrees to $20.1b sale to drug giant." *The Boston Globe*, February 16, 2011.

54. Ibid.

55. "Activist Profile: Carl Icahn." *13DMonitor.com*, June 30, 2013. Available at http://icomm-net.com/ActivistProfile.aspx?investor_id=32.

56. Carl C. Icahn, SEC Schedule 13D. May 25, 2012. Available at http://www.sec.gov/Archives/edgar/data/895126/000092166912000045/chk13d052512.htm.

57. Ibid.

58. Nicole M. Boyson and Robert M. Mooradian. "Corporate Governance and Hedge Fund Activism (June 1, 2010)." *Review of Derivatives Research*, Vol. 14, No. 2, 2011. Available at SSRN: http://ssrn.com/abstract=992739.

59. April Klein and Emanuel Zur. "Entrepreneurial Shareholder Activism: Hedge Funds and Other Private Investors (September 2006)." *AAA 2007 Financial Accounting &*

Reporting Section (FARS) Meeting Available at SSRN: http://ssrn.com/abstract=913362 or http://dx.doi.org/10.2139/ssrn.913362.

60. Alon P. Brav, Wei Jiang, Randall S. Thomas, and Frank Partnoy. "Hedge Fund Activism, Corporate Governance, and Firm Performance (May 2008)." *Journal of Finance*, Vol. 63, pp. 1729, 2008.

61. Ibid.

62. Benjamin S. Solarz. "Stock Picking in Disguise? New Evidence that Hedge Fund Activism Adds Value." *Editorial Objective* 1001 (2010): 101.

63. Ibid.

64. Brav et al., 2008.

65. Boyson and Mooradian, 2011.

66. Ibid.

67. Graham and Dodd, 1934.

68. Ibid.

第十章 深度超值的應用

1. United States Government Printing Office. Washington. 1955. Available at http://www4.gsb.columbia.edu/filemgr?file_id=131668.

2. Carl Icahn and Robert Shiller. "Financial Markets (ECON 252) Guest Lecture." *Yale University*, November 19, 2008.

3. Alon P. Brav, Wei Jiang, Randall S. Thomas, and Frank Partnoy. "Hedge Fund Activism, Corporate Governance, and Firm Performance (May 2008)." *Journal of Finance*, Vol. 63, pp. 1729, 2008. Available at SSRN: http://ssrn.com/abstract=948907.

4. Nicole M. Boyson and Robert M. Mooradian. "Corporate Governance and Hedge Fund Activism (June 1, 2010)." *Review of Derivatives Research*, Vol. 14, No. 2, 2011. Available at SSRN: http://ssrn.com/abstract=992739.

5. Michael C. Jensen. "Agency Costs of Free Cash Flow, Corporate Finance, and Takeovers." *American Economic Review*, May 1986, Vol. 76, No. 2, pp. 323–329.

6. David Einhorn. *Fooling Some of the People All of the Time, A Long Short (and Now Complete) Story*. (Hoboken: John Wiley & Sons) 2010.

7. Augustino Fontevecchia. "Billionaire Dan Loeb's Big 2013: Third Point Is Up 18% As It Unveils Nokia Stake And Returns 10% Of Capital." *Forbes Magazine*, October 22, 2010. Available at http://www.forbes.com/sites/afontevecchia/2013/10/22/billionaire-dan-loebs-big-2013-third-point-is-up-18-as-itunveils-nokia-stake-and-returns-capital-to-investors.

8. Tom Wolfe. "A Gonzo in Life as in His Work." *The Wall Street Journal*, February 22,

2005.

9. Katherine Burton. "Hedge Hunters: Hedge Fund Masters on the Rewards, the Risk, and the Reckoning." *Bloomberg Press*, 2007.

10. Daniel Loeb, "Schedule 13D Exhibit 3. Letter To Chief Executive Officer." Securities and Exchange Commission, September 15, 2000. Available at http://www.sec.gov/ Archives/edgar/data/1040273/000089914000000393/0000899140-00-000393-0003.txt.

11. Ibid.

12. Daniel Loeb, "Schedule 13D/A Exhibit 2. Letter to Chief Executive Officer." Securities and Exchange Commission, September 15, 2000. Available at http://www.sec.gov/ Archives/edgar/data/1040273/000089914001500023/tmp889727c.txt.

13. Robert Novy-Marx. "The Other Side of Value: Good Growth and the Gross Profitability Premium" (April 2010). NBER Working Paper No. w15940. Available at SSRN: http:// ssrn.com/abstract=1598056.

14. Ibid.

15. Ibid.

16. David Einhorn. "iPrefs: Unlocking Value." *Greenlight Capital*, 2013. Available at https:// www.greenlightcapital.com/905284.pdf.

17. Ibid.

18. Ibid.

19. Carl Icahn, "Letter to Tim Cook." *Icahn Enterprises*, October 8, 2013. Available at http:// www.scribd.com/doc/178753981/Carl-Icahn-s-Letter-To-Apple-s-Tim-Cook.

20. Einhorn, 2013.

21. David Benoit. "Icahn Ends Apple Push With Hefty Paper Profit." *The Wall Street Journal*, February 10, 2014.

22. Steven Russolillo. "Carl Icahn: 'Agree Completely' With Apple's Bigger Buyback." *The Wall Street Journal*, April 23, 2014.

23. Benoit, 2014.

24. Benjamin Graham and David Dodd. *Security Analysis*. (New York: McGraw Hill) 1934.

25. United States Government Printing Office. Washington. 1955. Available at http://www4. gsb.columbia.edu/filemgr?file_id=131668.

26. Graham and Dodd, 1934.

27. Ibid.

28. Shawn Tully. "The Hottest Investor in America." *Fortune Magazine*, May 30, 2007. Available at http://money.cnn.com/magazines/fortune/fortune_archive/2007/06/11/ 100060832/index.htm.

29. Ibid.

30. Andrew Feinberg. "Carl Icahn: Better Investor Than Buffett." *Kiplinger*, February 2013. Available at http://www.kiplinger.com/article/investing/T052-c100-S002-carl-icahn-better-investor-than-buffett.html.

31. Tully, 2007.

32. Ibid.

33. Scott Wapner. "Icahn: Really would love to own Dell." *CNBC*, July 17, 2013.Available at http://video.cnbc.com/gallery/?video=3000183755.

超值投資

作　　者	杜白・卡萊爾（Tobias E. Carlisle）	
譯　　者	劉道捷	
編　　輯	呂佳昀	

總 編 輯　李映慧
執 行 長　陳旭華（steve@bookrep.com.tw）

社　　長　郭重興
發行人兼
出版總監　曾大福
出　　版　大牌出版 / 遠足文化事業股份有限公司
發　　行　遠足文化事業股份有限公司
地　　址　23141 新北市新店區民權路108-2號9樓
電　　話　+886-2-2218-1417
傳　　真　+886-2-8667-1851

印　　務　江域平、李孟儒
封面設計　陳文德
排　　版　新鑫電腦排版工作室
印　　製　成陽印刷股份有限公司
法律顧問　華洋法律事務所　蘇文生律師

定　　價　520 元
初　　版　2017年3月
二　　版　2021年9月
有著作權　侵害必究（缺頁或破損請寄回更換）
本書僅代表作者言論，不代表本公司／出版集團之立場

國家圖書館出版品預行編目資料

超值投資 / 杜白・卡萊爾（Tobias E. Carlisle）作；劉道捷 譯. -- 二版. --
　　新北市：大牌出版：遠足文化事業股份有限公司發行, 2021.09
　　面；　公分
　　譯自：Deep value: why activists investors and other contrarians battle for control
　　　　of losing corporations
　　ISBN 978-986-0741-46-9 (平裝)
　　1.股票投資　2.投資分析

563.53　　　　　　　　　　　　　　　　　　　　　　　110012373